달리기의 기쁨

JOG ON: How Running Saved My Life
Copyright © 2023 by Bella Mackie
All rights reserved.

Korean translation copyright ⓒ 2025 by Woongjin Think Big Co., Ltd
This edition published by arrangement with HarperCollins Publishers through
EYA(Eric Yang Agency).

이 책의 한국어판 저작권은 EYA(Eric Yang Agency)을 통한
HarperCollins Publishers와의 독점 계약으로 ㈜웅진씽크빅이 소유합니다.
저작권법에 의해 한국 내에서 보호를 받는 저작물이므로 무단 전제와 복제를 금합니다.

달리기의 기쁨

온몸으로 불안을 깨부수며
나아가는 해방에 대하여

벨라 매키 지음 | 김고명 옮김

갤리온

일러두기

- 이 책은 국내에서 『시작하기엔 너무 늦지 않았을까?』(2019)로 출간된 바 있으며, 번역과 편집 및 장정을 새로이 다듬어 재출간되었습니다.
- 국내 번역 출간된 도서는 한국어판 제목으로 표기했으며, 미출간 도서는 원어를 병기했습니다.
- 독자의 이해를 돕기 위한 옮긴이 주는 괄호에 '-옮긴이'로 표기했습니다.

누구보다 용감했던 내 인생의 은인,
조지에게 이 책을 바칩니다.

추천의 말

사람은 누구나 무너져 내리지 않기 위해 나름의 방식으로 삶을 붙든다. 누군가는 침묵 속에서, 누군가는 웃음 속에서, 그리고 벨라 매키는 달리면서 그 시간을 견뎠다. 아니, 살아냈다. 『달리기의 기쁨』은 단지 달리기에 관한 책이 아니다. 이건 거대한 불안장애와 우울에 맞선 치열한 생존의 일기장이자, 녹다운 되어 나가떨어진 이들을 일으켜 세우는 아주 유용한 '인생 재부팅 매뉴얼'이다.

처음엔 그저 3분만 달려보겠다며 무턱대고 시작한 벨라 매키의 달리기가 결국 오랫동안 '버려진 자신을 데리러 가는 길'이 되어가는 과정이 눈부시게 아름답고 눈물겹게 감동적이다. 게다가 그는 슬픔조차도 특유의 위트와 유머로 다룰 줄 아는 사람이다. 어둡기 그지없는 우울의 중심에 한입 베어 문 사과처럼 웃음기를 남겨놓는 기술이 탁월해서 눈물을 삼키다가도 웃음을 터뜨리곤 했다.

하지만 이 책의 가장 놀라운 점은 그 어떤 달리기 책들을 읽어도 꿈쩍하지 않던 나를 처음으로 달리게 만들었다는 것이다. 멀리서 들려오는 경험담이 아니라, 바로 곁에서 땀에 젖은 채 건네는 속삭임 같아 더욱 치명적인 이 책은 "일단 3분만", "딱 1분만 더!", "마트 가는 길에 잠깐 뛰어도 괜찮아"라며 뛰지 않고는 못 배기게 만든다. 힘겨워도 버텨내며 살아가는 모든 이들에게 이 책을 건네고 싶다. 우리 같이 뛰자! 아니 같이 살아내자!

김혼비_에세이스트, 『우아하고 호쾌한 여자 축구』 저자 결혼, 퇴사, 좌절, 외로움, 그리고 불안. 누군가는 그것들을 '연약한 사람의 이야기'라 말할지 모른다. 하지만 『달리기의 기쁨』을 읽는 순간, 우리는 알게 된다. 그것이 얼마나 강한 사람의 투쟁이었는지를.

한때 집 근처 마트도 가지 못하던 저자가 한밤 골목길에서 3분을 달리며 삶을 되찾는 장면은 나의 첫 러닝과 겹쳐 보였다. 나 역시 처음엔 달리기를 좋아하지 않았다. 대기업 생활 18년 차인 나의 몸과 마음을 이끌고 밖으로 나가는 건 너무나 고단한 일이었다. 하지만 단 한 걸음이라도 내 의지로 나아가 보고 싶었다. 그렇게 시작된 달리기는 내 인생을 바꿨다.

벨라 매키는 달리기를 통해 불안과 고통, 무너진 삶의 조각들을 하나씩 다시 붙잡아 나간다. 달리는 동안만큼은 울지 않아도 되었다는 그녀의 고백은 나를 울게 만들었다. 이 책에서의 달리기는 '회복'을 위한 달리기다. 나로 돌아가기 위한, 내 안의 희망을 다시 켜기 위한 발걸음이다. 유튜브를 통해 달리기의 기쁨을 나누고 있는 나에게 이 책은 마치 "너도 잘하고 있어"라고 말해주는 동료 러너의 토닥임 같았다. 그리고 이 책을 펼칠 독자들에게도 그럴 것이다. 당신도 달릴 수 있다고, 지금처럼 느리고 비틀거려도 괜찮다고, 우리의 걸음이 향하는 곳은 결국 '회복'이라고.

달리기를 시작하려는 누군가에게, 그리고 다시 몸과 마음을 움직이고 싶은 누군가에게 이 책은 그 어떤 조언보다 먼저 와 닿는 격려가 되어 줄 것이다.

이재진(올레)_유튜브 〈마라닉TV〉 운영자, 『마라닉 페이스』 저자

한 발 한 발 내딛는 달리기가 어떻게 삶을 통째로 바꾸고 우리의 지친 마음을 치유할 수 있을까? 『달리기의 기쁨』은 그 질문에 대한 따뜻한 대답이다. 이 책에는 마음의 고통과 삶의 위기를 달리기로 이겨낸 작가의 이야기가 가감 없이 담겨 있다. 책장을 넘길 때마다 작가의 용기 있는 고백과 변화 과정을 지켜보면서 나 역시 깊은 공감과 감동을 느꼈다. 벨라 매키가 그러했듯 작게, 아주 느리게 시작해도 좋다. 거창하거나 잘하려 애쓸 필요도 없다. 사람들은 늘 달리기의 거리, 속도, 신발, 경력을 서로 비교하지만, 진정한 달리기란 오롯이 자신만의 속도로 나아가는 여정이다.

달리기는 명상이자 자기 돌봄이며 무엇보다 순수한 즐거움 그 자체다. 그리고 그 즐거움의 결과물은 생각보다 거대하다. 몸과 마음에 생기는 수많은 질병을 예방하고 수명까지도 늘여준다. 독자들은 이 책을 통해 달리기가 단순히 억지로 해야 하는 운동이 아니라 마음을 치유하고 삶을 지탱해주는 특별한 경험임을 깨닫게 될 것이다.

나 역시 삶이 힘들 때마다 운동화 끈을 동여매고 밖으로 나가 달린다. 달리다 보면 이내 번뇌가 녹고 마음이 뚫린다. 마음과 몸이 지쳐 아무것도 시작할 엄두조차 내지 못하는 이들에게 이 책이 따뜻한 위로와 작은 실천의 씨앗이 되기를 바란다. 세상에 지쳐있을수록 밖으로 나가 달려야 한다. 그러면 몸과 마음의 선순환이 찾아오고 잃어버렸던 활력을 되찾을 수 있을 것이다. 이 책은 달리기에 대한 나의 믿음을 따뜻하게 증명해주는 작가의 소중한 이야기다.

정희원_서울아산병원 노년내과 교수, 『느리게 나이 드는 습관』 저자

불안과 우울과의 싸움을 우아하고 고양된 방식으로 풀어낸 책이다. 달리기를 시작하게 된 계기나 달리기를 하며 마주한 문제들을 미화하지 않으면서도, 운동화를 신고 거리로 나서는 일이 얼마나 삶을 긍정적으로 바꿔놓을 수 있는지 보여준다.

-《가디언》

시의적절하고 공감이 가득한 책이다. 정신 건강을 경험하고 맞서는 것이 어떤 것인지에 대한 통찰력 있는 시선을 담았다. 따뜻하고 쉽게 읽히며 완벽하다.

-《그라치아》

진정한 희망을 담은 책이며, 우리들에게 깊은 영감을 준다.

-《스타일리스트》

오늘 당신이 읽을 글 중에서 가장 상쾌한 글일 것이다.

-《지큐》

차례

추천의 말_6

1K __ 도망치는 게 아니라 달리는 중입니다_15
2K __ 우리는 조금 돌아가고 있을 뿐_51
3K __ 다시 운동장으로 돌아오다_97
4K __ 그래, 갈 데까지 가보자_131
5K __ 누구에게나 달릴 자격이 있다_167
6K __ 공황을 뚫고 달린다_195
7K __ 달리면서 소리 지르기_223
8K __ 달리기에 정석은 없다_259
9K __ 완전한 몰입, 그리고 해방_283
10K _ 우리는 끝까지 비틀거릴 거다_317
* 달리기를 시작한 이들을 위한 약간의 팁_345

참고하면 좋은 자료_368

감사의 말_375

주_378

1K

도망치는 게 아니라 달리는 중입니다

✖

오늘 3분을 달렸다. 어둠 속에서 가다 서다 하며 천천히. 내 인생 최고 기록을 3분 늘렸다. 숨이 차고 옆구리가 뻐근하지만 기분은 요 몇 년 중에 최고다. 첫 시도치고는 괜찮았다. 이제 집에 가서 좀 울어야겠다. 아니면 와인을 좀 마시든가.

거실 바닥에 누운 채 남편이 문 쪽으로 성큼성큼 걸어가는 것을 바라보면서 앞으로 닥칠 일을 생각하고 있었다. 파경은 견딜 수 없는 슬픔과 껄끄러운 질문, 때로는 수치심까지 남긴다. 나는 그 모든 것을 상상할 수 있었다. 우두커니 카펫을 보고 있자니 마음은 벌써 저만치 앞서 나가서 임박한 미래를 어렴풋이 그리고 있었다. 한 술 더 떠서 앞으로 한동안 새벽 4시면 구슬프게 불러댈 노래들까지 고르고 있었다.

이제는 안다. 이별이 순식간에 닥칠 수 있다는 것을. 어릴 때는 이별이란 게 사랑과 다정함이 몇 년에 걸쳐 서서히 무너지다가 결국에는 서로 아무런 할 말도 남지 않게 되는 기나긴 과정인 줄로만 알았다. 하지만 막상 어른이 되어보니 꼭 그런 것은 아니었다. 때때로 이별은 준비할 틈도 주지 않고 불시에 덮쳐온다. 어느 날 갑자기 상대방이 면전에 대고 "이제 그만 헤어지자", "더는 널 사랑하지 않아", "다른 사랑을 찾았어", "너로는 성에 안 차"라고 말하는 것이다. 그러면 당하는 사람은 '아아, 이렇게 죽는구나. 이 고통은 절대 극복 못 할 거야'라는 생각을 한다. 몸속에서 뭔가가 산산이 부서진 것 같고 그저 몸져눕는 것밖에는 아무것도 할 수 없을 것만 같다. 곧 사방이 새하얗게 빛나는 터널을 걷게 되겠구나 생각하면서.

장기간에 걸친 이별과 갑작스러운 이별 중 어느 쪽이 더 나쁜지 모르겠다. 이별은 뭐가 됐든 최악이니까. 어디서 들은 이야기다. 레스토랑에서 부부가 한 시간 넘게 아무 말 없이 식사를 하고 있었다. 후식으로 커피가 나오자 남편이 아내에게 뭐라고 나직이 말했고, 아내가 앙칼지게 대꾸했다. "문제는 커피가 아니라 지난 25년

이야!" 그렇게 서서히 허물어지는 관계라니 생각만 해도 몸서리가 난다.

한편 난데없이 들이닥치는 이별은 그 충격이 피부에 사무친다. 그런데 그런 충격의 순간은 사실 뒷일에 비하면 별것 아니다. 얼마 후면 그래도 죽지는 않는다는 것을 알게 된다. 그리고 멍하니 카펫이나 보고 있을 여유도 없다. 아이들의 하교, 반려견 산책, 출근처럼 반드시 해야 할 일이 있기 때문이다. 하다못해 화장실이라도 가야지. 이별의 고통 따위는 지루한 월요일 일과 앞에서 찍소리도 못 낸다. 그리고 이런 쓸쓸한 현실을 자각하고 나면 미래가 제법 명확하게 보인다. 그리고 비틀거릴지언정 결국에는 그 길을 헤쳐 나갈 거라는 사실을 알게 된다. 다만 시간이 무지하게 오래 걸릴 뿐. 이별은 순식간이다. 하지만 그 출구로 가는 길은 끝이 없어 보이고 때로는 내가 왜 이 고생을 해야 하는지 분노가 치밀기도 한다.

그렇게 바닥에 누워 있을 때 나는 곧 일어나야 한다는 것을 알았다. 그 상황에 잘만 대처하면 다 괜찮아진다는 것도. 하지만 또 하나 깨닫게 됐다. 나는 어른이긴 하지만 그 대처란 것조차 제대로 할 줄 모르는 인간이라는 사실을 말이다.

우리에게 어떤 감정이 차오르더라도 그 원인은 한참 후에야 이해하게 된다. 아기들은 웃고 울고 화내면서도 자기가 왜 그러는지 모른다. 나이가 들면서 우리는 스트레스나 심각한 정신적 충격에 대처하는 방법을 익힌다. 청소년기에 수없는 좌절과 혼란을 겪으면서 자신에 대해 알아가고, 감정에 더 잘 대응하는 요령을 터득한다. 그리고 어른이 되면 갈고닦은 능력으로 인생의 난관에 맞선다. 대부분의 사람이 그렇다. 하지만 나는 바닥에 널브러지던 그날까지 평생 문제에서 도망치기만 했다. 아이 때부터 불안을 달고 살았던 나는 온갖 걱정이 곪아 터져서 인생을 쥐고 흔들게 내버려뒀다. 정신적으로 성장하지 못한 탓에 도전이라면 벌벌 떨었고, 그 무엇도 날 해치지 못하게 주변 환경을 통제하려 했다. 뭐든 좀 힘들면 때려치웠다. 나 스스로를 좀 밀어붙이며 독립심을 길러줄 만한 기회는 사절이었다. 나는 그렇게 점점 작아졌다.

어릴 때부터 현실을 외면하는 것에 익숙했고, 온갖 미신에 기대어 나쁜 일이 일어나지 않기를 빌었다. 내가 아프다는 것을 인정하지 않고 걱정과 터무니없는 생각에 대처할 방법을 이것저것 만들어냈지만 죄다 소용없었다. 무서운 생각이 들면 침을 뱉거나 눈을 꾹꾹 깜빡이며 쫓아내려 했다. 특정한 숫자, 글자, 색깔, 노래, 장소를 일부러 피했다. 모두 내 뇌와 '타협'하기 위해서였다. 그 유치한 방법을 악착같이 쓰면서 부디 나쁜 생각이 사라지길 바랐다.

하지만 다 부질없는 짓이었다. 불안은 날로 덩치를 키웠다. 내 나름의 대처법이란 녀석들은 사실 모두 거짓말쟁이였다. 그 덕분에 나는 광장공포증에 시달렸고, 걸핏하면 공황 발작, 침투적 사고(의지와 상관없이 불쑥 떠오르는 불편한 생각—옮긴이), 히스테리, 우울증에 시달렸다. 남편에게 버림받은 것은 그 지경이 되고 수년이 지났을 때였다. 솔직히 말해 혼자 마트도 못 가는 주제에 이별을 견딜 자신이 없었다. 일어나긴 해야 하는데 그 후에는 뭘 해야 할지 몰랐다. 모든 것에 공포가 드리워 있었다.

내 세상은 점점 작아졌다
✽✽✽

불안은 능구렁이 같다. 오만가지 모습으로 둔갑하고 있어 환자가 갈 데까지 가고 나서야 진단되는 경우가 많다. 몇 년이나 공황 발작을 겪으면서도 그게 공황 발작인지 모르기도 한다. 뇌졸중이나 심장마비 같은 심각한 증상으로 착각하거나(나는 열여덟 살 때 나이트클럽에서 그렇게 착각했다가 만취한 친구들에게 웃음거리가 됐다) 하루에도 몇 번씩 강박적으로 혈압을 확인하게 될 수도 있다. 또 자꾸만 머릿속에 침투하는 생각이 너무 수치스러운 것이어서 누구한테 털어놓지 못할지도 모른다. 그것이 강박장애의 징후임을 스스로 인정하는 것마저도 두려울 것이다.

머릿속에 떠오르는 끔찍한 이미지와 생각을 직면하고, 그것들이 당신을 해칠 수 없다는 사실을 받아들이기보다는 오랜 세월 그것들을 지우고 잠재우려 애쓸지도 모른다. 그러다 보면 안 그래도 고달픈 삶에 심각한 우울증까지 생길 수 있다. 그래서 나는 미친 듯이 울고 몇 시간씩 침대에 누워 있었다. 몇 날 며칠 잠만 잤다. 행복한 사람이라면 절대 그러지 않을 정도로 낮에 오랫동안 TV를 봤다. 너무 이른 나이에 희망을 모두 잃어버렸다.

불안장애를 가진 사람은 두려운 생각과 감각을 다룰 나름의 방법을 갖고 있기 마련이다. 그 대처법을 악착같이 붙들고 늘어지면서 절대 바꾸거나 버리지 않는다. 그런데 그 대처법이란 것이 결국은 거의 다 쓸모없는 것들이다. 일시적으로는 위안이 될지 몰라도 결국에는 근심의 매듭을 더욱 세게 묶어버린다. 내 대처법 중 하나는 공황 발작을 겪었던 곳에 얼씬거리지 않는 것이었다. 내 딴에는 또다시 무서운 일이 생기는 것을 피할 수 있는 현명한 처신이라 생각했다. 그러다가 집 근처 번화가, 공원, 마트를 포함해 사실상 런던 전역에 보이지 않는 봉쇄선을 치고 말았다. 나중에는 그 진입 금지 구역에 비행기, 엘리베이터, 고속도로, 지하철도 포함되었고, 근처에 병원이 없는 곳도 모조리 들어갔다.

차암 재미있게도 살았네. 그렇게 얻은 당장의 위안은 기만에 불과했다. 얼마 지나지 않아 나는 오도 가도 못하는 신세가 됐다. 내 마음이 '위험지역' 딱지를 붙인 곳은 갈 수 없었다. 지금 돌아보면 나는 오랫동안 불안에 사로잡혀 있었다. 하지만 그동안의 서투른 타협 방식에 너무 익숙해져 있었기에 거기 얽매여 한 발짝도 나아갈 수 없을 때까지 제대로 된 도움을 구하지 않았다.

사람이 뭔가 변화를 시도하게 하는 충격적인 사건이 있다면, 그건 결혼한 지 1년도 안 돼서 맞이한 파경이 아닐까 싶다. 영국의 이혼 통계를 보면 이혼하는 부부들이 평균 11년 반쯤 지지고 볶다가 갈라선다고 한다. 나처럼 초고속으로 결혼 서약에 깽판을 놓은 것은 별일이라면 별일이었다. 조금 더 버티다 이혼했다면 애석하지만 어쩔 수 없는 일 혹은 내가 '뭐 하나 진득하게 하지 못하는 요즘 애들'이라서 벌어진 일로 여길 수 있다. 하지만 고작 8개월이라니? 내 인생에 무슨 문제가 있진 않은지 의심해볼 수밖에 없었다.

꼭 이혼이 아니라도 내가 이미 임계점에 도달했다는 것을 깨닫고 있었다. 오래전부터 조금이라도 무서운 것은 죄다 피해 다니다 보니 내 세상은 숨이 턱턱 막힐 정도로 쪼그라들어 있었다. 만사에 신중을 기했지만 (다시 말해 모든 것을 통제하고 온갖 황당무계한 방식으로 차암 재미있게 살았음에도) 결국 최악의 사태를 맞이했다. 어릴 때부터 열심히 방어막을 쳤지만 아프고 수치스러운 일을 다 막아내진 못했다. 아니, 오히려 그 방어막 때문에 그런 일이 더 많이 생겼다.

남편이 떠난 뒤에 마치 엄마 배 속에 있을 때처럼 바닥에 잔뜩 웅크리고 있는 나를 동생이 억지로 일으켜 세웠다. 이후 며칠을 눈물과 술에 젖어 보냈다. 여기서 자세한 이야기를 못 하는 것을 이해해주시길. 솔직히 그때 뭘 했는지 기억나지 않는다. 이럴 땐 내 뇌에게 고맙다. 어쩌다 한 번씩은 녀석도 날 위해줄 때가 있다. 대충 짐작해 보자면 얘기를 좀 하고 잠을 좀 자고 배도 좀 채웠겠지. 기억나는 거라곤 〈왕좌의 게임〉 시즌 하나를 정주행했는데 동생이 자기를 빼고 혼자 다 봤냐며 화를 내던 장면뿐이다.

회사는 하루만 쉬고 바로 출근했지만 종일 화장실을 들락거리며 울었다(무슨 코미디도 아니고 남편과 같은 직장에 다니고 있었다). 자리에 있을 때는 입 꾹 다물고 헤드폰으로 백파이프 음악을 듣다가 남편이 지나가면 괜히 씩씩한 척했다. 그런데 희한하게도 그게 제법 효과가 있었다. 마음을 굳게 먹어야 할 때 써먹어 보길. 추천곡은 〈하이랜드 래디Highland Laddie〉다.

내 몸과 마음은 마비된 것만 같았다. 이 괴롭고 어려운 감정을 견뎌내야 한다는 것은 알았지만, 혹시 회복이 안 되면 어쩌나 하는 걱정이 들었다. 인생이란 원래 다 박살 난 것 같아도 계속 굴러가는 법이다. 서서히 일상이 회복되는 것을 느낄 수 있었다. 다만 그게 썩 마음에 들진 않았다. 나는 다시 회사로 돌아왔고 몇 달 내에 이별을 극복할 수도 있을 것 같았다. 하지만 여전히 좁은 공간에 갇혀 불안과 우울만이 내 유일한 친구로 남아 있을 것 같았다.

겉으로 아무렇지 않은 척하는 것쯤이야 별일 아니다. 금방이라도 정신병에 집어삼켜질 것 같아도 말이다. 나는 인생이 구질구질하기 짝이 없던 시절에도 멀쩡히 회사를 다니고, 농담을 던지고, 은둔형 외톨이로 보이지 않을 만큼만 외출했다. 많은 사람이 이런 기만술의 전문가가 되고 심지어 자기 자신도 깜빡 속아 넘어가기까지 한다. 아마 내가 하려고만 했으면 끝까지 그렇게 털털한 척하며 반쪽짜리 인생을 살 수 있었을 것이다. 하지만 내 안에서 뭔가가 뚝 끊어지면서 더는 그럴 수 없게 됐다. 한참을 그러고 살았더니 이제는 그럴 기운이 없었다.

달리는 동안에는 울지 않았다

※※※

나 자신이 어른도 아니면서 어른 행세를 하는 겁쟁이 꼬마, 사기꾼이란 게 들통난 것만 같았다. 『해리 포터』 시리즈를 쓴 J. K. 롤링은 인생이 바닥을 쳤을 때 그 바닥이 인생을 다시 세우는 초석이 됐고, 가장 두려워하던 일이 현실이 되었을 때 남은 건 올라가는 것뿐이었다고 했다.[1] 내가 이런 말을 하게 될 줄은 몰랐는데, 그 뻔한 말은 진짜였다. 롤링은 바닥을 딛고 신비한 마법의 세계를 창조해 세계에서 제일 돈 많은 여자가 됐다. 그리고 나는 바닥을 박차고 달리기를 시작했다.

다시 싱글이 되고 일주일쯤 지났을까, 문득 달리고 싶어졌다. 『호밀밭의 파수꾼』에서 홀든 콜필드는 학교 운동장을 내달리고서 이렇게 말한다. "뭐 하러 달렸는지는 모르겠다. 그냥 달리고 싶었던 것 같다."2 어쩌면 나는 시궁창 같은 인생에 질렸거나 뭐라도 해야 한다고 생각했던 건지도 모르겠다. 어쨌든 그날은 그냥 달리고 싶었다.

내가 그 구질구질한 인생의 한복판에서 왜 굳이 달리기를 택했는지는 여전히 의문이다. 힘든 일과는 담을 쌓고 살던 나였다. 다만 가슴 한구석에 처박혀 있었다곤 해도 언제나 달음박질에 대한 욕망이 있었다. 내 마음으로부터, 내 부정적인 생각으로부터, 켜켜이 쌓이고 굳어서 이제는 벗겨지지도 않는 근심으로부터 달음박질 치고 싶었다. 어쩌면 내 뇌로부터 달아나고 싶은 욕망이 달리고 싶은 충동으로 발현됐는지도 모른다. 기왕에 달릴 거면 머리가 아닌 몸으로 달리고 싶었던 걸까.

더욱이 이별 후에 폭식으로 슬픔을 달래는 뻔한 짓은 하고 싶지 않았다. 예나 지금이나 나는 뭐든 효과가 빠른 걸 좋아하는 사람이다. 불쾌한 느낌과 두통이 얼른 사라졌으면 싶었다. 따지고 보면 이별은 새로운 것을 시도하기에 좋은 계기다. 안 그래도 평생 달고 산 두려움에서 벗어나고 싶던 차에 더는 지체하면 안 될 것 같았다. 서른이 코앞이었고 혹시라도 내가 이별을 핑계로 인생 앞에서 다시 한번 꼬리를 말고 더 높은 담을 쌓진 않을까 겁이 났다.

그렇다고 운동장을 내달릴 엄두는 안 났다. 마트도 무서워서 못 가는 주제에 그런 야심 찬 포부가 가당키나 했을까. 영화도 아닌데 대초원을 달리거나 폭우를 뚫고 질주할 생각도 없었다. 솔직히 내가 지금 무슨 짓을 하고 있는 건가 싶었고 내가 진짜로 미친 건 아닌가 하는 생각도 들었다. 내가 달리려고 한다는 것은 그만큼 이상한 일이었다. 하지만 그렇게 긴가민가하면서도 열쇠를 챙기고 운동화 끈을 묶고 있었다.

낡은 레깅스 위에 티셔츠를 걸치고 아파트에서 30초 거리에 있는 어둑어둑한 골목길로 나섰다. 집에서 가까워야 하고 한적해서 날 비웃을 사람이 없어야 한다는 조건을 만족하는 곳이었다. 왠지 남들한테 들키면 안 되는 변태 짓이라도 하는 것처럼 어색하고 부끄러웠다. 다행히 생명체라고는 나를 한심하다는 눈으로 보는 고양이뿐이었다. 고맙게도 고양이는 얼른 사라져 줬다. 그때 조금이라도 인기척이 있었으면 나는 당장 때려치웠을 것이다. 그토록 가혹한 형벌을 남한테 보여주고 싶진 않았다.

헤드폰을 쓰고 적당한 노래를 찾다가 퍼들 오브 머드라는 밴드의 〈그녀는 날 존나 미워해 She Fucking Hates Me〉라는 곡에 꽂혔다. 평소 취향과는 달랐지만 적당히 분노에 찬 가사가 마음에 들었고, 날 울릴 만한 노래는 듣고 싶지 않았다(뭘 해도 눈물이 나던 때였다). 재생 시간이 3분 31초인 이 곡에서는 '그녀는 날 존나 미워해'라는 가사가 꽤 많이 나온다. 한 30초쯤 뛰다가 종아리가 찢어질 것 같고 허파에 불이 난 것 같아서 멈춰 섰다. 하지만 노래가 내 아드레날린을 자극했고, 잠시 쉬었다가 다시 뛰기 시작했다. 오만상을 하고 길을 따라 느릿느릿 달리면서, 귀에다 악을 쓰는 보컬의 목소리에 맞춰 입술로 가사를 읊조렸다. 그렇게 중간에 쉬어가며 무려 3분이나 달린 후에 포기하고 집으로 돌아왔다. 그래서 기분이 좀 나아졌냐고? 아니. 달리는 게 재미있었냐고? 전혀. 하지만 15분 동안 울지 않았다는 것만으로도 충분했다.

놀랍게도 거기서 끝이 아니었다. 솔직히 달리고 나서도 기분이 영 우중충해서 그날로 끝내고 싶었지만 내 안에서 뭔가가 온갖 핑계를 짓눌렀다. 나는 이튿날도 그 골목으로 나섰다. 그다음 날도 마찬가지였다. 노력은 가상했지만 솔직히 눈 뜨고 못 봐줄 수준이었다. 느릿느릿 몇 초 달리다가 멈춰서 쉬기를 반복했다. 어둠 속에서 누가 나타나기라도 하면 그 자리에 꼼짝없이 얼어붙었다. 그런 내가 바보 같았지만 그래도 다시 달렸다. 무슨 나쁜 짓이라도 하는 것처럼 줄곧 어둠 속에서, 줄곧 은밀하게.

내가 왜 그러는지, 무엇을 원하는지도 모른 채 그냥 골목을 달렸다. 그렇게 몇 주가 지나자 욕심이 과해지면서 사소한 참사를 많이 겪었다. 불에 덴 것 같은 정강이 통증이 찾아왔고, 너무 속도를

달리기의 기쁨

냈다가 숨통이 끊어질 것 같기도 했다. 감히 언덕길을 오르다가 패배를 인정하고 버스를 타기도 했다. 해가 지는 시간을 잘못 계산하는 바람에 어두운 공원 한구석에 홀로 남겨졌다가 공황 발작도 찾아왔다. 나는 어린애처럼 엉엉 울었다. 달리기는 마치 내가 구사할 수 없는 언어 같았다. 나와는 한참 어울리지 않는 것 같았다. 달리기는 활기차고 행복한 사람이나 하는 것이지, 담배를 피우고 매사에 겁부터 먹는 신경증 환자가 할 짓은 아닌 것 같았다.

나는 뭐든 한번 시도해보고 잘 안 되면 순순히 포기하는 사람이었다. 내 달리기 실력이 형편없고 나아질 기미도 보이지 않는다는 것은 부끄럽지만 명백한 사실이었다. 그런데도 계속 달린다니 스스로도 믿기지 않았다. 2주 동안 그 어두운 골목을 터덜터덜 달렸다. 그러다 보니 이제는 달리다가 겁이 나거나 숨이 차는 게 아니라 지루해지는 날이 왔다.

나는 좀 더 멀리 나가기 시작했다. 처음 두 달 동안은 아파트에서 가까운 길만 골라 달렸다. 항상 도망칠 길을 확보해 둬야 하는 내 뇌 때문이었다. 조용한 거리를 달리다가 차가 지나가면 놀라서 움찔했다. 내 몸뚱이는 느렸고, 마음은 슬픔과 분노로 가득 차 있었다. 하지만 두 가지는 분명히 알 수 있었다. 첫째, 달리는 동안에는 별로 슬프지 않았다. 뇌의 일부분이 일시적으로 꺼지거나 뒤로 물러나는 것인지 마음이 잠잠해졌다. 달리는 동안에는 내 결혼이 망했고 거기에는 내 책임도 있다는 생각을 하지 않았다. 남편이 잘 먹고 잘 살고 있을까, 근사한 여자를 만나고 있을까, 내 생각을 눈곱만큼이라도 할까 하는 생각도 안 했다. 그게 내게는 어마어마한 위안이 됐다.

둘째, 달리는 동안에는 불안하지 않았다. 슬프지 않은 것도 좋지만 불안하지 않은 게 훨씬 더 좋았다. 얼마 후 나는 런던에서 한 번도 가보지 못했던 곳, 특히 혼자서는 가볼 엄두조차 낼 수 없었던 곳까지 달려갔다. 그렇다고 사람이 바글대는 소호 한복판까지 진출했다는 말은 아니지만, 한 달쯤 됐을 때는 캠든 시장을 달리는 데도 까무러치거나 무너져 내릴 것 같은 기분이 들지 않았다. 그냥 걸었을 때와는 달랐다.

이미 몇 번이나 캠든 시장을 걸어보려고도 했었다. 그때마다 불안이 치고 올라와 손바닥이 축축해지고 당장이라도 공황 발작이 올 것만 같았다. 하지만 달리면 괜찮았다. 뇌가 남들은 매일 하는 일상적인 외출조차 허락하지 않던 때, '내가 레즈비언인 건 아무도 모를걸'이란 문구가 적힌 티셔츠를 파는 가판대를 멀쩡히 지나간 날은 무슨 기념일처럼 느껴졌다. 두 발이 인도를 두드리는 리듬에 집중하자 호흡도, 붐비는 사람도, 집까지 거리도 별로 신경 쓰이지 않았다. 뇌가 '위험 지역' 딱지를 붙였던 곳에 진입했을 때도 기절할 것 같지 않았다. 내게는 기적 같은 일이었다.

소설가 조이스 캐롤 오츠는 달리기 덕분에 글을 쓸 수 있게 됐다며 달릴 때는 "마음이 몸과 함께 날아간다"고 썼다.[3] 그건 몸이 뇌를 태우고 함께 나아간다는 뜻이 아니었을까. 마음이 운전대를 놓는 것이다. 달릴 때는 화끈거리는 다리와 앞뒤로 흔들리는 팔에 집중한다. 펄떡이는 심장, 귓속으로 굴러떨어지는 땀방울, 좌우로 뒤틀리는 상체를 의식한다. 일단 리듬감이 생기면 이제는 앞에 놓인 장애물 혹은 피해야 할 사람이 보인다. 이전에는 의식하지 못했던 건물의 세밀한 부분이 눈에 들어온다. 어떤 날씨가 펼쳐질지 예상하게 된다. 이 모든 과정에 뇌가 관여하지만 그 역할은 평소와 다르다. 끊임없이 '만약에'라는 질문을 던져서 겁을 주고 최악의 기억을 계속 떠올리게 해서 괴롭히던 내 머릿속은 빠르게 움직이며 집중해야 하는 순간만큼은 그 힘을 잃었다. 나는 달리기로 내 마음을 속이거나 지치게 만들었거나 혹은 새로운 과제를 던져준 것이었다.

달릴 때 머리가 맑아지는 이유에 대해서는 연구가 활발히 진행 중이다. 과학자들은 달리기가 효과를 발휘하는 원리를 어떻게든 밝혀내고 싶은 것 같다. 고마운 일이다. 나도 어떻게 달리기가 내 인생을 바꿔놓았는지 궁금하니까. 물론 내 인생이 바뀌었다는 것만으로도 기쁘지만 말이다. 한 연구에서는 경미한 인지장애가 있는 사람과 나이 든 사람은 운동 뒤에 집중력과 관련된 뇌 영역인 전두엽의 활동이 활발해졌다.[4,5] 동물 연구에서는 운동 후 기억과 학습을 담당하는 뇌 영역인 해마에서 신경세포가 새로 형성되었다.[6]

하지만 이런 연구 결과만으로는 달리기가 주는 쾌감을 다 설명할 수 없다. 달리기 도중에 느끼는 벅찬 기쁨, 이른바 '러너스 하이 runner's high'야말로 나 같은 사람들의 최대 관심사다(그것이 과연… '약맛'에 견줄 만한 것인지는 잘 모르겠다. 나도 아직 약의 그… 기분 전환 효과에 대해서는 경험이 별로 없어서 그렇다). 하루에 한 시간 정도 힘차게 움직이면 머릿속의 스트레스와 우울감이 씻긴다니, 나처럼 우울과 불안에 오랫동안 시달린 사람이라면 귀가 솔깃할 것이다.

나도 바로 그 맛에 빠져들었다. 결혼이 파국을 맞고 몇 주가 지났지만 나는 여전히 그 여파에 비실거렸다. 직장에서는 수시로 화장실을 들락거리며 숨죽여 울었다. 집에 가면 바로 잠옷으로 갈아입고 TV를 틀어 멍하니 아무 방송이나 봤다. 외출하는 날은 술을 때려 붓고 또 울었다(이때는 소리 내서 울었고 친구들도 좋아했다). 하지만 달릴 때는 그 모든 것을 잊었다. 누군가의 안쓰럽다는 표정을 보지 않아도 됐고, 포옹을 하며 숨통을 조이는 사람도 없었다. 아니, 나를 보는 사람 자체가 없었다. 나는 형광색 옷을 입고 나른하게 달리는 사람들 중 하나가 되어 도시에 녹아들었다.

집에서는 외로워 죽을 것만 같았다. 아침에 침대에서 뒹굴다가 그 차갑고 텅 빈 공간을 느끼고 상실감에 몸부림치지 않기 위해 일부러 밤마다 팔다리를 있는 대로 뻗고 잠을 청했다. 하지만 아침에 달리러 나갈 때는 외롭지 않았다. 언제부턴가 나 스스로 도전 과제를 정하고 있었다. 오늘은 2분만 더 뛰어보자, 내일은 몇 년 동안 사람이 많다고 피하기만 했던 그 길로 나가보자 하는 식이었다. 그러자 내가 오랫동안 온갖 위험 요소를 상상하며 몸을 사리느라 제대로 알지 못했던 도시를 재발견하게 됐다.

홀러웨이 로드를 달리며 편의점과 마트가 들어선 빛바랜 건물들의 꼭대기를 올려다봤다. 밀집한 건물 사이로 언뜻 보면 보이지 않는 철길을 발견했다. 운하를 따라 달리자니 블랙베리나무와 야생화가 우거진 들판이 펼쳐지고 새끼 오리들이 내 옆에서 헤엄쳤다. 공황 발작이 서서히 사라졌다. 도망칠 길을 찾아놓아야 한다는 생각이 단 한 번도 들지 않았다. 나는 두 발을 내 뜻대로 움직이며 목적을 갖고 달렸다. 달아나는 게 아니었다. 마음속에서 조심하라는 외침이 들리지 않는 가운데 세상을 있는 그대로 받아들이긴 처음이었다.

여자아이들이 사라진 운동장

※※※

달릴 때 아이가 된 것 같은 기분이 들었다고 하면 과장일 테다. 하지만 달리면서 어린 친구들에게서만 볼 수 있는 자유분방함을 느낀 것은 사실이다(물론 만취한 사람도 자유분방해지긴 하지만 그 뒤에 후회가 따른다는 차이가 있다. 어린 친구들은 경험하지 않길 바라는 그런 후회 말이다). 그럴 만도 하다. 어릴 때는 달리고, 뛰어오르고, 춤추고, 팀 스포츠를 하도록 권장된다. 소설가 루이자 메이 올컷은 이렇게 썼다. "활발히 몸을 움직이는 게 내 평생의 낙이었다. 여섯 살 때 공터에서 지칠 줄 모르고 굴렁쇠를 굴리던 시절에도 그랬고, 어른이 되어 다섯 시간 동안 내리 30킬로미터를 달리고서 저녁 파티에 참석하던 시절에도 그랬다. 달리는 게 얼마나 재미있었던지 내가 분명 전생에 사슴이나 말이었을 것이라 생각했다."[7]

아이들이 육체 활동을 해야 한다는 것은 누구나 본능적으로 안다. 그것은 몸만 아니라 마음의 건강에도 좋다. 영국에서는 이에 대한 연구가 활발하지 않다. 그나마도 횡단 연구(한 시점의 데이터만을 수집하여 분석하는 연구 방법―옮긴이)에 치우쳐 있다. 그중 영국의 국립보건임상연구원National Institute for Health and Care Excellence의 보고서에는 비활동적이라고 분류된 8~12세 아동 933명과 신체 건강 기준에 미달하는 아동들이 활동적인 아동들에 비해 우울증 증상이 나타날 확률이 더 높다는 조사 결과가 언급된다.[8] 13~17세 청소년을 대상으로 한 임상실험에서는 운동이 우울증 증상을 치료하는 효과가 있는 것으로 확인됐다.[9]

나는 어릴 때 운동을 좋아하게 될 기회가 없었다. 순전히 불안증 때문에 그랬다고 할 수는 없겠지만 하나의 이유였던 것은 사실이다. 나는 뚱뚱하고 인기 없는 아이였고 스포츠는 고약한 인기투표나 마찬가지라고 생각했다. 그리고 지금은 달라졌으면 좋겠지만, 내가 초등학생일 때는 남자아이들과 여자아이들의 운동이 완전히 구분되어 있었다. 축구장에서 남자아이들이 공을 차며 한껏 에너지를 발산하는 동안 여자아이들은 코빼기도 보이지 않았다. 여자아이들은 운동장 한구석에 옹기종기 모여 앉아 있어도 뭐라고 하는 사람이 없었다.

이런 괴리는 지금도 뚜렷이 나타난다. 2013년 연구에서는 영국 7세 아동 중 절반이 운동 부족이고 남녀 격차가 심히 우려스러운 수준인 것으로 밝혀졌다.[10] 이 연구를 주도한 캐럴 데자투Carol Dezateux 교수는 "남아와 여아의 격차가 심각하다. 여아의 운동을 유도할 방안을 진지하게 고민해야 할 때다. (…) 학교 운동장이 중요한 출발점이다. 보통 운동장은 축구를 하는 남학생들의 차지다"라고 썼다.

초등학교 고학년이 되면 운동량이 무려 40퍼센트나 줄어든다.[11] 나는 중등학교(우리나라의 중고등학교에 해당하는 학교—옮긴이)에 진학하면서 운동량이 더욱 줄었다. 그때 우리는 축축한 운동장에 끌려 나가 필드하키를 했다(말했다시피 남녀의 종목이 구분되어 있었기 때문에 여학생들은 필드하키 아니면 농구 비슷한 네트볼만 선택할 수 있었다). 팀을 뽑을 때 나는 짐작하다시피 맨 마지막에 뽑혔고, 되도록 경기에 참여하지 않고 멀찌감치 떨어져 있었다. 나이를 좀 더 먹은 뒤에 우리가 할 수 있는 운동이라고는 공원을 혼자 걷거나 에어로빅을 하는 것밖에 없었다. 그렇다면 나는 무엇을 택했을까? 힌트를 주자면 공원에는 1)남자아이들이 있었고 2)담배를 피울 공간도 있었다.

최근에 여성스포츠협회에서 여학생과 남학생의 운동 현황을 조사한 결과, 14세 여학생 중에서 매주 적당량의 운동을 하는 비율은 12퍼센트에 불과했다.[12,13] 그야말로 처참한 수치다. 그런데 15세 여학생 중 76퍼센트는 운동을 더 많이 하고 싶지만 선택할 수 있는 종목이 마음에 들지 않는다고 했다. 그보다 더 안타까운 사실은 스포츠가 '여성스럽지 않아서' 운동을 하지 않는다는 의견도 많았다는 것이다. 그 마음 잘 안다. 나도 그 시절에는 운동을 품위 없는 짓으로 여겼으니까. 땀을 뻘뻘 흘리면서 오만상을 쓰고 헉헉대다 보면 문득 나 자신이 창피해졌다. 10대 소녀라면 당연히(혹은 본능적으로) 기를 쓰고 피할 만했다.

중등학교를 졸업하면 운동량은 더욱 줄어든다. 물론 일부러 시간을 내서 달리기나 헬스를 하는 사람도 있겠지만 어릴 때보다 운동을 하기 어렵다. 만일 대학교에 진학한다면 공부도 많이 해야 하고 멋이란 멋은 다 부리며 파티에도 다녀야 하니 운동할 틈이 없다. 대학생이 되면 살찐다는 말이 괜한 말이 아니다. 정말로 1년 만에 체중이 확 는다. 내 얘기를 하자면 해가 중천에 떴을 때쯤 침대에서 기어나와 담배와 요깃거리를 사러 나가는 게 운동이었다. 그 나이 때 학생에게는 평범한 일상이다.

그런데 유감스럽게도 이 시기가 바로 몇몇 종류의 불안장애가 제일 심각하게 나타나는 때다. 예를 들어 강박장애는 보통 스무 살 이전에 발병한다.[14] 어떤 증상은 훨씬 일찍부터 나타나기도 하지만 (공포증은 대개 일곱 살쯤에 나타난다) 심각한 불안증과 우울증은 청소년기의 막바지에 맹공격을 가한다. 놀랄 일도 아니다. 이 무렵에 엄격한 교육 체제와 가족의 울타리에서 벗어나 난생처음 홀로 서기 때문이다. 개중에는 새롭게 짊어진 의무를 척척 수행하는 사람도 있지만 그렇지 않은 사람이 더 많다. 나는 후자에 속했다.

어릴 적의 걱정거리들이 잠복한 상태로 대학에 진학한 나는 어느 날 교정에서 공황장애panic disorder의 기습을 받았다. 그런 느낌이 다시 고개를 들 줄 몰랐기에 또 그것을 외면하려고만 했다. 왜 공황 발작이 왔는지 생각하지 않았다. 아니, 아예 공황 발작에 대해 생각을 안 하려 했다. 하지만 공황은 무서울 만치 빠른 속도로 기세를 더했고, 보름쯤 지나자 이전에 겪었던 어떤 증상보다도 소름 끼치는 증상이 나타났다. 해리^{dissociation}였다. 불안이란 놈은 영악하게도 어떤 증상에 좀 익숙해졌다 싶으면 또 다른 증상을 던져놓는다. 그것도 이전보다 더 지독한 놈으로.

해리(혹은 현실감 소실)는 느닷없이 온 세상이 비현실적으로 느껴지는 증상이다. 아니, 이 정도로는 그 무시무시함을 다 표현할 수 없다. 단순히 주변 세상이 비현실적으로만 느껴지는 게 아니다. 내가 누구보다 사랑하는 사람들이 가짜로 보이고, 내가 사는 집이 영화 세트로 느껴지고, 반려견이 무생물 같고, 내 얼굴이 남의 얼굴 같다. 모든 게 연극의 한 장면 같고 나와 동떨어진 기분이 든다. 나중에 알았는데 정신과 의사들은 해리를 뇌가 걱정을 하다 하다 지쳐서 마음의 전원을 내릴 때 생기는 감각이라고 본다. 그러니까 실제로는 나를 보호하기 위한 장치라는 것이다. 하지만 나는 이 해리란 녀석이 마치 내 애인과 뒹굴어 놓고 다 나를 위해서였다고 뻔뻔스럽게 말하는 친구처럼 느껴진다. 절대 고맙다는 말은 못 하겠다.

만약에 그때 그 몹쓸 감정을 털어버리기 위해 운동화를 신고 달리러 나갔다면 어땠을까? 이후 줄곧 곱씹은 질문이다. 물론 달리기로 모든 것이 해결될 거라고 말한다면 그건 무책임한 짓이다. 달리기는 심각한 정신 질환에 다 듣는 만병통치약이 아니다. 이 사실을 빨리 인정할수록 좋다. 하지만 지금도 나는 20대로 돌아가서 다른 친구들이 어려움에 직면했을 때 그랬던 것처럼 나도 이것저것 시도해 봤으면 좋았겠다고 생각하곤 한다. 20대는 실험 정신으로 무장하고 인생이 건네는 것을 모두 즐겁게 누리는 시기다. 그런데 많은 사람이 산더미 같은 불안, 부채, 박탈감을 끌어안고 그 귀한 10년을 근심과 공포 속에서 보내는 것 같다.

나는 내가 할 수 있는 것을 했다. 대학교를 자퇴하고 정신과에 가서 바로 항우울제를 타 먹었다. 달리 도리가 있었을까? 그즈음에는 자살 충동이 스멀스멀 올라오고 있었다. 아무리 내가 현실감을 잃었다고 한들 그 충동이 생각하고 싶지 않은 사태로 이어지리란 것쯤은 분명히 알 수 있었다.

우울과 불안에 운동화를 처방하다

✖✖✖

그래도 나는 굉장한 행운아였다. 정말 감사할 따름이다. 우리 부모님은 딸이 왜 맨날 미친 듯이 울면서 집 안에만 있으려고 하는지 이해하진 못해도 전문가의 도움을 받도록 돈을 대줄 형편이 됐다.

2015년 조사에서 영국 학생의 78퍼센트가 정신적인 문제가 있다고 응답했고 33퍼센트가 자살 충동을 느낀다고 했다.[15] NHS(영국의 공공의료서비스로 대부분의 의료 행위가 무상으로 제공된다—옮긴이)에서 나를 담당하는 GP (각 지역에 배치된 일반의. 환자가 NHS를 이용하려면 GP에게 1차 진료를 받아야 한다—옮긴이)는 친절하긴 했지만 내게 해줄 수 있는 것이라고는 상담 대기자로 이름을 올려주는 것뿐이었다. 그런데 그때 이미 대기 기간은 6개월이나 밀려 있었다. 현재 영국인 10명 중 한 명이 NHS에서 상담 치료를 받기 위해 1년 이상 기다리고 있고, 역시 10명 중 한 명이 자기 돈을 써가며 민간 의료기관에서 상담 치료를 받고 있다. 요즘 일부 대학에서는 우울증과 불안증이 있는 학생을 위해 상담 치료와 병행하는 운동 수업을 마련하고 있다. 정신 건강 전문가들이 여전히 몸과 마음을 서로 연결된 것으로 보고 꾸준히 그 연관성을 탐구하고 있다는 좋은 신호다.

달리기를 비롯한 운동이 우울증과 불안증에만 도움이 되는 것은 아니다. 어쩌면 이 책을 읽고 있는 당신도 지금 우울증과 불안증에 맞먹는 증상에 시달리고 있을지 모른다. 바로 외로움이다. 외로움이 몸과 마음에 엄청난 악영향을 미친다는 게 정설인데도 여전히 많은 사람이 외롭다고 인정하지 않으려 한다. 외롭다고 하면 왠지 자신이 못나고 정 떨어지는 사람으로 느껴지기 때문이다. 그래서는 외로움에서 헤어 나오기 어렵다. 왜 인생길은 혼자서 걷기 벅차다고들 하지 않는가. 혼자서 달리는 것도 가끔은 힘들어 다 때려치우고 싶을 때가 있다.

그래서 영국 전역에서 파크런Parkrun이 대히트를 쳤는지도 모르겠다. 매주 전국의 공원 414곳에서 아침 일찍 사람들이 모여 같이 달린다.[16] 평소 혼자 달리는 나도 돌아보면 동생이나 전 남자친구 또는 새로운 친구와 함께 타박타박 달리면서 서로 자극을 주고 서로 더 많이 알게 된 때가 좋은 기억으로 남아 있다. 숨이 꼴깍 넘어갈 것 같고 땀이 뻘뻘 나서 체면 따위는 생각할 수도 없을 때 옆에 있는 사람도 나와 똑같다는 걸 알면 얼마나 끈끈한 느낌이 드는지 모른다.

이 책을 쓸 때 글래스고칼레도니언대학교에서 달리기가 행복도를 높이는지 알아보기 위해 8,000여 명에게 설문조사를 실시했다. 옥스퍼드 행복설문지Oxford Happiness Questionnaire를 이용한 이 조사에서 응답자는 각 질문에 최저 1점(불행하다)에서 최고 6점(매우 행복하다)까지의 점수를 매겼다. 파크런 참가자들은 평균 행복도가 4.4점으로 전체 평균인 4점보다 높았다.[17] 이들은 함께 달릴 때 생기는 유대감을 높이 평가하면서 서로 응원하고 친해지는 것이 값진 경험이라고 했다.

첫아이를 낳고 산후우울증을 앓던 사라는 친구와 함께 달리기 시작하면서 어둠 속에서 한 줄기 빛이 보였다고 했다. 아무것도 하기 싫어하는 자신을 억지로 데리고 나가 달리게 하는 사람이 있어서 다행이었다면서.

"난 혼자인 걸 좋아해서 달릴 때도 주로 혼자 달려요. 거기서 얻는 것도 많죠. 하지만 예전에 나를 잘 달래서 달리게 했던 좋은 친구가 있어서 도움이 되었던 것도 사실이에요. 그 친구가 없었어도 달리기를 했을 수 있어요. 하지만 그러기까지 시간이 많이 걸렸겠죠. 그리고 다른 사람과의 돈독한 관계가 정신 건강을 유지해준다는 사실이야 굳이 말할 필요도 없죠. 지금까지는 단순히 몸을 움직이는 행위 자체가 나한테 중요하다고 생각했어요. 그때 몸에서 느껴지는 감각이 은근히 중독성이 있거든요. 하지만 이젠 알아요. 그때 그 친구가 있었기 때문에 여기까지 올 수 있었단 걸요."

이 책을 쓰면서 대화를 나눈 많은 사람이 달리기의 사교적 효과를 중요하게 여겼다. 배우자, 연인, 친구와 함께 달리는 것은 물론이고 그냥 밖에 나가서 사람들을 만나는 것만으로도 정신적 문제에서 비롯되는 고립감이 완화될 수 있다. 심지어는 혼자 달리는 것도 주변 세상과 하나가 되는 것이어서 며칠 동안 그 누구와도 대화하지 않았던 사람에게 놀랄 만큼 큰 치유 효과가 있다.

운동은 우울증과 불안증에만 효과가 있는 게 아니다. 놀랍게도 유산소 운동이 조현병 환자에게 좋다는 임상실험 결과가 있다. 2016년 맨체스터대학교의 연구에서는 운동을 하면 정신증(현실과 비현실을 구별하지 못하는 중증 정신 질환을 포괄하는 표현으로, 조현병도 여기 속한다―옮긴이) 증상이 27퍼센트 완화되는 것으로 드러났다.[18] 미국에서 외상 후 스트레스 장애PTSD를 겪는 참전 군인을 대상으로 한 임상실험에서도 운동으로 공포심과 신체적 증상이 완화된다는 결과가 나왔다. 그렇다고 상담과 약물 같은 치료 수단이 필요 없다는 말은 아니지만, 그 외에도 스스로 상태를 호전시킬 방법이 있다는 것이 고무적이다.

내 경우에는 약물이 확실히 도움이 됐다. 거울을 들여다보면서 저 안에서 나를 보는 미친 여자가 누군지 의아해하는 증상이 없어졌다. 직장이 생기고, 다시 외출하고(비상구를 확인하긴 했지만), 좁게나마 인간관계도 유지할 수 있었다. 간단히 말해 상태가 좋아졌다. 비록 뭐 하나 완전히 고쳐지진 않았어도 우두커니 벽을 본다거나 숨을 헐떡거리는 증상이 사라졌기 때문에 나는 계속 약을 먹었다.

이 말을 하는 이유는 볼품없던 내 정신 상태를 보여주기 위해서가 아니라 정신 질환이 생기면 그렇게 김빠진 삶도 아무렇지 않게 받아들이게 된다는 것을 보여주기 위해서다. 할 수 있는 것도, 갈 수 있는 곳도 얼마 되지 않으면서 행복한 척한다. 그런 삶이 헛되다고 할 수는 없지만 여러모로 제한된 삶이긴 하다. 그런 삶도 그럭저럭 괜찮게 느껴질 수는 있다. 아니면 반대로 많은 것을 빼앗긴 것처럼 느껴질 수도 있다. 그러니까 거기서 해방될 방법을 찾으면 그야말로 기적이 일어난 것 같은 기분이 든다.

어떤 사람에게는 그 방법이 약물일 수 있고 또 어떤 사람에게는 명상일 수 있다. 우리 엄마는 기분이 처질 때마다 요가를 한다. 내 직장 동료는 우울함을 물리치기 위해 웨이트 트레이닝을 하고, 친구는 치밀어 오르는 분노를 다스리기 위해 복싱을 한다. 내가 아는 사람 중에 심각한 조울증을 앓는 여자가 있는데 날마다 집 근처 공원을 걷는 게 조금씩 자신을 살리는 길이라고 한다. 또 다른 사람은 익숙한 불안감이 덮칠 때마다 십자수를 놓는다. 나는 10년 동안 단순히 증상을 관리하는 수준에 머물다가 마침내 탈출구를 찾았다. 바로 달리기였다.

고통에 대처하는 법

✕✕✕

그렇게 몇 달 동안 소심하게 집 근처를 벗어나지 않는 선에서 발길이 닿는 거리마다 터벅터벅 달리던 어느 날, 나는 더 멀리 나가보기로 했다. 그렇게 내가 굳게 지키던 경계선을 넘어섰다. 도시의 심장부로 들어가 템스강 위에서 밝은 빛과 맑은 공기를 머금고 손짓하는 것 같은 다리까지 달려갔다. 뒤도 안 돌아보고 다리를 건넜다. 살갗에 닿는 햇살에 취해 다리를 하나 더 건너 항상 관광객과 노점상과 빵빵대는 차들로 북적대는 의회광장까지 나갔다. 내친김에 소호까지 가서 그 시끌벅적한 분위기와 인력거 무리와 성인용품점에 혀를 내둘렀다. 마치 신경증에 걸린 포레스트 검프처럼 몸이 버티지 못할 때까지 달렸다. 그리고 정처 없이 걸었다. 간이 철렁하는 느낌도 없고 호흡을 가다듬을 필요도 없었다. 내 몸을 전혀 의식하지 않았다. 주변 환경을 즐겁게 받아들였고, 승리자가 된 기분이었다. 나는… 행복했다.

비극에서 한숨 돌리게 해주는 길을 발견하면 중독되기 쉽다. 약물과 술에 손을 대면 금방 의존증이 생기는 것처럼 운동도 그렇다. 그날 내가 런던 한복판에서 느낀 벅찬 감동은 쉽게 끊을 수 있는 게 아니다. 잠시라도 끊기 어렵다. 내가 반쯤 정상인이 된 듯한 느낌을 주는 것을 찾았다면 그것을 더 하면 더 했지, 어떻게 덜 할 수 있을까? 더욱이 운동은 건강에 좋다. 의사들은 물론 미디어에서도 맨날 하는 말이 운동을 더 하라는 것이다. 인스타그램 인플루언서와 유튜버들도 자연식과 함께 운동을 권한다.

하지만 절망감을 완화할 버팀목을 찾는 사람은 자칫 운동을 이용하는 게 아니라 운동에 휘둘릴 수 있다. 운동 중독에 대한 연구는 그리 활발하지 않지만, 2012년 연구에서는 헬스장에 다니는 사람 중 3퍼센트가 중독자 수준에 해당한다고 나왔고, 다른 연구에서는 취미로 달리는 사람 중에서 무려 25퍼센트가 중독 상태인 것으로 추정됐다.[19] 어떤 유익한 것이 인생을 잠식하기 시작해도 당사자는 좀처럼 못 알아차린다.

　사람마다 넘지 말아야겠다고 정해놓은 선이 있다. 내일 신나게 운동할 계획이라면 숙취를 피하기 위해 저녁 약속을 거절하는가? 점심시간에 달리기를 하려고 동료와 절대 식사를 하지 않는가? 주말에 결혼식이 있으면 헬스장에 못 갈 것 같아서 전전긍긍하는가? 나는 이 중 두 개에는 마지못해 그렇다고 대답해야 할 것 같다(숙취 속에서 달리는 것쯤이야 뭐, 가뿐하지). 가끔 달리기에 집착할 때가 있다. 공황 발작, 터무니없는 생각을 포함해 불안이 만드는 온갖 증상이 사라졌을 때 느끼는 환희에는 중독성이 있다. 그 들뜨고 몽롱한 기분에 맛들이면 다른 것은 아무렇지 않게 거부하게 된다.

　인터넷에 보면 규칙적인 운동에 집착하다가 인생에서 큰 희생을 치른 사람들의 이야기가 수두룩하다. 매일 꼬박꼬박 세 번씩 운동하면서 자전거 타기나 수영을 한 번이라도 빼먹으면 안절부절못하다가 결국 기력이 고갈되는 사람들 말이다. 설마 운동을 시작할 때부터 그런 것을 기대한 사람은 없을 것이다. 달리기는 내게 진정한 삶, 다시 말해 친구들과 어울리고 새로운 것을 경험하고 심지어는 위험까지 무릅쓰는 삶을 선사했다. 하지만 그것은 어디까지나 좋은 수단이었지, 절대로 내 인생의 전부가 돼서는 안 됐다.

　크고 작은 두려움을 안고 살던 사람이 마침내 평온을 찾았다고 생각하면 무슨 수를 써서라도 그 평온을 지키려 한다. 이제야 겨우 평온해졌는데 다시 공황이 올 듯한 조짐이 느껴지거나 일순간이나마 불길한 느낌이 들면 공든 탑이 무너지고 원점으로 돌아갈 것만 같아 불안해진다. 그럴 때 나는 운동 강도를 높였다. 나를 몰아치듯 하루에 두 번씩 달렸다. 그럴 때는 달리기가 싫었다. 멋도 모르고 쳇바퀴에 올랐다가 영영 내려가지 못하는 햄스터가 된 기분이었다. 어쩌면 평생 그렇게 살았을지도 모른다. 남편이 떠나고 1년이 좀 안 됐을 때 억장이 무너지는 일이 생기지 않았다면 말이다.

    내가 제2의 어머니로 여기며 사랑했던 분, 내게 첫 일자리를 주고 어른이 되는 법을 가르쳐준 분, 나를 안아주고 함께 웃어주고 내 수다에 맞장구쳐 주던 분이 돌아가셨다. 세상을 떠나기엔 너무 이른 나이였다. 나는 그분이 주었던 기쁨을 그 누구에게서도 찾을 수 없었다. 남은 사람들은 한동안 슬픔에 잠겨 우리가 잃은 게 무엇인지 조금씩 알아갔다. 나는 슬픔을 달래기 위해 달리면서 그게 지난 9개월간 그랬던 것처럼 안전장치 역할을 해주기를 빌었다. 다행히 효과가 있었다. 달리면서 울기는 어렵다. 일단, 형광색 옷을 입고 눈물바람으로 폭우 속을 질주하는 건 너무 1990년대 뮤직비디오 같다. 그리고 달리다 보면 내 입장에서는 이제 슬슬 세상이 멈춰야 할 순서가 된 것 같은데도 괘씸하게 세상은 아랑곳없이 돌아간다는 것을 피부로 느끼게 된다. 사무치는 상실감을 극복하기 위해 달리기를 택한 사람이 내가 처음은 아니다. 세계 최고령 마라토

1K _ 도망치는 게 아니라 달리는 중입니다

너로 기록된 1911년생의 파우자 싱은 80대 후반에 아내와 자식을 먼저 보낸 슬픔을 이기기 위해 달리기를 시작했다.

하지만 그처럼 가혹한 일을 겪고 나면 달리기가 상처에 바르는 연고가 될 수는 있어도 분명 한계가 있다는 것을 알게 된다. 나도 그것을 배워야 했다. 너무나 사랑하는 친구를 잃어도 긍정적인 구석이 있다는 말은 차마 못 하겠다. 그래도 그 일로 진정한 슬픔을 두려워하거나 피하려고 해서는 안 된다는 것을 알게 됐다. 진정한 슬픔을 겪는다고 해서 다시 정신 질환의 늪에 빠지란 법도, 절대 회복되지 말란 법도 없다. 진정한 슬픔을 철통같이 막아내기란 불가능하다. 그 대신 슬픔처럼 자연스럽고 소중한 감정과 공황처럼 터무니없고 불건전한 감정이 다르다는 것을 깨달아야 한다. 나는 운동 강도를 다시 낮추고 때때로 슬픔을 허락했다. 그러자 내가 달리기를 사랑하게 된 이유를 다시금 느낄 수 있었다.

달리기는 마법의 명약이 아니다. 나는 이제 달리기로 인생이 주는 진정한 슬픔에 면역이 되리라 기대하지 않는다. 그러나 힘든 시기를 겪으면서 나도 모르는 사이 고통에 대처하는 기술이 하나 생겼다. 그리고 바닥에 널브러져 내가 다시 일어설 수나 있을까 의심했던 그날 이후로 지금까지 날마다 그 효과를 톡톡히 봤다. 그 덕에 내가 만든 감옥에서 탈출했고, 새로운 일자리, 새로운 경험, 진정한 사랑을 향해 전진했고, 내가 불안의 마수에서 벗어날 수 있다는 희망과 자신감이 생겼다. 이제 나는 무조건 위험과 두려움부터 느끼는 사람이 아니다. 달리기가 나를 불행에서 해방시켰다고 해도 과언이 아니다. 달리기는 내 인생을 바꾸었다.

2K

우리는 조금
돌아가고 있을 뿐

✖

집 근처의 거리 세 개만 돌아가며 달리고 있다. 혹시라도 공황 발작이 올까 봐 더 멀리는 못 나가겠다. 안전거리 안에 있어야 한다. 속도가 느려서 개를 산책시키는 사람한테도 따라잡힌다. 허파가 터질 것 같고 정강이가 뻐근해서 거의 1분마다 멈춰 선다. 머릿속에서 서로 싸우는 목소리가 들린다. "계속해. 오늘은 어제보다 잘 달리고 있어." "사서 고생이다. 잘 달리지도 못하면서."

그중에서도 가장 악질적인 말은 이거다. "이런다고 남편이 다시 널 사랑하겠어?" 이 말이 머릿속에 착 달라붙어서 변신한다. "넌 실패한 인생이야. 불안은 네 친구니까 쫓아내려고 하지 마. 인생이 이 꼴이 났는데 부끄럽지도 않냐?"

끈질기게 몰려오는 생각을 떨쳐내고 싶지만 잘 안 된다. 눈이 풀리고 팔이 부들거리는 것 같다. 오늘도 똑같은 질문을 한다. 이건 불안증 때문일까, 아니면 더 나쁜 병에 걸린 걸까? 답은 모른다. 그냥 온몸이 쑤시고 내가 쓸모없게 느껴질 뿐이다. 다리가 무겁고 가슴이 조마조마하다. 12분을 달리고 집으로 돌아온다. 이렇게 힘든데 또 달릴 수 있을까?

이 책은 한때 열렬했던 사랑이 시궁창에 처박힌 이야기가 아니다. 파경 후 수년이 지나 그 얘기를 쓰는 게 잘하는 짓인가 싶다. 결혼 기간이라고 해봐야 얼마 되지도 않았던 데다 돌아보면 결혼을 한 것 자체가 실수였다. 멀찍이 떨어져서 보면 작은 오점에 지나지 않고 이제는 별로 생각나지도 않지만 후회스럽기만 한 것도 아니다. 그 일을 계기로 내가 그보다 훨씬 더 심각한 문제를 처리해야 한다는 사실을 깨달았으니까. 파경은 내가 불안과 맞서게 한 촉매였으니 어떤 면에서는 감사한 일이다. 감사하다는 말이 참 이상하게 들리긴 하지만 말이다. 그러고 보면 이 책은 사랑 이야기다. 바로 나 자신과의 사랑 말이다.

앞으로 불안에 대해 많이 이야기할 테니 이쯤에서 그 의미를

짚어보는 게 좋겠다. 왜냐하면 나른한 일요일 저녁에 으레 하는 걱정은 불안장애로 쳐주지 않기 때문이다. 그런 걱정이 꼭 나쁜 것도 아니다. 사람이 가끔 불안해지는 것은 지극히 정상이다. 우리는 날마다 많은 것을 걱정한다. 직장, 인간관계, 돈, 그리고 도널드 트럼프 미국 대통령하의 국제 정세 등등에 관해서 말이다.

그러나 장애로서의 불안은 전혀 다른 성질이다. 요즘 불안장애를 예전만큼 쉬쉬하는 분위기가 아니라 다행이긴 하지만, 때로는 그 말이 좀 희석된 게 아닌가 싶다. 누가 더 불안한지 가리자는 말은 아니다. 누가 불안하다고 하면 그 말을 존중하고 경청해야 한다. 하지만 한편으로는 불안이란 말이 남발되는 것 같다. 물론 불안에도 정도의 차이가 있긴 하지만 사람들은 불안하다는 말을 단순히 걱정이 많다는 뜻으로 해석하는 듯하다.

요즘 나는 뭣 같은 공황 발작을 부끄럽다고 숨기지 않고 내가 불안할 때 나타나는 현상을 사람들에게 더 솔직히 말해준다. 과거에 느꼈던 극도의 공포와 지금도 남아 있는 흔적에 대해서. 그런데 내 딴에는 직설적으로 말한다고 하는데도 아직 부족한가 보다. 많은 사람이 내 말을 듣고 다 안다는 듯이 고개를 끄덕이고 가끔은 아예 무반응인 사람도 있기 때문이다. 그런 반응은 도무지 적응이 안 된다. 만약에 사람들이 내 머릿속에 잠시라도 들어와 보면 불안이 얼마나 괴상하고 몹쓸 현상을 만드는지 알고 충격을 받을 텐데.

정말로 속이 후련해지는 것은 나와 같은 처지에 있는 사람과 얘기할 때다. 언젠가 친구가 전화를 걸어서는 이웃들이 자기를 해치려는 것 같다고 했다. 그 뜬금없고 괴상한 생각 뒤에는 복잡한 불안감이 도사리고 있었다. 나는 그 마음이 충분히 이해됐다. 나도 괴상하고 무서운 생각에 시달리고 있었다. 그렇기에 우리는 서로가 날 이상하게 생각하진 않을까 걱정하지 않고 터무니없는 강박에 대해 허심탄회하게 대화할 수 있었다.

내 말은 불안이 복잡하고 어지럽고 암울한 것이라는 소리다. 불안이 유발하는 몹쓸 증상은 공황 발작이나 사람이 많은 곳에 대한 두려움처럼 보통 사람들도 쉽게 이해할 수 있는 것만이 아니다. 불안은 그밖에도 그칠 줄 모르는 강박사고, 기력을 고갈시키는 강박행동, 끔찍한 생각, 육체적 불쾌감, 깊은 슬픔을 동반한다. 요즘은 정신 질환에 대해 좀 더 편하게 말하는 분위기인데, 거기에 맞춰 정신 질환이 얼마나 지독하고 이상한 증상을 초래하는지도 알았으면 좋겠다.

불안증의 실체
✕✕✕

정신 질환에 대해 일반적인 이야기를 하고 정신 질환에서 회복된 사람들의 사례를 강조하는 것만으로는 부족하다. 정신 질환을 진짜로 이해하는 사회가 되려면 거기에 따르는 절망, 공포, 자괴감이 가감 없이 이야기돼야 한다. 칼럼니스트 해나 제인 파킨슨이 조울증 환자의 삶에 대해 진솔하게 쓴 글을 한번 읽어보면 조울증의 현실을 이해하는 데 도움이 될 것이다. 그녀의 글은 적당히 숨기거나 대충 둘러대지 않는다. "나는 입원 치료 명령을 받고 나서 의자 두 개가 놓인 비좁은 '정신 질환자 수용실'에서 정신병원에 병상이 생길 때까지 22시간을 대기했다(결국 자리가 난 곳은 타지의 병원이었다). 입원 치료가 끝나고 퇴원하자마자 치료가 중단됐고 후속 조치는 전혀 없었다."[1]

불안은 끈질기게 따라붙어 인생을 쥐고 흔든다. 파티장에서도, 직장에서도, 사랑하는 사람과 함께 간 휴가지에서도, 안전한 침대에서도 항상 곁을 맴돈다. 불안은 일반적인 걱정거리와는 다르게 일상에 영향을 미친다. 가령, 채용 면접에 대한 걱정은 면접이 끝나면 보통 사라진다. 하지만 불안증이 있는 사람은 오히려 걱정이 점점 커진다. 면접을 잘 봤어도 마음속에 근심이 딱 버티고 앉아서 쑥쑥 자라고 변신한다. 그 마수는 사람을 꽉 틀어쥔다. 혼합형 불안우울장애는 영국에서 가장 흔한 정신 질환이다. 영국인 중 무려 7.8퍼센트가 그 진단 기준에 해당한다.[2]

어떤 구체적인 걱정거리가 있을 때 심란한 것은 당연하지만,

불안증이 있는 사람은 온종일 뚜렷한 이유도 없이 초조하고 두렵다. 채용 면접을 잘 봤을 때 불안증이 없는 사람은 첫 출근을 앞두고 으레 걱정할 만한 것을 걱정한다. 회사 사람들과 친해질 수 있을까? 업무를 잘 처리할 수 있을까? 하지만 불안증이 있는 사람은 온갖 얼토당토않은 것까지 다 걱정한다. 회사까지 무사히 갈 수 있을까? 새로운 스케줄에 적응 못 하면 어쩌지? 회사 사람들 앞에서 갑자기 쓰러지면? 출근 첫날 잘리는 거 아니야? 사무실에서 공황 발작이 오면? 불이 났는데 비상구가 없으면? 내가 출근한 사이에 반려견이 죽으면 어떡하지(실제로 내가 많이 해본 걱정이다)?

중등학교 입학을 앞두고 나도 당연한 걱정을 했다. 친구를 잘 사귈 수 있을까? 수업이 너무 어렵진 않을까? 학교생활에 잘 적응할 수 있을까? 그런데 입학하고 며칠이 지나자 걱정이 점점 비대해지며 마음을 더욱 세게 짓누르기 시작했다. 나는 침대에 누워서 학교까지 무사히 갈 수 있을까, 지각하진 않을까, 친구를 아무도 못 사귀는 건 아닐까, 부모님과 영영 헤어지는 건 아닐까 걱정했다(말했다시피 불안은 쑥쑥 자란다).

그렇게 나를 무섭고 우울하게 만드는 곳에 가기 싫어서 1년 내내 울었다. 걱정을 떨쳐버릴 수 없었고 시간이 지나도 상태는 호전되지 않았다. 오히려 걱정이 새로운 문제를 끌고 와서 변신하며 마음에 뿌리를 퍼뜨렸다. 내 인생에서 불안이 그토록 오래간 것은 그

때가 처음이었다. 겨우 열한 살이라 내게 도대체 무슨 일이 벌어지고 있는지 몰랐던 만큼 인생에서 가장 심란한 시기이기도 했다. 열세 살 때 친해진 친구는 1학년 때 집에 가서 '우울쟁이' 동급생에 대해 얘기했다고 했다. 물론 내 얘기였다. 별명도 참….

걱정과 불안은 신체적 증상도 다르다. 걱정거리가 있으면 속이 울렁거리거나 손바닥에 땀이 날 수 있지만 스트레스 상황이 지나가면 그런 증상도 사라진다. 그러나 불안증이 있을 때 나타나는 신체 증상을 나열하자면 끝도 없다. 불안이 신체에 영향을 미치는 방법은 가슴 통증, 현기증, 두통부터 시작해서 온갖 별난 증상에 이르기까지 셀 수 없을 정도로 많다. 나로 말하자면 눈꺼풀 떨림, 다리 경련, 이명, 안면 홍조가 나타난다. 소개팅 앱 프로필이 너무 밋밋한 것 같다면 써먹어 봐도 좋다.

학교에서는 이래도 되나 싶을 정도로 구역질이 많이 났다. 머리가 아프고 눈앞이 어질어질하고 호흡이 점점 더 가빠졌다. 병원에 가봐야 할 것 같아서 며칠씩 학교 좀 빠지게 해달라고 애원했다. 불안은 다양한 신체 증상을 동반하기 때문에 심각한 병에 걸린 것 같다고 걱정하는 게 당연하다. 앞에서 불안은 능구렁이 같은 놈이라고 말했다. 그만큼 교활하다. 다른 병을 감쪽같이 흉내 낸다. 건강에 대한 염려는 마음을 홀라당 집어삼킨다. 공황 발작을 처음 겪는 사람은 대부분 심장마비나 뇌졸중으로 착각한다. 나중에는 뇌종양, 다발성 경화증, 파킨슨병이 아닐까 걱정하기도 한다. 병명을 다 거론하자면 한도 끝도 없다. 그리고 건강염려증은 건강에 악영향을 미친다. 노르웨이에서 진행된 연구에서는 건강염려증이 있는 사람이 10년 사이 심장 질환에 걸릴 확률은 그렇지 않은 사람보다 73퍼센트 더 높은 것으로 밝혀졌다.[3] 그것밖에 안 된다고 기뻐하기라도 해야 하나.

불안과 걱정은 엄연히 다르다. 굳이 강조하는 이유는 사회적으로 정신 질환을 흉으로 보는 분위기를 완화하고 정신 질환에 대한 이해도를 높이려면 불안이 얼마나 심각한지 알아야 하기 때문이다. 우울증이 단순히 '슬픈 느낌'을 의미하지 않고 산후 우울증이 단순히 '육아 스트레스'를 의미하지 않듯이 불안증도 초조한 것과 다르다. 그리고 굉장히 흔하게 볼 수 있다. 영국인 네 명 중 한 명이 인생의 어느 시점에 정신적인 문제를 겪는다는 통계는 유명하지만 그 문제가 구체적으로 무엇인지는 그만큼 잘 알려져 있지 않다. 그래서 불안증과 우울증은 가장 흔한 정신 질환이라는 것을 모르는 사람이 많다.

사람들이 마음을 집어삼키는 걱정에 시달리는 이유는 여러 가지겠지만 불안이야말로 여러 정신 문제의 주요한 원인이다. 그 문제들이 무엇인지 나열하기 전에 당부하자면, 나는 전문가가 아니다. 혹시 여기에서 소개하는 장애를 겪고 있는 것 같다면 반드시 의사를 찾아가기 바란다! 영화배우 캐리 피셔는 자신의 조울증에 대해 이렇게 말했다. "중요한 건 타인의 도움을 받아야 한다는 거예요. 이건 만만한 병이 아니에요. 저절로 사라지지 않아요."[4]

사족은 여기까지. 다음은 가장 흔한 불안장애 유형이다(세상에서 가장 암울한 음악을 깔아주시길).[5]

- 강박장애
- 공황장애
- 공포증(광장공포증, 폐소공포증 등)
- 사회불안장애(사회공포증)
- 외상 후 스트레스 장애
- 범불안장애

그럼 다 함께 옹기종기 둘러앉아서 얘기해보자.

강박장애, 고통스러운 의심병
✻✻✻

우선 말해두는데 강박장애obsessive-compulsive disorder는 서랍을 깔끔히 정리해야 직성이 풀리는 걸 말하는 게 아니다! 혹시 내 앞에서 또 자기가 수건을 딱딱 각 맞춰서 세워놓아야만 속이 편해지는 강박장애 환자라고 말하는 사람이 있다면 그때는 내가 그 집에 쳐들어가서 수건이란 수건은 전부 끄집어내 고급 호텔마냥 백조 모양으로 접어줄 테다.

흔히 알고 있는 것과 달리 강박장애는 영국인 100명 중 1.2명만이 앓고 있는 병이다.[6] 크게 강박사고와 강박행동의 두 가지 형태로 나타난다. 둘 다 의지와 상관없이 머릿속에 침투하는 무서운 생각에서 비롯된다. 그렇다고 일요일 새벽 2시에 문득 부모님이 '그렇고 그런 짓'을 벌이고 있다는 생각이 들면서 그런 망측한 생각을 만들어낸 뇌를 쥐어뜯고 싶어지는 현상과는 다르다(물론 그런 생각을 한 것에 대해서는 심심한 위로의 말을 전하는 바다).

여기서 침투적 사고란 머릿속에 찰싹 달라붙는 생각이다. 예를 들면 특별할 것도 없는 화요일 오후에 뜬금없이 자신이 자녀를 살해하거나 달리는 열차에 뛰어드는 상상을 하게 됐을 때 엉뚱한 생각으로 치부하지 않고 그 생각에 집착하게 되는 것이다. 그래서 가슴이 철렁하면서 그런 끔찍한 생각을 한 자신이 혐오스러워진다. 뭐야, 너 살인마야? 아이를 죽이려는 거야? 공포가 마음을 사로잡으면서 몹쓸 생각은 더욱 굳건해진다. 경우에 따라서는 그 생각을 '무효화'하겠다고 더 복잡한 생각의 늪에 빠지기도 한다. 겁에 질려 녹초가 된 뇌를 상대로 자신이 정말로 영아 살해범인지 내리 12시간 동안 토론을 벌이는 것이다. 그런데도 신발을 보기 좋게 정리하는 게 강박장애라고 생각하는 사람?

영국의 칼럼니스트 브라이어니 고든이 정신 질환에 대해 쓴 에세이집 『미친 여자 Mad Girl』를 보면 강박사고의 무서움이 생생히 전달된다. "세균에 대한 공포 때문에 손에서 피가 묻는 게 무서워서 계속 손을 닦았다. 아이러니하게도 바로 그런 행동 때문에 얼마 후 손이 터서 피가 더 많이 났다."[7] 이후 그녀는 자신이 사람을 죽였을지도 모른다는 생각을 하기 시작했다. 강박장애에 빠진 뇌가 어디까지 갈 수 있는지 보여주는 사례다. 나는 운전 중에 사람을 쳤다고 생각해서 로터리를 몇 번이나 돈 적이 있다. 도로에 쓰러진 사람이 아무도 없었지만 뇌는 믿지 않았다.

끔찍한 생각을 멈추려다가 오히려 생각의 악순환에 빠지지 않았다면 강박행동이 나타날 수도 있다. 예를 들면 이런 식이다. 가족이 끔찍한 사고로 죽는 장면이 떠오른다. 덜컥 겁이 나면서 어떻게든 그런 불상사를 막을 방법이 필요해진다. 그래서 마음이 내놓은 묘안은 방에 들어올 때마다 전등을 스물다섯 번씩 켜고 끄는 것이다. 절대로 빼먹으면 안 된다! 잠깐, 한 번 덜 한 것 같다고? 그러면 확실히 하기 위해 다섯 번 더 해야지. 그리고 혹시 모르니까 2차 방지법도 만든다. 손이 까져서 피가 날 때까지 씻는 것이다. 그래도 개운치 않다면? 한 번 더 씻어야지. 까딱하면 가족이 죽을 판인데!

아홉 살 때 나는 전등을 똑바로 끄지 않으면 밖에 나간 엄마가 죽을 수 있다고 생각했다. 그런데 전등을 '똑바로' 껐는지는 오로지 '감'으로만 알 수 있었다. 그래서 몇 시간이나 전등을 끄고 켰다. 한심한 짓인 줄 안다. 하지만 그때 나는 아홉 살이었고 잘못하면 엄마가 죽을 수도 있다고 생각했다. 강박장애가 있으면 아무것도 합리적으로 따지지 못한다. 그러니까 병이다. 자기도 모르는 새에 도저히 빠져나올 수 없는 마음의 미로에 떨어진다. 강박장애를 의심병이라고도 부르는 이유다. 참고로 나도 깔끔하게 접힌 수건 좋아한다.

강박장애가 있는데 강박행동이 나타나지 않는다면 대신 머릿속에서 터무니없는 생각이 맴돌 수 있다. '마즈(가명)'의 경우 전 부인에게 아이들의 양육권이 있다. 그는 아이들이 심하게 다치거나 아플 것 같다는 생각이 자꾸만 든다고 했다. "아이들이 사고를 당하는 장면, 우는 장면, 차에 치이려고 하거나 발코니에서 떨어지려고 하는 장면이 자꾸 떠올라요." 그는 전 부인과 연락이 되지 않으면 아이들이 죽었다는 생각이 든다. 그래서 신체적으로 공황 증상이 나타나고 그 증상이 더 많은 침투적 사고를 부른다. 가끔은 그런 생각이 불행의 전조이거나 이미 벌어진 일을 보여준다고 해석해서 아이들에게 달려가기도 한다.

그래봤자 마음이 놓이는 것은 잠깐이다. 그런 식으로 안도감을 얻는 데는 한계가 있다(나는 예전에 마음을 진정시키기 위해 구글에서 몇 시간씩 강박장애를 검색하곤 했는데 그 효과는 잠시뿐이었다. 오히려 그런 행동을 하는 것은 내 헛된 생각을 인정하는 것이었기에 또 다른 두려움이 생겨났다). 이처럼 강박장애가 있는 사람은 설령 강박적인 행동은 없더라도 항상 끔찍한 생각을 무효화하기 위해 발버둥 친다. 그래서 지치고 괴롭다. 마즈는 강박사고에 붙들려 있을 때면 자신이 껍데기만 남은 기분이라고 했다. "말도 잘 안 나오고 숨도 잘 안 쉬어져요. 아침의 햇살과 공기가 아프게 느껴져요. 뭐 하나 잘 끝나는 게 없을 것 같고요."

나도 그 고통 잘 안다. 나쁜 생각을 곱씹다 보면 옛날에 레코드판이 튈 때처럼 마음이 어디 한군데에 걸려서 계속 그 자리를 맴돌게 된다. 정신이 피폐해져서 머릿속에 똑같은 말이 반복된다. 그 악순환에서 빠져나올 수가 없어서 절망감을 느낀다. 그러면 두려움이 생기고, 그것이 신체 증상으로 이어지고, 거기서 또 강박사고가 생긴다. 과장이 너무 심하다고? 책이라 줄여서 쓴 게 이 정도라고 하면 믿을 수 있을까?

공황장애, 몸속 경보기의 오작동

✖✖✖

공황장애의 핵심은 공황 발작이다. 공황 발작은 '투쟁 혹은 도주' 반응이 심하게 왜곡된 것이다. 그게 뭐냐고? 투쟁 혹은 도주 반응은 인간이 두려움 같은 부정적인 감정을 느낄 때 기본적으로 일어나는 반응이다. 물론 위험에 처했을 때 두려움을 느끼는 것은 지극히 정상이다. 진화 과정에서 이 반응이 생긴 이유는 위기 상황에서 싸울 것이냐, 달아날 것이냐를 신속하게 결정하기 위해서다. 그런 상황에 처하면 우리 몸은 아드레날린adrenaline이 분비되어 더 빠르고, 강하고, 정확하게 움직일 수 있게 된다. 그래서 위기 시에 초인적인 힘이 발휘된다고 여기는 사람들도 있다. 예를 들면 어머니가 아들을 구하기 위해 차를 번쩍 들어 올리는 것이다. 이름하여 '발작적 괴력hysterical strength'.

그런데 공황 발작은 위험 요소가 없는 상황에서도 발생한다. 아무래도 잘못된 경보 때문인 것 같다. 이때 분비되는 아드레날린과 코르티솔은 과호흡, 현기증, 경련이란 부작용을 일으킨다. 그런데 그 위험이 너무나도 실감나기 때문에 사실은 무서워할 필요가 없다는 생각을 못 한다. 그래서 발작이 또 다른 발작을 부른다.

이렇게 끔찍한 공황 발작은 다양한 증상으로 나타나는데, 더 깊이 들어가기 전에 먼저 공황 발작이 어떤 느낌인지 알면 좋을 듯하다. 내 인생 최악의 공황 발작은 런던 북부에 있는 핀칠리라는 동네에서 발생했다. 공황 발작의 발생지로 최적의 장소가 아니었나 싶다. 당시 열여덟 살이었던 나는 무시무시한 폭풍이 몰아치는 날,

차를 몰고 큰 교차로를 건너려 하고 있었다. 차들이 줄줄이 늘어서서 엉금엉금 기어갔고, 하늘이 뚫린 것처럼 쏟아지는 비에 속수무책이었던 도로는 호수나 다름없었다.

그 광경을 보자 심장이 벌렁대고 별안간 얼어붙을 듯한 추위가 느껴지면서 되레 땀이 뻘뻘 났다. 차가 '호수'에 가까워지자 귀가 윙윙거리고 시야가 흐려졌다. 눈앞에서 별이 번쩍거리고 숨이 안 쉬어졌다. 과장이 아니다. 정말로 숨이 콱 막혔다. 가슴을 들썩이며 캑캑거렸지만 허파로 공기가 들어오지 않는 것 같았다. 온몸이 부들부들 떨리면서 모든 것이 비현실적으로 느껴졌다. 팔다리가 떨어져나간 것 같고, 폭풍이 치는 도로 위에서 꼼짝없이 차에 갇힌 채로 죽을 운명이라는 생각이 들었다. 물론 죽진 않았다. 교차로를 무사히 건너가 차를 세웠다. 20분 정도 주체할 수 없이 몸을 떨면서 엉엉 울다가 집으로 돌아왔다. 설마 싶겠지만 이후 몇 년간 그 교차로를 피해 다녔다.

『입문자를 위한 불안증 안내서Anxiety for Beginners』에서 엘리너 모건은 난생처음 공황 발작을 겪었던 때를 강렬하게 묘사했다. 하긴 원래 처음이 제일 무서운 법이니까. 처음에는 정말로 죽는 것 같다. 나중에 가면 신체의 느낌은 죽기 직전인 것 같아도 실제로는 안 죽는다는 것을 안다. 하지만 첫 경험은, 어우!

모건은 학교에서 갑자기 구역질이 나서 헐레벌떡 화장실로 뛰어갔다. 그런데 변기 앞에 서자 별안간 눈앞이 핑핑 돌면서 벽면이 울렁거렸다. "그런 감각이 전혀 이해되지 않았다. (…) 몸도 마음도 끝없이 추락하는 것 같았고, 그 끝에 있는 것은 죽음이 분명했다."[8]

베스도 엘리너처럼 10대 때 공황 발작이 시작됐다. 그녀는 꼭 몸에 병이 생긴 것 같아서 무서웠다고 한다. 사실 처음에는 그런 경우가 많다. "한동안은 그게 어떤 느낌인지 설명해도 사람들이 전혀 믿질 않았어요. 처음 당해보면 뇌졸중하고 똑같아요. 팔이 무거워서 떨어질 것 같고, 온몸이 마비된 듯 욱신거리고, 눈앞이 가물가물하고, 몸이 그냥 작동을 멈추는 것 같아서 겁이 덜컥 나죠. 다리 힘이 쭉 빠지고, 온몸이 떨리고, 으슬으슬하고, 속이 울렁거리고, 어지러워요. 꼬박 하루 동안 꼼짝없이 누워 있어야 할 때도 있어요. 웃기죠? 처음에 시작될 때 긴장을 너무 많이 하니까 진정될 때 또 문제가 생기는 거예요. 난 그렇게 비실대는 게 싫어서 공황 발작이 오면 어떻게든 억누르려고 해요. 한 번도 성공한 적은 없지만요."

캐서린도 학교에서 처음으로 공황 발작을 일으켰다. 중등학교 졸업시험을 치르느라 스트레스가 고조됐을 때였다. 흔히 그렇듯이 처음에는 격렬한 신체적 증상이 나타났다. "열여섯 살 때였어요. 나한테 불안증이 있는 줄도 모르고 그게 공황 발작인지도 몰랐죠. 처음에는 몸으로 증상이 나타났어요. 가슴이 벌렁거리면서 다리가 후들거리고, 시야가 흐려지고, 속이 답답하고, 숨이 가빠졌어요. 나중에 그 증상과 함께 투쟁 혹은 도주 반응 fight or flight response에 대해 알고 나니까 신체적인 증상이 누그러지면서 정신적인 증상으로 옮겨갔죠. 지금도 공황 발작이 오면 몸이 긴장되고 눈앞이 살짝 흐려지긴 하지만 제일 힘든 건 원치 않는 생각이 머릿속을 헤집고 다니고 세상과 분리된 느낌이 드는 거예요."

공황장애가 있으면 하루에도 몇 번씩 이런 발작이 온다. 발작은 길게는 20분 정도 지속되고, 그보다 훨씬 오래 지속된 케이스도 있다. 공황 발작은 한 번만 겪어도 정말 무섭다. 몸이 덜덜 떨리고, 숨이 안 쉬어지고, 구역질이 나고, 가슴이 뻐근하고, 이러다 죽을 것만 같다. 그렇게 아드레날린이 한바탕 휩쓸고 지나간 후에는 몸이 축 늘어진다. 그런 일을 당하고 나면 다시 공황 발작이 생기는 것을 막기 위해 별짓을 다하게 된다.

공황장애가 있는 사람들은 내가 운전할 때 그랬던 것처럼 발작을 일으켰던 곳을 피해 다니는 경우가 많다. 그러다 보면 '안전지대'가 순식간에 좁아진다. 딴에는 발작을 막기 위해 합리적으로 행동하는 것 같아도 실제로는 두려움을 정당화함으로써 더욱 악화시킨다. 공황장애가 있는 사람은 언제 발작이 올지 모른다는 두려움 외에도 일상에서 여러 가지 두려움을 느낀다. 다시 말해 그들에게 진정한 안전지대는 없다.

캐서린은 자신에게 공황 발작을 부르는 요인을 알아냈다. 요인은 사람마다 다르지만 나는 그녀가 꼽은 것 중에 공감하는 부분이 많다. "일단 내가 상황을 통제할 수 없다거나 뭔가를 잘 모른다는 기분이 들면 발작이 와요. 예를 들면 집으로 돌아올 방법을 생각하지 않고 외출했을 때, 계획 없이 뭔가를 즉흥적으로 했을 때, 준비 없이 강의에 들어가거나 시험을 치러 갔을 때요. 또 다른 요인은 건강과 관련되어 있어요. 내가 하는 뭔가가 건강을 해칠 수 있다고 생각하면 공황 발작이 나타나는 거죠. 예를 들면 항생제 부작용이나 알레르기 반응 같은 게 생길 수 있다고 생각하면 그래요. 그리고 기절할까 무서워서 공황 발작이 올 때도 있어요. 너무 배가 고프다거나 일을 너무 많이 했을 때 기절할지 모른다는 두려움에 발작이 오는 거죠."

공황 발작에 시달리던 캐서린은 내가 그 나이 때 하지 않은 행동을 했다. 일찍 도움을 요청한 것이다. 그녀는 현재 인지행동치료 CBT를 받고 있고, 공황 발작이 생길 것 같으면 나름의 대처법을 쓴다.

"공황이 올 것 같을 때 제가 주로 쓰는 대처법은 심호흡을 하고 물을 조금씩 마시면서 속으로 '안 위험해. 다 괜찮아. 진정해'라고 말하는 거예요. 공황이 너무 심해진다 싶으면 그 자리를 뜨기도 하지만, 보통은 그냥 버티면서 내가 무서워하는 게 실제로는 나를 해치지 못한다는 걸 나 자신에게 증명해요. 그리고 예방 차원에서 잠을 푹 자고, 밥을 잘 챙겨먹고, 비타민을 복용하고, 산책을 다녀요. 일상생활에서 스트레스를 없애고 건강을 유지하는 거죠. 그러다가 불안한 느낌이 들면 내가 너무 무리하고 있진 않나, 좀 여유를 가져야 하지 않나 생각해보죠."

공포증, 세상이 쪼그라든다
✕✕✕

누구나 이상하게 무서워하는 것이 있다. NHS의 추산에 따르면 영국인 1,000만 명이 모종의 공포증^{phobia}을 갖고 있다.[9] 우리 엄마는 쥐를 싫어한다. 예전에는 엄마 앞에서 쥐라는 말도 못 꺼냈다. 대신 '회색 털뭉치'라는 말을 썼다. 엄마는 아주 강인하고 똑똑하고 대담한 분이다. 하지만 '회색 털뭉치'가 나타나면 혼비백산해서 비명을 지른다. 몇 년 전에 엄마하고 시골길을 걷는데 한 20미터 앞에서 '회색 털뭉치' 한 마리가 나타났다. 엄마는 내 팔을 붙들고 늘어지면서 소리를 질렀다. "저놈 꺼지라고 해, 꺼지라고!" 나는 엄마의 부탁을 들어주기는커녕 배를 잡고 웃었다. 솔직히 난 착한 딸은 아니다. 엄마가 허락만 하면 그런 이야기로 책 한 권은 족히 쓸 수 있을 것이다.

하지만 공포증은 인생을 송두리째 바꿔놓기도 한다. 사실 우리 엄마는 살면서 쥐를 볼 일이 별로 없다. 하지만 모든 사람이 그렇게 운이 좋진 않다. 물론 그들이 생각하는 위험이 실제로는 위험이 아닐 수도 있다. 그렇다 해도 당사자에게는 크나큰 고통이다.

공포증은 크게 둘로 나뉜다. 특정 공포증과 복합 공포증이다. 우리 엄마는 특정 공포증이다. 특정 공포증이란 동물, 높은 곳, 피, 구토, 비행 등에 대한 공포증이다. 사람들은 구체적으로 무서워하는 대상이 있으면 어떻게든 피하려 한다. 만약에 큰 거미에 대한 공포증이 있지만 자기 나라에는 그런 거미가 살지 않는다면 생활에 별 제약이 없다.

하지만 공포증의 대상이 항상 피할 수 없는 것이라면 행동반경은 쪼그라든다. 나는 열여덟 살 때 비행공포증이 생겼다. 그전까지는 멀쩡히 잘 타고 다니던 비행기를 갑자기 탈 수 없게 됐다. 비행기가 무서웠다. 그래서 가족이나 친구들과 여행을 못 가고 직장에서 출장도 못 갔다. 가끔 시시하게 기차나 타고 다니면서 재미있는 척했지만 내가 바보같이 어디도 못 가는 사람이 된 것만 같았다. 비행기를 탈 생각만 해도 온몸이 떨려서 갈 수 있는 곳이 확 줄어들었다.

특정 공포증보다 극복하기 어려운 게 복합 공포증이다. 보통 광장공포증과 사회공포증이 여기 속한다. 광장공포증이라고 하면 흔히 사막이나 달 표면처럼 넓고 개방된 공간을 두려워하는 것쯤으로 생각한다. 하지만 광장공포증이란 공황이 일어날 만한 장소 혹은 확실한 도움의 손길이 없는 장소에서 과연 무사히 빠져나올 수 있을까 불안해하는 것이다. 불안증이 있는 사람은 실제 비상구나 상징적인 비상구를 찾아야 마음이 놓인다. 지하철이나 사람이 붐비는 마트에서는 심한 압박감을 느낄 수 있다. 그래서 광장공포증이 있으면 역시 갈 수 있는 곳이 줄어든다. 최악의 경우에는 집에 있을 때만 안전하다고 생각해서 집 밖으로 한 발짝도 못 나간다. 일반적으로 광장공포증은 엘리베이터에 갇히거나 사고를 당하는 등 나쁜 경험을 한 후에 생긴다. 광장공포증 전문가인 케빈 거네이 Kevin Gournay는 영국인 중 1퍼센트 정도가 심각한 광장공포증을 갖고 있는 것으로 추산한다.[10]

광장공포증과 폐소공포증이 비슷한 것이라고 생각할지도 모르겠다. 하지만 둘은 중요한 차이점이 있다. 폐소공포증은 갇히는 것에 대한 극심한 두려움인 반면에 광장공포증은 빠져나오기 힘들 것 같은 공간이 공황 발작이나 극도의 불안을 유발하는 두려움이다.

사회불안장애, 낯가림과 다르다

✖✖✖

사회불안장애social anxiety disorder는 사회공포증social phobia이라

고도 한다. 우울증이 그냥 좀 슬픈 느낌이 아니듯이 사회불안장애도 파티에서 낯을 좀 가리는 것과는 다르다. 사회불안장애는 새로운 사람을 만나고 사람들 앞에서 말하는 것을 두려워하거나, 사람들 앞에서 왠지 창피한 짓을 저지른 것 같다고 걱정하고, 사람들과 억지로 어울려야 하는 상황에서 공황 발작을 겪는 등 생활에 심각한 악영향을 미친다. 사회불안장애가 있으면 삶의 질이 떨어지고, 알코올이나 약물을 남용하거나 자살할 확률이 높아진다. 영국에서는 100명 중 다섯 명 정도가 사회불안장애를 갖고 있고 남성보다는 여성의 비율이 높다.[11] 역시나 주로 10대 때 증상이 나타나며 혼자만의 힘으로는 잘 낫지 않는다.

루치라는 아주 어릴 때부터 남들이 자신을 어떻게 볼지 걱정했다. 그래도 어릴 때는 그냥 불편한 정도였다. 그러다가 대학에 들어가자 불안증이 번쩍 고개를 처들었다. "토론 수업 중에 발작이 왔어요. 화장실에 가서 숨을 헐떡이다가 다시 강의실에 들어가면 또 발작이 오곤 했어요. 갑자기 증상이 폭주한 거죠. 그전까지는 불안증이 있다고 해도 그냥 사람이 많은 곳에 가면 초조해지고, 남들이 날 어떻게 볼까 걱정되고, 어디 행사에 가는 게 꺼려지는 정도였어요. 남들도 다 그런 줄 알았죠."

루치라는 자신에게 그런 문제가 생길 줄은 꿈에도 몰랐다. 하긴 누군들 알고 있었을까?

"저는 원래 활달하고 자신감 있는 사람이에요. 그전까지는 사람 만나는 걸 좋아했지요. 그런데 나한테 사회불안장애가 있다니, 얼마나 당혹스러웠겠어요? 사회불안장애는 사람마다 다른 형태로 나타나는 것 같은데, 내 경우에는 직장 생활에서 외모에 대한 걱정이 제일 컸어요. 너무 어려 보여서 제대로 대접받지 못할까 불안했고, 그래서 초면에 얕보이지 않으려면 뭐라도 해야 한다고 생각했던 거예요."

결국 그녀는 불안증이 심각한 수준이 되어서야 전문가의 도움을 요청하게 됐다. "집 밖에도 잘 못 나가고 인생도 바닥을 쳤으니까 도움이 필요하다 싶었어요. 인지행동치료를 통해 불안증의 가장 큰 원인은 나를 비판할 것 같은 사람들 앞에서 죽거나 기절할까 봐 무서워하는 마음이라는 걸 알게 됐죠. 공황과 사회불안장애를 오래 방치했더니 사람 많은 곳에 가거나 지하철을 타면, 또는 음식을 주문하려 하면, 여하튼 뭐든 하려고 하면 공황 발작이 오는 지경이 됐더라고요. 인지행동치료가 큰 도움이 됐어요. 시탈로프람(항우울제) 처방도 효과가 있었고요."

보다시피 사회불안장애는 낯가림과 완전히 다르다.

외상 후 스트레스 장애, 계속되는 악몽

❈❈❈

각종 정신적 문제의 정의가 수록된 『정신 질환의 진단 및 통계 편람Diagnostic and Statistical Manual of Mental Disorders』에 따르면 외상 후 스트레스 장애post-traumatic stress disorder(이하 PTSD)는 생사의 고비, 타인의 죽음, 심각한 부상, 성폭력 등에서 촉발된다. 촉발 요인이 무엇이든 간에 그로 인한 트라우마, 즉 정신적 상처는 사회 활동에 심각한 지장을 초래하고 그밖에도 여러 방면에서 정상적인 행동을 하지 못하게 한다.

PTSD라고 하면 흔히 참전 군인에게 생기는 것이라고 생각한다. 역사적으로 살펴보면 미국 남북전쟁 때는 PTSD를 '심장 쇼크', 1차 세계대전 때는 '전쟁신경증', 2차 세계대전 때는 '전투 피로증'이라고 불렀다.[12] 하지만 지금은 성폭행, 구타, 사고, 출산, 참변을 겪은 사람에게서도 나타나는 것으로 알려져 있다. PTSD 증상으로는 폭행이나 사고 당시 상황이 계속 떠오르는 것, 악몽, 촉발 요인과 관련된 생각이나 상황을 회피하는 것, 지속적인 위기감, 공황 발작, 수면장애, 집중장애가 있다. NHS에 따르면 충격적인 경험을 한 사람 세 명 중 한 명이 PTSD에 걸리지만 어떤 사람은 PTSD에 걸리고 어떤 사람은 걸리지 않는 이유는 정확히 밝혀지지 않았다.[13]

어떤 단어, 냄새, 소리가 PTSD를 촉발했던 상황을 불현듯 떠올리게 하면 트라우마가 되살아나기도 한다. 그래서 어떻게든 그런 회상을 일으킬 만한 것을 피하기 위해 습관을 바꾸거나 행동반경을 제한한다. 매사에 위험 요소가 존재하진 않는지 촉각을 곤두세운다. 그렇게 항상 경계 태세를 취하고 있으면 정신적으로 강한 압박을 받아 불안감이 증폭될 수 있다.

현재는 세부적인 차이를 반영해 PTSD 유형을 구분하고 있다. 예를 들면 다음과 같다.

지연성 PTSD: 트라우마가 생기고 6개월 이상 지난 후에 증상이 발생하면 지연성 PTSD로 분류한다.

복합 PTSD: 장기간 지속적으로 트라우마나 학대를 경험했을 때 생긴다. 예를 들어 수년간 가정 폭력에 시달렸다면 복합 PTSD로 분류한다.

다른 정신 질환과 마찬가지로 PTSD도 오랫동안 방치되었다가 뒤늦게 진단되는 경우가 많다. 니콜라도 그랬다. 그녀는 사춘기에 아버지에게 성적으로 학대받았으나 성인이 돼서야 PTSD 진단을 받았다. 공군을 전역한 후 우울증에 빠진 니콜라는 상담을 받았지만 자신이 겪은 일을 털어놓기가 어려웠다. 어차피 상담사에게 말해봤자 "그 고통에 공감할 수 없을 것"이라고 생각했기 때문이다. PTSD 환자들은 대체로 자신의 병이 흠이 될 것을 두려워한다. 니콜라처럼 성적으로 학대당한 사람은 남들이 피해자인 자신을 비난하고 안 믿어줄 것이라 생각해서 일찌감치 도움을 요청하지 못한다. 여기에 더해 많은 PTSD 환자가 수치심과 죄책감을 느낀다.

다행히 나는 이런 끔찍한 장애는 겪지 않았지만, 그래도 과도한 경계 상태가 어떤 건지는 잘 안다. 몇 년 전에 스토킹을 당하고 상담을 받을 때 PTSD 증상을 일부 겪을 수 있다는 소견을 들었다. 나는 PTSD 환자처럼 큰일을 겪진 않았기에 그런 증상이 안 나타날 것이라고 생각했지만, 실제로는 곳곳에서 위험 요소를 찾는 과도한 경계 태세에 들어갔다. 수시로 침대 밑을 살피고, 문을 열었다 잠그고, 경보기를 테스트하고, 종일 안절부절못하다가 무슨 기척이 나면 화들짝 놀랐다. 그리고 불안감도 커져서 평소에 나타나던 증상이 전부 한껏 고조됐다. 다른 불안장애 유형과 마찬가지로 이런 식으로 여러 증상이 동시다발적으로 나타나다 보니 자신이 구체적으로 어떤 병을 앓고 있는지 헷갈리기도 한다. 만일 자신에게 PTSD가 있는 것 같다면 주저하지 말고 먼저 병원부터 가자.

범불안장애, 꼬리에 꼬리를 무는 걱정

※※※

안녕, 내 오랜 친구! 범불안장애generalised anxiety disorder, GAD는 마구 날뛰는 과도한 불안감을 떨쳐버리지 못하는 질환이다. 영국인 100명 중 여섯 명 정도가 범불안장애를 앓는다고 한다.[14] 앞서 말한 『정신 질환의 진단 및 통계 편람』 5판에 따르면 증상이 나타난 후 진단을 받기까지 걸리는 시간이 중요하다. 최소 6개월은 증상이 나타나야 특정한 대상만이 아니라 생활 전반에서 사라지지 않는 걱정을 안고 산다고 볼 수 있다. 그런 사람은 딱히 문제될 게 없는데도 걱정을 하고 별것 아닌 일에도 전전긍긍한다. 이때는 걱정거리 하나를 처리하면 또 다른 걱정거리가 튀어나오고, 마음이 항상 최악의 시나리오를 향해 치닫는다.

여기에는 십중팔구 신체적인 증상이 동반된다. 예를 들면 다 끝장났다는 '느낌'이 들면서 두통이나 불면증, 만성 피로에 시달린다. 내 경우에는 범불안장애 때문에 건망증이 심해지고, 집중력이 바닥나고, 나 자신과 타인에게 자꾸만 불같이 짜증을 냈다. 그밖에도 오만가지 증상이 나타나는데, 지금도 가끔 수상쩍은 의학 사이트에 들어가서 관련 자료를 뒤지는 게 불안에 대한 내 나름의 대처법이다(농담이다. 사실은 나한테 생기는 이상한 증상을 확인하고 거기서 신경을 꺼버리기 위한 노력의 일환이다). 범불안장애는 남자보다 여자에게서 더 많이 나타나고, 경우에 따라서는 우울증을 유발하거나 악화시키기도 한다. 그러니 한시라도 빨리 치료를 받아야 한다.

많은 글에서 지적하듯 현대인은 많은 스트레스를 안고 산다. 영국통계청에 따르면 2016년에 영국의 노동자가 병이나 부상으로 일하지 못한 날이 총 1억 3,730만 일 정도 되고 그중에서 3분의 1은 정신 질환 때문이었다.[15] 우리는 삶이 돈, 직장, 가족, 인간관계에 대한 걱정으로 점철되어 있다는 말을 항상 듣는다. 그런 현실적인 문제들 앞에서는 아무리 태평한 사람이라도 불안해질 수밖에 없다. 범불안장애는 그런 문제들에 대해 '미친 듯이' 걱정하는 동시에, 그런 걱정에 달라붙는 온갖 다른 걱정까지 달고 사는 것을 뜻한다.

나로 말하자면 내리 몇 시간 동안 돈 걱정만 할 수도 있다. 그거야 뭐, 걱정할 법하다고 볼 수도 있다. 문제는 돈 걱정을 하기 시작하면 빈털터리가 되어 빚쟁이에게 쫓기는 시나리오 속으로 내 마음이 금세 들어간다는 것이다. 거기에 더해 병에 걸리면 어쩌지, 오늘 회사에서 본의 아니게 누군가에게 상처를 줬으면 어쩌지, 가스 불을 안 껐으면 어쩌지 하는 불안이 갑자기 사방에서 몰려오고, 내가 정말 큰 병에 걸린 것 같다는 생각이 들기도 한다. 걱정이 또 다른 걱정을 부르면서 꼬리에 꼬리를 물고 이어지다 보면 마음에 걱정이 득시글대면서 절망감이 든다. 눈 깜짝할 사이에 걱정의

가닥들이 복잡하게 얽히고설키면서 도대체 어디서부터 풀어야 할지 알 수가 없다.

데이비드는 언제부터인지 기억도 나지 않을 만큼 오랫동안 불안을 안고 산 범불안장애 환자다. "심할 때는 신체적 증상과 심리적 증상이 같이 나타나요. 신체적으로는 항상 긴장하고, 손에 땀이 차고, 한시도 가만히 있지 못하고, 뭔가에 오래 집중할 수가 없어요. 뭔가 마음에 걸리는 게 있으면 속이 뒤집어질 것 같고, 가슴이 두근거리고, 땀이 뻘뻘 나요. 심리적으로는 자꾸만 걱정이 들고 온갖 생각이 날뛰죠. 뭐 하나 합리적으로 생각하지 못하고 불확실성을 못 참아요. 예를 들어 회사에서 회의가 어떻게 진행될지 모른다면 온종일 전전긍긍하면서 그 문제가 해결되기 전까진 어디에도 집중하지 못하는 거죠. 난 비행, 식중독, 건강에 대한 공포증도 있어요. 정말 진이 다 빠져요."

진이 빠질 수밖에. 온몸에서 아드레날린이 과도하게 소모되기 때문이다. 범불안장애는 정상 수준을 넘어서는 아드레날린을 분출시킨다. 나는 침대에 나른하게 누워 있는 게 기본자세인 사람이다. 그런데 불안이 최고조에 이르면 새끼 사슴처럼 에너지가 솟구친다. 팔 벌려 뛰기를 몇 시간이나 해도 거뜬할 만큼. 물론 말이 그렇다는 거다. 개똥 같은 기분을 곱씹으며 손톱을 물어뜯고 발을 떠느라 뭐든 30초 이상 집중할 수가 없다. 그런데 팔 벌려 뛰기는 무슨!

불안은 집채만 한 파도가 되어 모든 것을 집어삼키고 사람을 경악시킨다. 그 물결이 배에서 목구멍까지 밀고 올라오면 정신이 번쩍 들면서 위험이 임박했다는 생각이 든다.

아드레날린은 진짜 위기 상황에서는 약이지만 가짜 위기 상황에서는 독이다. 걱정할 게 아무것도 없는데도 위기감이 너무 생생해서 무시할 수가 없다. 틀림없이 뭔가 잘못됐다는 느낌이 든다. 진짜 위기 상황에서 아드레날린(그리고 자매품인 노르에피네프린과 코르티솔)은 불타는 건물에서 초인적인 힘으로 아이를 끌어내게 한다. 하지만 괜히 불안한 상황에서는 왠지 몸이 아픈 것처럼 느껴지게 한다. 땀이 나고, 몸이 떨리고, 속이 매스껍다. 그러면 악순환이 시작되면서 온몸에 불안감이 차오른다. 공황 발작까지 생길 수 있다. 이후에 몸과 마음이 진정되면 왜 그런 사태가 발생했는지 궁금해지고, 그러면 합리적인 이유를 찾기 위해 상황을 곱씹으며 이런저런 생각에 매달리게 된다. 그러다 보면 또 발작이 올까 잔뜩 걱정하게 되고, 그래서 또 아드레날린이 방출되고… 그렇게 악순환이 시작된다.

범불안장애의 증상 중에서 또 내가 버티기 힘든 것은 '파멸'이 임박한 것 같은 기분이다. 몇 년 전에 엄마와 동네 마트에 갔을 때 느닷없이 세상이 멸망할 것 같은 기분이 들었다. 사방이 괴상한 색깔로 보이고 주변 사람이 모두 악랄해 보였다. 『해리 포터』의 디멘

터가 기쁨을 다 빨아들인 것처럼 감정이 곤두박질쳤다. 다른 사람들은 멀쩡히 장을 보는데 나는 밑도 끝도 없는 공포에 휩싸였다. 그 파멸감은 몸서리나게 무섭다. 그런데 아드레날린이 뿜어져 나올 때와 마찬가지로 분명히 뭔가 이유가 있을 것 같은 느낌이 든다. 그래서 그냥 불안감이 만들어내는 것이라고 치부해버리기가 어렵다.

이런 불길한 기분은 나처럼 21세기를 사는 범불안장애 환자들만 느끼는 게 아니다. 1773년 런던에 살던 의사 조지 체인George Cheyne은 자신의 불안증을 들여다보고 '걱정, 불안, 공포'를 다룬 『영국병The English Malady』이란 책을 썼다.[16] 체인도 나처럼 동네 가게에서 변을 당했는지는 모르겠지만 어쨌든 나와 똑같은 기분을 느꼈다.

불안이라는 수수께끼
✕✕✕

지금까지 살펴본 것이 흔히 접할 수 있는 불안 질환이다. 하지만 꼭 불길한 파멸의 예감이나 공황 발작, 이상한 눈 경련을 경험해야만 불안증인 것은 아니다. 불안증의 각종 증상을 다 나열하자면 족히 책 한 권은 필요하고, 내가 지금껏 겪었던 터무니없는 생각과 신경증을 다 논하자면 박사 논문 한 편은 거뜬히 나올 것이다. 물론 아무도 안 읽을 테고 나도 딱히 읽고 싶지는 않지만 말이다. 이런 말을 하는 이유는 여기에 자신이 경험하는 증상이 없다고 해서 자신의 불안증이 남들보다 가볍다거나 인생에 미치는 영향이 작다고 생각하지 않았으면 해서다.

정신 건강은 무슨 점수 높은 사람이 이기는 게임이 아니다. 내가 불안증에서 얻은 이점이 하나 있다면 나처럼 정신 질환에 시달리는 사람들에게 더 깊이 공감하게 됐다는 것이다. 우리는 모두 뇌에 뭔가 문제가 있는 사람들이다. 자신의 문제를 과소평가하지 말고 남과 비교하지도 말자. 정신적인 문제가 있어도 가정의 화목을 위해, 좋은 직장에 계속 다니기 위해 쉬쉬해야 한다고 생각하면 안 된다. 아무리 사소한 문제라고 해도 방치하면 안 된다. 뇌에 뭔가 문제가 있으면 자기 자신이 제일 잘 안다. 그럴 때는 도움을 요청해야 한다. 대개 불안장애는 가만히 두면 점점 더 심해져서 어디까지 갈지 모른다. 내 경우에는 상담, 약물, 달리기가 효과가 있었다. 사람에 따라 효과가 다르기는 하겠지만 어쨌든 진지하게 치료법을 찾아야 한다. 그것이 자신, 또 사랑하는 사람들을 위한 최선의 행동이다.

불안증은 새로운 게 아니다. 고대 그리스와 로마에도 걱정과 두려움을 다룬 글이 많았다. 17세기 옥스퍼드대학교의 로버트 버튼은 『멜랑콜리의 해부 The Anatomy of Melancholy』에서 불안을 "치유

불가능하고 감내해야만 하는 것"이라고 했다.[17] 지금도 유효한 말이다. 18세기에는 공황 발작을 '범공포증'이라 불렀고 '망상 발작'이라는 말도 썼다. 1869년에 미국 의사 조지 밀러 비어드George Miller Beard가 처음으로 신경쇠약이란 말을 쓰면서 그것이 중산층 사이에서 확산되고 있다고 주장했다.[18] 그는 그 원인이 사람들이 따라가지 못할 정도로 빠르게 발전하는 현대 사회에 있다고 봤다. 빠르게 발전하는 현대 사회라…. 지금은 그때보다 더하면 더했지, 덜하진 않다. 기계치는 주차 요금도 못 내는 세상이다.

지그문트 프로이트는 "불안이라는 수수께끼를 풀려면 우리의 정신세계 전체를 환히 알 수 있을 정도의 탐구가 필요하다"고 썼다.[19] 그는 오랫동안 불안증을 연구했다. 그는 처음에는 불안증이 출생 시의 트라우마와 관련 있다고 생각했고 이후에는 죽음 본능, 즉 우리 안에 있는 모종의 공격성과도 연관이 있는 것으로 추정했다. 하지만 그가 가장 큰 원인으로 꼽은 것은 타인의 도움 없이는 살 수 없는 영아기의 무력감이 트라우마로 남는 것이었다. 무엇에든 오이디푸스 콤플렉스를 갖다 댔던 프로이트가 불안도 엄마 아빠에 대한 그렇고 그런 욕망에서 생긴 거라고 말하지 않았다니 의외인걸.

예부터 이렇게 많은 문헌에 언급됐음에도 불안이 독립된 정신질환으로 분류된 것은 1980년에 출간된 『정신 질환의 진단 및 통계 편람』 3판에서 불안장애를 하나의 장으로 할애하면서부터다.[20] 여기서 말하는 불안장애에는 공포장애, 사회공포증, 공황장애, 범불안장애, 강박장애, 외상 후 스트레스 장애가 포함됐다. 와, 드디어 우리도 어엿한 환자로 인정받은 것이다! 이 영광을 제 가족과 친구들과 반려견에게 돌립니다.

독립된 질환이란 지위는 중요하다. 더는 불안이 다른 정신 문제들 사이에서 어색하게 끼어 있지 않아도 되기 때문이다(물론 서로 겹치는 부분이 많지만). 그리고 그때를 기점으로 실효성 있는 치료법들이 등장했다. 이제는 치료를 하겠다는 건지 사람을 잡겠다는 건지 모를 치료법이 사라져서 얼마나 감사한지 모른다. 지난날에는 천두술(뇌 내 압력을 줄이기 위해 머리에 구멍을 뚫는 수술―옮긴이), 뇌엽절제술(병세를 완화하기 위해 뇌의 일부분을 잘라내는 수술―옮긴이), 고주파요법(뇌의 전류를 이용해 정신증 환자에게 충격을 가하는 치료법―옮긴이), 여자 환자를 얼음장 같은 물에 푹 집어넣는 것(히스테리를 치료하기 위한 것이었다) 등 '안 되면 말고' 식의 치료법이 횡행했다. 여성의 히스테리는 역사 속 곳곳에 등장한다. 히포크라테스는 여자의 자궁이 몸속에서 이리저리 돌아다니면서 히스테리가 생긴다고 봤고, 영국 의사 토머스 시드남Thomas Sydenham은 "히스테리에서 완전히 자유로운 여성은 없다"고 썼다.[21] 빅토리아시대 사람들은 당사자의 의사는 전혀 상관없이 무슨 수를 써서든 여자에게 오르가슴을 불러일으키려고 했다. 표면적으로는 여자가 불행이나 분노를 느끼지 않게 하려는 거라고 했지만 사실은 남자가 바라는 순종적인 여자를 만들려는 것이 아니었나 싶다.

미국 웨스트버지니아주에 있던 정신병원의 1864~1889년 기록을 보면 나태, 이기주의, 실연, '여성병', 망상적 여성 문제, 질투, 종교, 천식, 자위, '악습관' 등 환자들이 건강하지 못하다고 진단한 이유가 망라되어 있다.[22] 이것들이 입원의 주된 이유는 아니라고 하지만 그럼에도 너무 모호해 보여서 자신이 그런 증상에 시달리지 않는다고 증명하기도 참 어려웠을 것 같다.

혹시 정신 문제가 있는 여자가 그간 어떤 치료를 받았는지 알고 싶다면 리사 아피냐네시의 『미친 여자, 나쁜 여자, 슬픈 여자 Mad, Bad and Sad』를 읽어보기 바란다.[23] 흥미롭게도 여전히 남자보다는 여자에게 정신적으로 아프거나 '불균형하다'는 진단이 훨씬 많이 내려진다.

기적의 치료법은 없지만
✕✕✕

불안증에 가장 효과적인 치료법은 상담이라는 게 중론이다. 상담을 대중화하는 데 크게 기여한 인물로는 프로이트를 꼽곤 한다.

그가 '안나 O'(이후 유대여성연맹의 창립자인 오스트리아인 베르타 파펜하임Bertha Pappenheim으로 밝혀졌다)라는 환자를 치료한 것이 정신분석의 시초로 알려져 있다. 그녀의 진단명은? 역시 히스테리였다.

지금은 인지행동치료가 불안장애에 탁월한 효과가 있는 치료법으로 인정받고 NHS에서도 이를 권장한다.[24] 1960년대에 미국의 정신과 의사 에어런 벡Aaron Beck이 창시한 인지행동치료는 생각 패턴을 검토해서 부정적인 행동에 변화를 주는 상담치료법이다. 불안장애 외에도 우울증, 조현병, 조울증에도 권장되는 치료법이고 만성피로, 분노장애, 수면장애에도 효과가 있다고 한다. 상담사들은 어린 시절부터 내 평생을 쭉 돌아보면서 나를 불안하게 하는 핵심 요인을 찾아야 한다고 말하곤 했다. 그래서인지 굳이 그런 과정을 밟을 필요가 없는 인지행동치료를 알게 됐을 때 나는 너무 반가웠다. 내가 인지행동치료를 시작하고 처음 받은 과제는 종이에 내 머릿속의 터무니없는 생각을 쓰고 만일 최악의 시나리오가 실현된다면 어떻게 될지 적는 것이었다. 예를 들면 이런 식이다.

걱정: 내가 헛것을 듣고 외계인에게 납치당할 거라고 믿으면 어쩌지?
확률: 높음.
결론: 정신병원에 갇혀서 가족들을 영영 못 볼 것이다.

그 밑에 다시 좀 더 현실적인 결론을 적었다.

걱정: 내가 헛것을 듣고 외계인에게 납치당할 거라고 믿으면 어쩌지?
확률: 아주 낮다. 2014년에 정신증 증상을 보인 영국인은 0.7퍼센트 정도밖에 안 된다.[25]
결론: 내가 정신증 환자가 될 확률이 0퍼센트는 아니다. 그럼에도 심각한 정신 문제를 잘 다스리며 사는 사람이 많고 내가 생각하는 것처럼 정신병원에 갇히는 사람은 별로 없다. 분명히 나를 위한 치료법이 있을 것이고 여러모로 도움이 될 것이다.

이게 무슨 소용이 있을까 싶었다. 지독한 걱정에 시달린 세월이 얼만데 그냥 걱정거리를 종이에 쓰고 재해석한다고 뭐가 달라진단 말인가. 그런데 어라? 효과가 있었다. 그렇게 결론을 바꿔 쓰자 금방 걱정거리가 잊혔다. 물론 시간이 지나자 '더 무서운' 걱정거리가 새로 고개를 내밀었고 나는 다시 겁을 집어먹고 파국을 생각했다. 그러다가 위의 과제를 떠올리고는 나 자신에게 다른 결과를 생각할 수 있느냐고, 그 걱정거리를 그만 끊어버릴 수 있느냐고 물어봤다. 지금도 가끔 생각이 고삐 풀린 망아지처럼 날뛰면 그렇게 한다.

나처럼 운 좋게 인지행동치료를 받은 사람은 치료 효과를 많이 봤다. 하지만 NHS를 통해 인지행동치료를 받으려면 대기 기간이 너무 길다. 그렇다 보니 보통은 약물치료부터 권한다.[26] 이 책을 쓰면서 알아본 결과, 아직도 많은 사람이 인지행동치료를 받기 위해 대기 중이었고 그렇게 받는 상담 횟수도 얼마 되지 않았다. 그들은 차례를 기다리는 동안 약물을 복용했다. 불안장애에 제일 많이 처방되는 약은 뇌에서 분비되는 화학물질인 세로토닌serotonin의 양을 증가시키는 선택적 세로토닌 재흡수 억제제selective serotonin reuptake inhibitors(이하 SSRI)다.

일반적으로 세로토닌은 신경세포들 사이에서 메시지를 전달한 후 세포에 재흡수된다. SSRI는 이 재흡수를 억제함으로써 더 많은 세로토닌이 더 많은 세포에 메시지를 전달하게 한다. SSRI 외에도 세로토닌과 노르에피네프린의 양을 증가시키는 세로토닌 노르에피네프린 재흡수 억제제serotonin-norepinephrine reuptake inhibitors(이하 SNRI)나 진정 효과가 있는 벤조디아제핀이 처방되기도 하는데, 벤조디아제핀은 중독성이 있어 장기간 복용할 수 없다. 내 경험상 벤조디아제핀은 하루하루 버티기도 힘들 때 단기적으로는 약발이 기가 막히게 좋다. 하지만 웬만하면 의사가 2주 치 이상 처방하지 않는다. 특히 환자가 눈을 희번덕거리고 온갖 아부를 하며 제발 약 좀 더 달라고 애원하면 절대 처방하지 않는다. 그때 좀 더 머리를 굴렸어야 하는 건데….

어떤 약이든 처음에는 소량만 복용하고 의사가 경과를 지켜보면서 필요에 따라 복용량을 늘리고 부작용이 없는지 확인한다. 당장 증세가 완화되길 기대하면 안 된다. 보통은 2~4주 뒤에야 약효가 나타나기 때문이다. 물론 그 시간이 영원처럼 느껴지겠지만 그렇다고 약을 끊거나 희망을 버리면 안 된다.

정신 질환과 관련된 모든 것이 그렇듯이 약을 먹는 것도 여전히 큰 흉으로 여겨진다. 우선 약을 쓸 만큼 힘들었던 적이 없는 사람은 약을 먹는 사람에게 공감하지 못하기 때문이다. 그리고 약의 '기능'에 대한 무지랄까, 교육 부족도 원인이다. 언론의 보도 행태도 문제다. 2017년 말에 《데일리 메일 Daily Mail》에는 「쾌락의 묘약에 취한 나라」라는 기사가 실렸다.[27] 여기서 항우울제를 먹는 사람들은 쉬운 해결책만 찾는다거나 있지도 않은 쾌감을 위해 약을 먹는다는 인식을 엿볼 수 있었다.

확실히 하자. 항우울제를 복용하면 미친 사람일까? (아니다) 위험한 사람일까? (절대) 항우울제를 복용하면 감정이 없는 로봇이 되는 걸까? (그럴 리가) 그런데도 우리는 사랑하는 사람들에게 약을 복용한다는 얘기를 떳떳하게 못 한다. 2011년 조사에서 영국 여성 세 명 중 한 명이 인생의 어느 시점에서든 항우울제를 복용하지만 그중 18퍼센트가 가족에게 말하지 않고, 10퍼센트는 배우자나 연인에게 말하지 않는 것으로 나타났다.[28] 나도 혹시 애인에게 흠이라도 잡힐까 봐 약을 먹는다고 말할지 말지 고민했다. 바보 같은 고민이었다. 그 사람은 그걸 흠이라고 생각하지 않았다.

힘든 사람이 약을 먹는다고 이상하게 보면 안 되는 이유를 굳이 말할 필요는 없었으면 좋겠다. SSRI와 두통약이 같은 취급을 받는 세상이 왔으면 좋겠다. 아직은 아니다. 나는 오래전부터 약을 먹다 말다 하면서도 한동안은 비정상적인 사람으로 보일까 무서워 아무한테도 말하지 않았다. 나 말고는 아무도 약을 먹는 사람이 없는 것 같았고 나는 남들과 다르게 보이는 게 싫었다. 그런데 사실은 내 주위에도 나 같은 사람이 많았다. 마침내 내가 약을 먹는다고 (천천히 조심스럽게) 털어놓자 많은 친구와 가족이 자기들도 약을 먹던 때가 있다고 했다. 몇 달 동안 먹은 사람도 있고 몇 년 동안 먹은 사람도 있었다. 평생 못 끊을 것 같다는 사람들도 있었다. 몇 사람은 내 말에 놀라서 직장에서는 절대 말하지 말라고 충고했다. 그게 흠이라는 인식이 분명히 존재한다는 방증이다.

앞으로 또 얼마나 더 먹어야 할지는 잘 모르겠다. 하지만 약 덕분에 절망의 늪에서 빠져나와 다시 죽음과 파멸 외의 것을 생각할 수 있게 된 것은 확실히 안다. 약을 먹는다고 감정이 말라비틀어지기는커녕 불행이 아닌 다른 감정도 느끼게 됐다. 오히려 약을 쓰고 나서 무엇이 진정한 행복을 누리는 데 도움이 될지 생각하게 됐다. 이렇게 말하면 실망할 사람도 있겠지만 약을 먹는다고 행복해지진 않는다. 미디어에서 향정신성 약물 운운하며 공포를 조장하는 건 뭘 모르고 하는 소리다. 약은 그저 빌어먹을 슬픔에서 벗어나게 해줄 뿐이다.

게다가 모든 사람한테 효과가 있는 것도 아니고, 때로 심각한 부작용을 동반하는 경우도 있다. 나는 밤에 식은땀이 나고(새 애인한테 설명하기에는 좀 추한 것 같으면서도 재미있는 증상이다) 사람에 따라서는 메스꺼움, 현기증, 성욕 저하가 나타날 수 있다. 물론 항상 그런 것은 아니다. 그런 부작용을 얼마나 감수할지는 스스로 결정할 문제다. 어쨌든 지독한 슬픔과 근심에 시달려 본 적도 없는 주제에 남을 함부로 판단하는 사람들 때문에 지레 겁을 먹고 약을 멀리할 필요는 없다. 그 사람들은 운이 좋은 거고 나는 나다.

그래도 고민이 되는 사람들을 위해 2018년 《랜싯Lancet》에 발표된 연구 결과를 소개할까 한다. 연구에서는 21개의 항우울제를 검사했고, 모든 약이 위약(실제 유효한 성분은 없지만 심리적 기대감으로 효과가 나타날 수 있는 가짜 약)보다 효과가 좋은 것으로 나타났다.[29] 아쉽게도 어떤 사람에게 어떤 약이 가장 잘 듣는지는 나와 있지 않다. 그래도 6년에 걸친 연구 결과를 두고 전문가들은 불안증과 우울증으로 약을 복용하는 것을 여전히 흠으로 여기는 세간의 인식에 시원하게 한 방 날렸다고 호평했다.

나는 운 좋게 상담치료와 약물치료를 잘 받았지만 그런다고 마음이 평온해지진 않았다. 약을 통해 파멸에 대한 두려움에서 해방되고 상담을 통해 내 생각을 더 잘 다스릴 수 있다는 확신이 생긴 것은 사실이다. 하지만 딱 거기까지였다. 이 기분을 어떻게 설명해야 할까. 남들은 다 스키를 타고 내려가면서 내게 내려오라고 손짓하는데, 나는 언덕에 서서 망설이고 있는 것 같았다. 그 정도라도 괜찮다. 세상에 기적의 치료법은 없기에 한 가지 치료법만으로 마음이 싹 나을 거라고 기대하면 안 된다. 나는 상담치료와 약물치료를 받을 수 있어서 다행이었고, 그 덕분에 그밖에도 내게 도움이 되는 것들, 내가 그냥 증상을 '관리'하는 수준을 넘어 진정으로 행복해지게 도와주는 것들을 찾을 수 있어서 감사하다.

물론 관리만 할 수 있어도 나쁜 건 아니지만 좀 맥 빠지는 구석이 있긴 하다. 처음에는 그 정도만 돼도 거대한 장애물을 넘은 것처럼 신난다. 하지만 조금 있으면 또 저 멀리 장애물이 보이면서 답답해진다. 그것을 뛰어넘고 싶어진다. 아무리 관리 능력이 좋아져도, 증상이 호전돼도 정신 문제는 항상 이렇게 새로운 단계, 새로운 두려움을 만들어낸다. 그 여정에는 끝이 없다. 근심 걱정이 완전히 사라지는 해피 엔딩은 존재하지 않는다. 그것은 장거리 여행이고 때로는 속도가 느릴 수 있다. 하지만 일단 그 길에 올라서면 가만히 있는 것보다 훨씬 낫다는 것을 알게 된다. 물론 그 길에서 실망할 때도 있겠지만 그럴 때는 자신이 얼마나 멀리 왔는지 돌아보면 된다.

좀 오글거리는 말일지도 모르지만 그 길을 만드는 건 나 자신이다. 나는 열여섯 살 때 처음으로 기절하지 않고 지하철에 탈 수 있다는 것을 알고서 마치 학예회에 선 자식을 보는 부모처럼 내가 대견스러웠다. 이루 말할 수 없는 기분이었다. 지금도 내가 주위 사람들보다 소심하거나 못났다는 기분이 들면 그때를 떠올린다. 작은 걸음이나마 한 발씩 내딛으며 앞으로 나아간다.

3K

다시 운동장으로 돌아오다

✖

오늘은 타이머를 보지 않고 10분 동안 쭉 달렸다. 처음이다. 평소에는 내가 얼마나 버텼는지(혹은 얼마나 못 버텼는지) 봐야만 했다. 10분이면 장족의 발전이다. 가볍게 넘길 수 없는 구체적인 성과다. 내 피난처인 집을 나와 10분 동안 직선으로 달렸다. 늘 그렇듯이 처음에는 마음이 '만약에?'라는 질문을 쏟아내면서 나를 얼른 집으로 돌려보내려 했다.

그런데 5분쯤 지나자 그런 소리를 무시하게 됐다. 교문 밖에 옹기종기 모여서 프라이드치킨을 먹는 아이들이 보였다. 커다란 유모차에 아이는 물론이고 장 본 물건까지 싣고 움직이는 아줌마들 때문에 잠깐 차도로 나와 뛰어야 했다. 큰길이 끝난 후에는 큰

맘 먹고 언덕길을 올랐다. 두 팔의 자연스러운 흔들림을 원동력으로 삼아 지면을 디디며 속도를 높였다. 이제 날마다 달리는 게 익숙해지고 팔다리도 적응했는지 기분이 좋았다.

처음으로 온몸이 하나 되어 달리는 느낌이 들었다. 내가 힘들게 뛰는 아마추어가 아니라 마치 달리기 위해 태어난 사람 같았다. 이날 나는 총 18분을 뛰었다. 몸이 날아갈 것처럼 기뻤다.

유년기는 성인기와 달리 아무런 부담 없이 배우고 탐색할 수 있는 시기다. 운동을 가장 많이 하는 시기이기도 하다. 그런데 2013년 유니버시티칼리지런던의 조사에서는 영국 아이들이 심각한 운동 부족인 것으로 나타났다.[1] 아이들은 몸을 많이 움직여야 한다. 세계보건기구에서는 5~17세 아이가 심장과 뼈를 단련하고, 민첩성을 기르고, 적당한 몸무게를 유지하기 위해 매일 한 시간 이상 신체 활동을 할 것을 권장한다. 2017년 노르웨이에서 실시된 조사에서는 6~8세 때 운동량이 보통 이상인 아이가 2년 후에 우울증 증상을 보일 확률이 평균보다 더 낮았다.[2] 그리고 같은 연구에서 아이들이 나이가 들수록 일평균 신체 활동량이 줄어드는 것으로 나타났다. 그래서 웨어러블 기기 회사인 핏빗Fitbit에서 어린이용 피트니스 트래커를 출시했는지도 모르겠다. 그걸 차면 아이는 시간당 250보씩 걷게 된다고 한다. 아마 나 같은 아이는 그런 게 있었어도 소용없었겠지만.

어린 시절 나는 권장 운동 시간을 지키기는커녕 하루에 운동을 15분도 안 했다. 마치 작정이라도 한 듯이 어떻게든 운동을 피했다. **단체 운동에 관심이 없는 뚱보는 축구나 이어달리기를 할 때 뒷전이라는 것을 이른 나이에 깨달았다.** 내 분수를 알고 자존심을 지키기 위해 아예 그런 것은 시도조차 하지 말자고 결심했다. 줄다리기, 라운더스(야구와 비슷한 구기 스포츠—옮긴이), 왕복 오래달리기, 수영, 테니스와는 담을 쌓고 살았다. 버스를 잡으려고 달리지도 않았다. 술래잡기도 안 했다. 뭐, 남자아이들이 굳이 나랑 하겠다고 줄을 서지도 않았겠지만. 그렇게 산 것을 후회하게 된 것은 한참 후의 일이다.

나는 앉아 있는 게 좋았다. 그래서 책을 읽고, 그림을 그리고, TV를 보고, 참 많이도 먹었다. 네트볼을 연습하거나 이어달리기를 하는 대신 그러잖아도 무럭무럭 자라고 있던 불안증을 더 키웠다. 물론 내게 불안증이 있다는 것은 자각하지 못했다. 하지만 엄마가 밖에 나가면 현관 너머의 무시무시한 세상에서 엄마에게 나쁜 일이 생길지도 모른다는 생각에 하염없이 울었다. 다른 아이들보다 자주 아팠다. 초현실주의 그림, 평범한 음악, 시끄러운 자동차 소리처럼 무섭지도 않은 것을 무서워했고, 새로운 것은 시도조차 하지 않았다. 자주 가슴이 뻐근하고 속이 울렁거렸으며 악몽을 자주 꿨다. 어린애치고는 사랑하는 사람들에 대해 너무 많이 걱정했다.

NHS에서는 약 30만 명의 아동과 청소년이 불안장애를 앓고 있는 것으로 보는데 12세 미만 아동 중에서는 그 비율이 2~5퍼센트에 불과하다.[3] 내가 그중 한 명이었다니, 참 운도 좋지!

오래된 증상들
※※※

더 어렸을 때 분리 불안을 겪은 기억도 어렴풋이 남아 있긴 하지만 유년기에 느낀 불안이 기억에 가장 선명하게 남은 것은 일곱 살 무렵이었다. 엄마와 학교 행사에 참석했을 때였다. 음식 부스 앞에서 줄을 서 있는데 갑자기 가슴이 뻐근해졌다. 나는 조용히 목을 감싸 쥐고 숨을 쉬려고 했다. 엄마한테 집에 가도 되냐고 물었지만 우리는 방금 도착한 데다 나한테 특별한 증상이 있었던 것도 아니었다. 적어도 내가 제대로 설명할 수 있는 증상은 없었다. 그래도 떼를 써서 일찍 나올 수 있었다. 뭔가 이상하고 무서웠다. 나는 겨우 일곱 살인데도 집에 있어야만 안전하다는 것을 알았다.

이 사소한 사건은 앞으로 닥칠 사태의 맛보기에 불과했다. 내가 어디가 잘못된 건지 알게 된 건 그러고도 오랜 시간이 흐른 후의 일이지만 말이다. 불안은 아주 어린 시절부터 나와 쭉 함께 있으면서 때로는 커지기도, 때로는 작아지기도 했다. 그러다가 내가 드디어 놈을 휘어잡았다거나 영영 쫓아내 버렸다고 생각하면 보란 듯이 고개를 들고는 더욱 무섭고 새로운 증상으로 나를 때려눕혔다.

열한 살 때 중등학교에 진학하면서 주변 환경이 달라지자 상황이 급속도로 악화됐다. 나는 매일 울었다. 새로운 곳에서 새로운 친구를 사귀어야 한다는 부담감에 우는 아이가 나 혼자만은 아니었다. 하지만 나는 거기서 멈추지 않았다. 강박적인 습관이 생겼다. 나쁜 생각이 들 때마다 마른침을 삼키고, 학교에 대한 걱정을 씻어내기 위해 눈을 깜빡이고, 내 몸에서 나쁜 느낌을 몰아내기 위해 침을 뱉는 더러운 짓까지 했다.

내가 왜 그러는지는 모르고 그냥 '꼭' 그렇게 해야만 한다고 생각했다. 아침에 버스를 타고 가다가 눈을 똑바로 깜빡이지 않았다는 생각이 들면 내려야 하는 정류장을 그냥 지나치곤 했다. 내게 승리란 없었다. 내 마음이 계속 새로운 방법으로 나를 갖고 놀았기 때문이다. 아니면 인도에 표시된 선을 피해 다니기도 했다. 별것 아닌 것 같은 그런 습관에 나는 옴짝달싹 못 했다. 선을 똑바로 넘지 않았다고 다시 돌아가서 똑같은 길을 다시 걸었던 것을 생각하면 참 어이가 없다. 그런 짓을 한다고, 그것도 남몰래 한다고 얼마나 많은 시간을 잡아먹었던지! 그런 짓을 절대로 주위 사람들에게 들키고 싶지 않았다.

그리고 처음으로 해리를 경험했다. 불안증이 극심해지면서 주변 세상과 분리된 느낌이 들었다. 불안장애의 증상치고 지금까지 그만큼 무서운 증상은 없었고 아직도 깨끗이 떨쳐버리진 못했다. 뇌가 해리를 일으키는 이유는 불안이 고조됐을 때 나를 보호하기 위해서라고 하지만 실제로는 상황만 악화시킬 뿐이다. 마치 물에 빠졌는데 아무리 발버둥 쳐도 다리가 꿈쩍도 안 하는 느낌이다. 내가 있는 공간과 그 안에 있는 사람들이 비현실적으로 느껴진다. 사방이 눈부시게 밝아지고 소리가 웅웅거리면서 내가 에어캡 속에 갇힌 채 현실로 돌아가지 못하는 기분이 든다. 그런 느낌을 처음 경험한 것은 어떤 남자애의 유대교 성인식 파티에서였다. 그날 저녁 나를 찾아온 해리 증상 외에 다른 일은 전혀 기억에 남아 있지 않다.

최악의 경우에는 거울을 보면서 내 얼굴도 못 알아본다. 물론 내 헤어스타일과 피부가 엉망이라서 그런 것만은 아니다. 정말 이상하고 혼란스러운 경험이다. 열 살 때 처음으로 친구와 여행을 갔다. 그런데 별안간 모든 사람과 사물이 사악한 괴물로 보이고 내가 어딘가 부러진 듯한 느낌이 들어서 고작 하룻밤밖에 버티질 못했다(내가 오랫동안 분리 불안을 겪은 걸 생각해보면 우리 부모님은 단

둘이 오붓하게 보낼 시간이 간절했을 거다). 지금도 심하게 스트레스를 받으면 해리가 덮쳐온다. 20대 초반에도 불안과 우울의 마수에 붙들리면 주변 사람들이 모두 리얼리티 쇼의 출연자로 느껴지면서 아드레날린이 분출되고 감정이 고조됐다. 무슨 영문인지 내가 사랑하는 사람들이 종이로 만든 모형처럼 보였다. 그런 감각을 뚫고 그들과 대화할 수 없었다. 모든 게 꾸며지고 조작된 것처럼 보였다. 마치 인간이 아닌 것들이 인간 흉내를 내는 것 같았다.

그때 그런 일을 겪었기 때문에 나중에 내가 정신병은 아닐까 하는 걱정이 생겼던 것 같다. 인간은 타인과 연결되고 싶은 욕망을 타고난다. 그래서 연인이나 친구처럼 끈끈한 관계가 깨지면 괴로워한다. 우리는 친밀감을 원한다. 하지만 해리가 생기면 친밀감은 종적을 감춘다. 나와 사랑하는 사람 사이에 유리벽이 세워져서 시야가 흐릿해지고 거리가 벌어진 것처럼 느껴진다. 내가 사랑하는 가족이 생판 모르는 사람처럼 보인다. 그보다 무서운 게 없다.

또 뭐가 있었더라? 피가 나고 흉이 질 때까지 피부를 벅벅 긁었고, 자꾸만 털을 뽑았고(경미한 발모벽 증상이었다. 발모벽이란 털을 뽑아야만 직성이 풀리고 안도감을 느끼는 증상으로 성인보다 청소년에게 많이 나타난다), 피가 날 때까지 입술을 깨물었다. 그래서 이상한 흉터가 많이 남았다. "벨라, 다리에 웬 흉터가 그렇게 많아?" "아, 이거? 별거 아냐. 내가 스트레스 받으면 피 날 때까지 털 뽑는

3K_다시 운동장으로 돌아오다

버릇이 있거든. 자, 한 잔 더 할 사람?"

　이런 증상이 너무 무서웠지만 아무한테도 말은 안 했다. 창피하기도 하고 괜히 말하면 나쁜 일이 생길까 겁났다. 그 나쁜 일이 구체적으로 뭔지는 몰라도 우울한 열한 살 소녀에게 생생한 위기감을 주기에 충분했다. 나는 항상 파멸이 코앞에 닥친 기분이었다. 만약에 그때 내가 애늙은이처럼 카프카의 작품을 읽었다면 그가 걱정을 묘사하는 대목에서 고개를 끄덕였을 것이다. "내 몸 한복판에 털실 뭉치가 있고, 그것이 살가죽으로부터 무수한 실오라기를 끌어당기면서 빠른 속도로 감기는 느낌."[4]

　다행히도 요즘 아이들은 그런 증상이 나타나면 보다 쉽게 도움을 받을 수 있다. 물론 아이가 주변에 도움을 요청할 때나 가능한 일이지만. 지금도 많은 아이가 무서운 생각과 강박에 시달리면서도 어디 말도 못 하고 혼자 끙끙 앓고 있을 것이다. 우리 부모님만 해도 나를 안타깝게 여기면서도 설마 내가 정신적인 문제가 있으리라고는 생각하지 못하셨다. 부모님은 "벨라가 좀 예민한 편이지"라는 말을 자주 하셨는데 그 말에는 나이가 들면 나아질 것이라는 생각이 깔려 있었다. 만약에 내가 부모님의 죽음을 막기 위해 점점 더 복잡한 의식을 치르고 있다는 말을 했다면 부모님은 좀 더 심각하게 고민하셨을 것이다. 하지만 나는 아무 말도 하지 않았다.

어쨌든 나이가 드니까 일시적으로나마 나아지긴 했다. 어릴 때는 투명인간처럼 살았지만 사춘기에는 친구들과 나가 노는 재미를 알게 되면서 인생에 활기가 돌았다. 짧은 인생에서 처음으로 나도 어엿한 사회의 일원이 된 기분이 들었다. 강박적인 습관도, 주변 세상과 분리된 듯한 느낌도, 가슴 통증도, 내가 눈을 일정한 횟수로 깜빡이지 않으면 엄마가 죽을 거라는 생각도 사라졌다. 친구들처럼 런던 곳곳을 명랑하게 쏘다니면서 지난 시절은 한때의 불행으로 치부했다.

친구가 생기고 삶이 재미있어졌다. 평소에 나타나던 불안 증상을 마음 한구석으로 밀어낼 수 있었다. 나만큼 운 좋은 아이도 없는 것 같았다. 흔히 사춘기를 기본적으로 힘들고 때로는 견딜 수 없을 만큼 괴로운 시기로 여긴다. 그때가 단순히 질풍노도의 시기라서 그런 것만은 아니다. 물론 그것만으로도 힘들긴 하지만. 성인기 정신 질환의 50퍼센트가 15세 이전에, 75퍼센트가 18세 이전에 시작된다. 그리고 청소년의 정신 질환이 점점 증가하는 추세라고 한다. 2017년 영국교육부의 조사 결과 13세 이상 여자 청소년은 세 명 중 한 명이 불안증이나 우울증을 겪고 있는 것으로 나타났다. 10년 전보다 10퍼센트 오른 수치다. 신경정신과적 증상은 청소년에게서 가장 많이 나타나는 장애 요인이다. 인생에서 그처럼 중요한 시기에 치료를 못 받으면 교육의 기회를 포함해 많은 기회를 놓칠 우려가 있고 고립감과 수치심에 휩싸일 수 있다. 그래서 그런 증상은 일찍부터 해결해야 하는데, 이때 운동이 중요하다. NHS에서는 5~18세 아동과 청소년에게 신체 건강을 위해 하루에 60분씩 운동할 것을 권장하고 있다. 왕립정신의학회도 규칙적인 운동이 청소년의 정신 건강에 이롭다고 발표했다.

하지만 많은 사람이 그렇듯이 나도 일찍부터 내 걱정을 문제 삼지 않았다. 다만 걱정을 억누르고 '정상'으로 보이려고 노력했을 뿐이다. 체육 시간에 그냥 가만히 앉아 있던 나는 그게 오랫동안 품어온 걱정의 씨앗을 키우는 짓인 줄은 몰랐다. 최근 들어 우리 사회에서 정신 질환을 수치스럽게 여기는 인식이 놀라울 만큼 개선됐다. 아직도 가야 할 길이 멀긴 하지만 예전보단 나아졌다. 15년 전의 나는 정신 질환이라고 하면 정신증밖에 몰랐고 그나마도 극단적이고 부정확한 인식을 갖고 있었다. 학교에서는 정신 건강에 대해 배우지 않았고 정신 질환에 대해 공공연하게 말하는 사람도 없었다. 사람들은 아예 정신 질환이 우리와 다른 세상 이야기인 것처럼 경솔하게 떠들어댔다. 그런데 그건 사실이 아니었다. 그 무렵에 나와 친한 남자애 두 명이 정신증 증상을 보였다. 치료를 받고 학교에 나타날 때마다 그 아이들은 완전히 딴사람이 되어 있었다. 그걸 어떻게 받아들여야 할지 몰랐던 우리는 그저 쉬쉬하는 게 최선인 줄로만 알았다.

그래서 나는 내가 아프다는 생각을 하지 못했을 뿐 아니라 내 걱정을 해결하기 위해 도움을 받아야 한다는 것도 몰랐다. 당연히 걱정이 다시 기어올라 왔다. 그 시작은 호흡 곤란이었다. 나는 그게 천식일지 모른다고 생각했다(아니야, 공황 발작이야). 그다음은 두통이었고 나는 뇌종양일지 모른다고 걱정했다(아니야, 공황 발작이라니까!). 나는 종일 아프고 피곤했다. 클럽에서 기절했을 때는 중병에 걸린 줄 알았다.

장기적인 정신 문제는 대개 사춘기에 시작되고 치료는 보통 더 늦게 시작된다. 그러니까 나는 때를 딱 맞춰서 증상이 나타난 셈이었다. 내게 무슨 일이 일어나고 있는지는 몰랐어도 예전처럼 나름의 방법으로 증상에 대처하면서 그것을 둘러대기 위해 복잡하고 터무니없는 핑계를 지어냈다. 저녁에 친구들을 만나면 나는 그들이 밤길에 봉변을 당하지 않도록 술도 마시지 않고 그들을 집까지 태워다주었다(사실 내가 차를 끌고 다닌 이유는 혹시 테러가 벌어질까 걱정해서다. 차가 있으면 왠지 도움이 될 것 같았다). 지하철을 타지 않는 것에 대해 누가 이유를 물으면 우리에 갇힌 가축이 되는 듯해서 싫다고 농담처럼 말했다(사실은 사방이 막힌 곳에 들어가면 공황 발작이 올 것 같았다). 운전 중에 공황 발작이 와서 사고가 날까 봐 고속도로를 달릴 때는 다른 사람에게 운전을 맡기고 다음번에는 내가 운전하겠다고 대충 둘러댔다. 비행기를 못 타는 것은 설명하기가 어려웠다. 무섭다는 것을 인정해야 했지만 진실을 말하고 싶지는 않았다. 클럽이나 바에 갔을 때는 확실한 탈출구가 확보되지 않으면 바로 상태가 나빠졌다. 왜 그런지는 몰랐다. 내가 어디를 가든 해열진통제와 사과 주스를 호신용품처럼 갖고 다니는 게 친구들 사이에서 농담거리가 됐다. 영원히 내 것인 줄 알았던 태평함은 금세 자취를 감추었다.

영화나 공연을 보러 갔다가 사방이 꽉 막힌 곳에 갇힌 느낌이 들면 같이 간 친구나 남자친구도 덩달아 나와야 했다. 약속을 잡아놓고 뭔가 '촉'이 안 좋으면 번번이 취소했다. 그러면서도 내가 불안증이 있으리라고는 짐작도 못 했다. 내 첫 남자친구는 가엾게도 나 자신도 이해하지 못하고 설명할 수 없는 온갖 이상한 행동을 다 받아줘야 했다. 나는 남자친구와 같이 밥을 먹다가 운 적이 많았다. 밥을 먹는 도중에 뛰쳐나온 적도 많았다. 편집자이자 작가인 스콧 스토셀이 불안증을 고백한 책에도 이런 행태가 나온다. "나는 데이트 약속을 많이 어겼다. 시험을 치다가 그냥 나온 적도 있다. 채용 면접을 보다가, 비행기, 열차, 자동차를 타고 가다가, 그냥 길을 걷다가 갑자기 정신이 무너지기도 했다."[5] 내가 왜 그렇게 미친 짓을 하는지 설명을 못 하니까 친구들이 떠났다. 나는 그게 모두 '안전'을 위해 치러야 하는 대가라고 생각했다.

운동과 성차별

✼✼✼

그래도 형편없는 대처법으로나마 몇 년은 버텼다. 그럭저럭 즐겁게 살았다. 여전히 내가 '정상'이라고 생각했다. 가끔 몸이 아프고 자주 숨이 막히긴 했다. 그래서 시도 때도 없이 의사를 찾아가서 여기저기가 아프다고 했다. 그렇게 각종 증상을 해결하려 하면서도 정확한 원인을 몰랐다. 그때 문제가 뭔지 알았다면 요즘 불안 완화에 도움이 된다고 알려진 심호흡, 명상, 운동 같은 것을 시도했을지 궁금하다. 아마 안 했겠지. 워낙 남을 의식하는 성격이라서 좀 별나 보이거나 이목을 끌 만한 짓은 절대 안 했다.

나만 유별나게 신체 활동을 기피한 게 아니다. 스포트 잉글랜드Sport England의 조사에 따르면 나이를 불문하고 여성이 남성보다 운동량이 적었다.[6] 사람들의 응답을 보면 그 이유는 복합적이다. 다만, 스포츠는 타고난 재능이 있어야 즐길 수 있다는 생각, 공격적인 데다 경쟁이 심해서 여성스럽지 않다는 생각이 널리 퍼져 있음을 알 수 있다. 남들 눈에 안 좋게 비칠까 봐 걱정하는 태도가 여기서도 드러난다.

솔직히 말해서 나는 사람들의 비웃음이 무서워 운동을 안 했다. 팀 스포츠는 젬병이라 괜히 망신만 당할 것 같았다. 근처 남학교에는 축구장, 크리켓장, 럭비장, 육상용 운동장이 광활하게 펼쳐져 있었다. 남학생들은 하루도 쉬지 않고 뛰어다니는 듯했다. 반면에 우리는 체육 시설이 변변찮아서 그냥 공이나 던지고 케케묵은 뜀틀이나 뛰는 게 다였다. 중등학교 6학년 때는 체육 시간이 자율로 바뀌었는데, 나는 근처 공원을 걸으며 풀숲에서 은밀한 흡연을 즐겼다. 그런 종목이라면 내가 또 일가견이 있었다. 다양한 캠페인을 통해 여성에게 운동이 꼭 필요하며 운동하는 모습을 부끄러워할 필요가 없다는 인식이 확산되었다. 하지만 운동에 대한 편견은 쉽게 깨지지 않았다. 연구 결과에서는 그 원인이 무엇보다도 여학생들이 남학생들과 함께 체육 교육을 받으면서 비웃음을 살까 걱정하는 것이라고 한다.

    거기에 덧붙여 성차별도 여자들이 운동을 안 하는 중요한 이유라는 게 내 지론이다. 내가 어린 시절에는 남자애들이 축구를 할 때 여자애들은 꽃목걸이를 만들거나 그림을 그리거나 그냥 얌전히 앉아 있는 게 당연시됐다. 유감스럽게도 여전히 크게 달라진 것 같진 않다. 2016년 스포츠 전문 기자 애나 케슬이 여자들에게 운동을 권하는 『먹고, 땀내고, 놀아라 Eat, Sweat, Play』를 출간했다. 이 책에서 케슬은 스포츠와 관련해 남자와 여자에게 당연시되는 행동이 다르고 남녀 어느 쪽도 스포츠를 즐기도록 교육받지 않는다고 지적했다. 그녀가 우연히 축구 수업을 받는 남학생들을 봤는데 다들 격려나 칭찬 대신 질책만 받았다. "많은 아이가 건성으로 수업을 받았고 교사는 그런 애들을 투명인간 취급했다."⁷ 그래도 교사가 최소한의 성의는 보였다. 얼마 후 케슬은 같은 교사가 혼성반을 가르치는 것을 봤다. 그런데 여자애들을 대하는 교사의 태도에서는 체념한 듯한 분위기가 풍겼다. "여자애들에게 굳이 공들여봤자 소용없다고 생각하는 것 같았다."

몸을 의식하는 것도 여자애들(나도 포함해서)이 운동을 하지 않는 이유다. 성인이 돼서도 마찬가지다. 2015년 《코스모폴리탄》 설문조사에서 상당수의 여성이 헬스장에서 마음이 편치 않다고 응답했고, 그중 14퍼센트가 남자들이 자신의 몸에 점수를 매길까 봐 걱정된다고 했다.⁸ 헬스장에서만 그런 게 아니다. 내가 달리기를 시작했을 때 유일하게 싫었던 것은 나를 먹잇감으로 보는 남자들의 시선이었다(지금도 싫다). 달리는 나를 갑자기 멈춰 세우거나 옆에 붙어서 달리거나 차에서 빵빵대거나 차를 천천히 몰아 따라오는 남자도 있었다. 심지어는 지나가는 내 허리를 와락 붙드는 남자도 있었다. 어떤 코스로 가야 술 취해서 달려드는 인간이 없을지 고민하는 것도 싫고, 나는 더워서 짧은 옷을 입은 건데 무슨 패션 디자이너 선발 프로그램의 심사위원이라도 되는 것처럼 내 복장을 지적하는 변태를 만나는 것도 싫었다.

나는 사춘기 이전부터 그런 위험에 대한 걱정이 많았다. 내가 초등학교에 다닐 때는 남녀에 대한 고정관념이 굳건하던 시절이어서 여자애가 축구에 끼려고 하면 남자애들이 코웃음을 쳤다. 그래 봐야 조금 기가 죽고 말았지만 말이다. 하지만 사춘기가 되어 새롭게 발달하는 몸이 불편하게 느껴지자 상황이 훨씬 심각해졌다. 알렉산드라 헤민슬리도 『러닝 라이크 어 걸Running Like a Girl』이라는 멋진 마라톤 입문기에서 나처럼 사춘기 때 운동에 느꼈던 거부감을 이야기한다. "한때 큰 즐거움의 원천이었던 내 몸이 이제는 못 믿을 구속복 같았다. 종일 내가 어떻게 보일지 걱정하거나 앞으로 내 몸이 어떻게 변할지 걱정했다."9

많은 전문가가 학창 시절에 운동을 멀리하면 어른이 돼서도 몸을 쓰지 않을 확률이 훨씬 높다고 본다.10 나는 열여섯 살 때 계속 운동을 피하는 게 잘하는 짓인지 한번 확인해보자는 심정으로 동네 헬스장에 등록했다. 어느 날 헬스장에서 집적거림을 당하고, 기구를 이상하게 쓴다고 면박당하고, 운동 중에 비웃음을 샀다. 이후 14년 동안 헬스장에는 얼씬도 안 했다. 너무 예민한 거 아니냐고? 그럴 수도 있다. 하지만 당시 헬스장은 처음이라서 주눅이 들어 있던 내게 그곳의 분위기는 불친절한 정도가 아니라 아예 나를 불청객으로 여기는 것 같았다.

보다시피 나는 도움이 될 만한 방법은 모조리 피했고, 내 정신에는 갖가지 터무니없는 안전망을 둘렀다. 나는 빅토리아시대의 이모님이었다면 점잖게 '정신 붕괴'라고 표현했을 상태로 나아가고 있었다(이 말은 절대로 의학 용어가 아니지만 나는 마음에 든다. 내가 마치 거미줄이 잔뜩 쳐진 탑에 웨딩드레스를 입고 갇혀 있는 기분이 들기 때문이다. 제발 나 좀 내버려둬).

처음 만난 공황 발작
✖✖✖

중등학교를 졸업했을 때 나는 진로에 대해 아무런 계획이 없었다. 타지의 대학교에 진학하는 것은 절대 안 될 일이었다. 집을 떠나는 게 무서웠고 낯선 게 무서웠다. 하지만 누가 왜 대학에 진학하지 않느냐고 물으면 런던 생활에 비해 대학 생활은 시시할 것 같다느니, 남들과 다르게 살고 싶다느니 하는 핑계를 댔다. 불안증 때문에 하지 못한 게 많지만 특히 타지의 대학에 가지 않은 게 땅을 치고 후회하는 일이다. 내 20대는 공간적으로 10대에서 크게 벗어나지 못했다. 집에서 떨어진 대학에 갔으면 좀 더 빨리 어른이 됐을지도 모른다. 타지로 떠난 내 주위의 아이들은 모두 내가 이루지 못한 것을 이뤘다. 더 넓은 세상으로 나가 새로운 친구를 사귀고 홀로 설 방법을 탐색한 것이다.

런던에 남아 안전했냐고 하면 그렇지도 않다. 내가 선택한 대학은 런던 한복판에 있었다. 신입생 등록일에 학생증을 받을 때까지 공황 발작을 억누르는 것만 해도 장난이 아니었다. 그날 아침에 혹시라도 내가 학교에 가다가 겁을 먹고 도망칠까 봐 아빠가 도중에 나를 만나서 응원해줬다. 그 말은 입학 첫날 아빠와 함께 학교에 갔다는 뜻이다. 지금은 그런 것쯤 아무렇지도 않다. 그때야 물론 그런 것을 따질 겨를이 없었고.

그래도 대학 생활은 순탄하게 풀려서 가볍게 수석으로 졸업했다!가 아니고, 사실은 6개월 만에 자퇴했다. 도저히 버틸 수가 없었다. 런던 한복판으로 갈 때마다 공황을 버틸 수가 없었다. 심한 공황 발작 때문에 수업 중간에 나온 적도 많았다. 나는 남들이 다 나를 보고 있다고 느끼지만 실제로는 아무도 나한테서 이상한 낌새를 느끼지 못한다. 이게 바로 공황 발작의 아이러니한 점이다. 나는 번번이 공황 발작 앞에 무릎을 꿇었다. 사방에 위험이 도사리고 있는 것 같아서 방어막을 치자니 진이 다 빠졌다. 그래서 식은땀을 흘리며 떨고 있자면 내가 아무짝에도 쓸모없는 인간인 것 같아 왈칵 눈물이 났다.

그 무렵에는 부모님도 뭔가 심상치 않다는 생각에 나를 상담소로 보냈다. 상담사는 차분한 목소리로 내가 공황 발작을 겪고 있고 범불안장애가 있다고 말했다. 내게 정신적인 문제가 있다는 것을 깨닫기까지 19년이나 걸렸다는 말이 황당하게 들릴지 모르겠다. 하지만 생각보다 흔한 일이다. 정신 질환을 경험하는 영국인은 무려 네 명 중 한 명 정도 된다고 하니, 그중 많은 수가 정확한 진단이나 적절한 도움을 받지 않고 혼자 끙끙댈 것이라고 미루어 짐작할 수 있다.

이 책을 쓰면서 친구에게 정신 질환에 대해 말한 적이 있다. 그러자 그 친구도 최근에 불안증과 우울증 진단을 받았다고 털어놓았다(원래 불안증과 우울증은 세트로 잘 붙어 다닌다). 올해 서른넷인 친구는 15년 동안 자신이 기질적으로 슬픔을 잘 느끼는 편일 뿐 이상은 없다고 생각했다. 그러다가 인간관계에 큰 문제가 생기면서 전문가를 찾아갔고, 병을 진단받아 깜짝 놀랐다고 한다. 이후 그는 치료를 시작했다. 나는 친구가 나아질 거라는 생각에 안심이 되면서도 한편으로는 그가 그때까지 슬픔을 당연하게 여겼다는 사실이 안타까웠다. 그런 사람이 한둘이 아니다.

내게 무슨 문제가 있는지 알게 되자 공황 발작이 일시적으로 수그러들었다. 내가 현실을 파악하면서 두려움이 조금 빠져나간 것 같았다. 이래서 아는 게 힘이라고 하나 보다. 공황 발작으로는 안 죽는다는 것을 알게 되자 예전만큼 공황 발작이 자주 생기지 않았다. 정신 문제가 유발하는 모든 증상이 이렇게 간단히 해결된다면 얼마나 좋을까? 하지만 나는 '불안증'이라는 말이 당혹스러웠다. 오랫동안 남들과 같아지려고 노력했음에도 결국 나는 남들과 다르다는 것을 인정해야 한다니 그간의 노력이 물거품이 된 것 같았다. 내가 남들과 다른 게 잘못이나 약점이 아니라고 해도 내게는 그렇게 느껴졌다. 나는 그것을 농담거리로 삼았다. 그게 나의 1차 방어선이었다(눈치챘을지 모르지만 지금도 그러고 싶을 때가 많다). 그렇게 그 문제를 별것 아닌 것으로 여기려 했다.

    내가 무엇을 상대하고 있는지 어렴풋이 알게 되었어도 여전히 그것을 의미 있게 처리하진 못했다. 어쩌면 자신감이 생겼던 것도 같다. 공황 발작이 뭔지 아니까 이제는 괜찮을 거라고 생각했다. 공황 발작에 다른 어떤 증상이 동반될 수 있는지, 불안증이 평생 지속될 가능성은 없는지는 알아보지 않았다. 내 안의 근심을 언제든 훌훌 벗어던질 수 있는 옷 같은 것이라고 생각했다.

    나는 베타차단제를 처방받았다. 원래는 심장 질환 치료제로 개발됐지만 심장이 두근거리고 손에 땀이 차는 것 같은 공황 증상을 완화하는 데도 쓰는 약이다. 남들 앞에 나가서 말하는 것을 싫어하는 사람들이나 큰 공연을 앞둔 가수들이 복용하기도 한다. 그런데 몸에는 탁월한 약효를 보이는 베타차단제가 마구 날뛰는 내 정신은 어쩌지 못했다. 그 조그만 알약으로는 불안과 공포를 해소할 수 없었다. 그저 그날그날 나타나는 증상만 조금 가라앉혔을 뿐이다.

    나는 많은 열아홉 청춘이 그렇듯이 한동안 무엇을 해야 할지 모르고 헤맸다. 그러다가 미대에 진학해서 멋진 1년을 보냈다. 친구를 사귀고 태평하게 지내다 보니 이젠 내가 두려움을 완전히 떨쳐버린 것 같았다. 하지만 교활한 불안은 역시 다른 꿍꿍이가 있었다. 2학년 때 모든 게 와르르 무너졌다. 시작은 미약했다. 평소처럼 버스를 타고 학교에 가는데 기분이 이상했다. 뭔가 잘못되었다는 생각이 들자 세상이 컴컴하고 위협적으로 보이기 시작했다. 버스에서 내려 학교 건물로 들어갔다가 곧바로 다시 나온 후 주차장에서 역대 최악의 공황 발작을 맞았다. 그냥 숨이 가쁘거나 어지러운 정도가 아니라 뇌가 휙 돌아누운 느낌이었다. 생각이 그렇게 빠른 속도로 지나간 것은 처음이었다. 레코드판이 턴테이블에 걸려서 자꾸 같은 부분을 반복하는 것처럼 머릿속에서 이런저런 말이 맴돌았다. 눈꺼풀 안쪽에서 형광등이 켜진 것처럼 사방이 눈부셨다. 나를 걱정스럽게 보는 친구들도 친구의 탈을 쓴 낯선 사람처럼 느껴졌다. 주차장에 주저앉아 그 낯설고 이상한 증상을 떨쳐버리려고 헉헉 숨을 몰아쉬고 미친 듯이 손을 비볐다.

내 뇌가 무슨 짓을 벌이는지 몰랐던 나는 머리가 아프다는 핑계를 대고 곧장 집으로 돌아왔다. 그냥 잠깐 탈이 났던 것뿐이야. 나는 생각했다. 하지만 이튿날에는 버스에 오를 수가 없었다. 다음 날도 마찬가지였다. 일주일 동안 학교에 가지 않고 부모님 집에 숨어 지냈다. 뭔가 잘못된 느낌이 들었고, 잠에서 깨면 배꼽에서부터 공황이 밀려왔다. 불안증이 있는 사람이 불안감을 제일 많이 느끼는 때는 대개 스트레스 호르몬인 코르티솔이 뿜어져 나오는 아침이다. 아침에 일어나면 커피를 3리터쯤 때려 넣은 것 같은 기분이 들면서 파멸의 기운이 엄습한다. 그러면 아직 양치질도 안 했는데 왠지 일진이 사나울 것 같아 하루를 시작하는 것 자체가 힘겹게 느껴진다.

내 뇌가 홱 뒤집힌 듯한 해괴한 느낌이 가시지 않았다. 머릿속의 생각이 내게는 들리지 않는 음악에 맞춰 망나니처럼 날뛰었고 그 발길질에 두개골과 눈이 아팠다. 불안증 환자는 뇌가 뜬금없이 던지는 '만약에'라는 질문에 익숙하다. '만약에 내가 회의 때 기절하면?'이나 '만약에 아무도 날 안 좋아하면?' 같은 뻔한 질문은 내게도 익숙하다. 그런데 이번에는 내 뇌가 아주 불길한 질문을 던지고 있었다. 학교 주차장에서 이상한 기분이 들었을 때 나는 이게 단순히 불안증이 아니라 더 심각한 상태일지 모른다는 생각에 덜컥 겁이 났다. 그래서 뇌는 '당연한' 질문을 던졌다. 만약에 내가 미친 거라면?

이게 바로 침투적 사고다. 침투적 사고는 의외로 흔하다. 누구나 침투적 사고를 경험한다. 예를 들면 '만약에 내가 이 여자를 에스컬레이터에서 밀어버리면?' 같은 생각이 침투적 사고다. 그런 괴상한 생각이 갑자기 머릿속에 들어와 우리를 놀라게 한다. 하지만 그런 생각을 한다고 정말로 사람을 밀어버리고 싶은 것은 아니다.

1978년에 강박장애의 권위자인 심리학자 스탠리 라크먼Stanley

Rachman이 자신의 환자들과 건강한 학생들을 대상으로 설문조사를 실시했다. 그 결과 양쪽 집단에서 거의 모든 사람이 그런 생각을 경험한 적이 있다고 답변했다. 하지만 강박장애가 없는 사람은 그런 생각을 대수롭지 않게 여기고 쉽게 떨쳐버릴 수 있었다.

반면 환자들은 그런 생각에 당황해서 그 의미를 곱씹었다. 불안증, 우울증, 강박장애가 있는 사람은 '만약에 내가 이 여자를 에스컬레이터에서 밀어버리면?'이라는 생각이 들면 자기가 정말로 그러기를 원한다고 생각하고는 혹시 자신이 괴물이나 살인마는 아닌지 걱정한다. 그리고 그런 생각을 '무효화'하기 위해 복잡한 정신의 퍼즐을 만들어낸다. 가령, 침투적 사고가 생길 때마다 즉시 가족이 안전하게 있는 장면이나 특정한 단어를 떠올리는 습관이 생기는 것이다.

뇌가 내게 미친 거 아니냐고 물었을 때 나는 당연히 기겁했다. 불안증이 없는 사람이라면 아마 그냥 웃어넘겼을 것이다. 하지만 나는 아니었다! 나는 잠을 못 이루고 내내 그 생각을 몰아내기 위해 발버둥쳤다. 문제는 그럴수록 뇌가 더 독하게 나온다는 것이다. 교활한 뇌는 언제든 상상을 초월하는 두려움을 선사할 수 있다.

하룻밤 사이에 나의 '만약에' 질문은 '만약에 내가 탄 비행기가 추락하면 어쩌지?'처럼 평범한 걱정에서 '만약에 내가 모든 사람이 나를 해치려 든다고 생각하고 있는 거라면?'으로 악화됐다.

물론 두 질문 다 비합리적이다. 다만 전자는 어느 정도 실현 가능성이 있는 익숙한 걱정이었다. 반면 후자는 옳고 그름을 증명하는 것 자체가 불가능했다. 그런데도 내 마음은 어떻게든 증명하겠다고 난리를 쳤다.

나는 구글에서 불안증에 관한 각종 증상, 생각, 통계를 검색했다. 침대에 누워서 검색 결과를 곱씹는 동안 내가 감당할 수 없을 만큼 많은 생각이 쏟아져 내렸다. 1초에 수천 개씩 퍼붓는 듯했다. '만약에 내가 미친 거면 어쩌지?' '만약에 모든 사람이 나를 해치려 든다는 것이 나의 생각일 뿐이라면?' '만약에 내가 동생을 죽이면?' '만약에 방금 인터넷에서 본 조언이 모두 틀렸으면?' '만약에 내가 위험한 사람이라면?' 그래, 이런 생각들을 모두 되짚으면서 논박해 보자! 휴우, 힘들어 죽을 뻔했다.

이런 강박적 사고는 인류 역사에서 쉽게 찾아볼 수 있다. 주로 종교적 도덕 강박으로 나타났다. 과거에 신앙을 중시하고 교회를 두려워했던 사회 분위기를 생각하면 그럴 만도 하다. 하느님에 대한 침투적 사고는 당사자에게 공포를 자아냈다. 1691년에 존 무어John Moore 주교가 이런 생각을 다룬 소책자를 출간했는데 나는 그 책을 읽고 빙긋 미소를 지었다. 그가 21세기를 살아가는 나의 뇌를 신기하리만치 정확하게 묘사했을 뿐만 아니라 그가 제안한 대처법은 내가 현대의 수많은 전문가와 책을 통해 접한 것이기도 했다.

"그런 생각이 일어날 때 낙담하지 마라. (…) 그것과 씨름하지도 마라. 경험으로 입증된바 격렬한 저항은 도리어 그것을 키우고 부풀린다. 하지만 무관심으로 일관하면 그것은 저절로 소멸해 무로 돌아간다. (…) 그러므로 음울한 생각에 맹렬히 맞서지 말지니, 그로써 육신이 쇠하여 쓰러지고 더 큰 말썽이 생기기 때문이다. 오히려 편안히 기력을 회복하고 마른 정신을 보충할 때 머릿속의 소란이 잠잠해진다."[11]

런던 대화재(1666년 9월에 런던 전역에서 5일간 지속된 화재—옮긴이) 때 살아 계셨던 주교님의 말씀이 내게 큰 위로가 될 거라고 상상이나 했을까?

만약에, 만약에, 만약에…
✻✻✻

나는 그 시절에 대해 어느 누구에게도 자세히 이야기한 적이 없다. 말했다시피 수치스러웠기 때문이다. 그때 나를 괴롭히던 생각을 가까운 사람들에게 지나가듯 말한 적은 있다. 어느 날 밤에 침대에서 미친 듯이 울고 있을 때였다. 나를 진정시키려는 아빠에게 "나는 사람들을 로봇이라고 생각하는 것 같아요"라고 말했다. 아빠는 그런 게 아니라며 나를 다독였다. 하지만 나는 아빠의 말을 믿지 않았다. 딸이 그렇게 이상한 생각을 말하는 게 비전문가로서는 감당하기 힘들 것도 같았다. 그런 이유로 사람들에게 자세한 이야기는 삼갔다. 그냥 내가 미쳐가고 있다고 말하고는 각자 알아서 해석하게 내버려뒀다.

하지만 당신은 귀한 돈을 내고 이 책을 산 데다가 어쩌면 내가 곱게 자라서 별것도 아닌 것에 호들갑을 떤다고 생각할지도 모른다. 그렇다면 내 인생에서 그토록 가혹했던 시기에 내 머릿속에서 어떤 생각이 흘러갔는지 허심탄회하게 말해주겠다.

주차장 사건이 있고 사흘 동안 내 생각은 이렇게 돌아갔다.

낯설고 무서운 증상이었어. 어쩌면 불안증이 아닐지도 몰라. 만약에 불안증이 아니라면 내가 미쳐가고 있는 걸까?
미친다는 게 뭐야? 정신증이란 거겠지.
젠장, 내가 정신증 환자라니.
정신증 환자는 TV가 자기한테 메시지를 보낸다고 생각하지. 나도 그런가?
아니, 당연히 아니지. 근데 방금 TV를 보고는 혹시 내가 그런 생각을 하는 건 아닐까라고 생각했잖아. 그러니까 생각하는 게 맞네!
아니야. 지금 난 그냥 불안증 때문에 겁을 먹은 것뿐이야.

달리기의 기쁨

아니, 왠지 내가 세상과 분리된 것 같은 이상한 기분이 들고 모든 사람이 가짜인 것 같아.

내가 지금 《트루먼 쇼》를 찍고 있다는 거야? 주변 사람들이 모두 연기자라고?

아니, 이건 현실감 소실이야. 전에 겪어봤잖아.

근데 자꾸만 그런 생각이 들잖아. 그러니까 나 미친 게 맞아. 정신병원에 갇혀서 막 헛것을 들으며 살게 될 거야.

내가 헛것을 듣나? 잠들 때 머릿속에서 들리는 목소리가 미쳤다는 증거 아닐까?

난 친구들의 정체를 밝히려 하고 있어. 걔들이 연기를 하고 있다는 사실을 입증하려는 거지. 그게 황당한 생각인 줄 알면서도. 내가 정말로 아무도 못 믿는 걸까?

세상이 정말로 영화 세트 같아? 모든 게 생기가 없고 이상하게 보여. 만약에 내가 이 모든 게 가짜고 진짜는 아무것도 없다고 생각하는 거면 어떡해?

만약에 내가 부모님을 로봇이라고 생각해서 그들을 살해하고는 그런 짓을 저지른 것조차 기억하지 못 하는 거면 어떡해?

만약에 내가 가상의 세계에 살고 있다면? 만약에 내가 사실은 이미 죽은 거라면? 몇 시간이 걸리든 이런 생각을 하나하나 되짚어보면서 논박해야겠어.

3K_다시 운동장으로 돌아오다

이것은 그때 내가 생각한 것 중에서 극히 일부에 지나지 않는다. 깨어있는 내내 이 따위 생각밖에 못 했다. 정말이다. 다른 생각은 아예 못 했다. 먹지도 못하고 자지도 못했다. 눈을 감으면 눈꺼풀 뒤에서 비현실적인 만화 캐릭터들이 섹스를 했다. 그놈들이 포르노 배우도 낯뜨거워할 만큼 난잡하게 뒹구는 꼴이 너무나 충격적이어서 잠을 이룰 수 없었다.

그런 생각이 수시로 사납게 몰려와서 마치 거센 파도가 회복할 시간도 주지 않고 계속 몰아치는 것 같았다. 어떤 무시무시한 '만약에' 질문에서 회복되기도 전에 또 다른 '만약에' 질문이 닥쳐왔다. 나는 현명한 주교님의 조언을 따르는 대신 하루 종일 그 생각들을 붙들고서 반박해 보기도 하고, 받아들이기도 하고, 떨쳐내려고도 해봤다. 하지만 아무 소용이 없었다. 내 머리는 황당한 생각으로 온통 엉망진창이었다. 나는 새로운 생각이 머릿속에 들어올 때마다 숨을 헐떡이며 울고 헛구역질을 했다. 그러면 놈들을 쫓아낼 수 있을 것처럼.

범불안장애도 어디 가지 않았다. 생각과 싸우느라 기진맥진한 상태에서도 내 몸은 아드레날린을 신나게 뿜어댔다. 아무것도 먹지 못하는데도 속이 뒤틀렸다. 힘이 달려서 뭘 하려야 할 수도 없었다. 그렇다고 딱히 할 일이 있었던 것은 아니다. 학교에는 갈 엄두가 안 났다. 아무도 보고 싶지 않았다. 그냥 침대에 누워 있다가 가끔 일어나서 집 안을 어슬렁거리며 울었다. 그동안에도 머릿속에서는 생각이 꼬리를 물고 이어졌다.

나 혼자서는 어찌 할 수가 없었다. 동생의 친절한 표현을 빌리자면 '종일 멍 때리던' 시기였다. 다른 사람이 개입해야 했다. 다행히 우리 집은 문제를 해결하기 위해 돈을 펑펑 쓸 형편이 됐다. 이전에 내게 베타차단제를 처방했던 의사는 진정 효과가 있는 유서 깊은 항우울제를 처방해주면서 혹시 상담을 받으려거든 6개월은 대기해야 한다고 알려줬다. 눈물이 날 만큼 절망적인 말이었다. 지금도 나는 제때 적절한 의료 서비스를 받지 못하고 자살 충동, 절망감, 고립감에 시달리는 사람들을 매일 생각한다.

영국에서 정신 건강 서비스의 공급이 수요를 못 따라가는 게 어제오늘 일은 아니다. 최근에는 관련 예산까지 삭감되어 심각한 증상을 앓는 사람들이 제때 진료를 못 받거나 엉뚱한 진료과를 찾는 문제가 가중되고 있다. 이를 의식했는지 정부에서는 정신 건강 분야에 10억 파운드를 추가로 투입하겠다고 약속했다.[12, 13, 14]

NHS가 2008년에 신설한 심리치료접근성강화 Improving Access to Psychological Therapies 프로그램 측은 2016년에 향후 정신 건강 문제가 있는 사람의 75퍼센트가 6주 내에 진료를 받고 95퍼센트가 최대 18주 내에 진료를 받게 하겠다는 목표를 발표했다.[15] 없는 것보다는 나은 목표다.

하지만 두렵고 심란한 사람에게 넉넉히 네 달은 기다리라고 하면 어떤 심정이 들까? 정신 문제로 병원을 들락거렸던 내 친구는 대기를 걸어놓고 한참을 기다렸지만 갑자기 진료가 취소되는가 하면, 근처 병원에 여유가 없어 집에서 멀리 떨어진 병원에 보내지기도 하고, 담당 의사가 바뀌어 엉뚱한 진단을 받기도 했다. 그렇다고 NHS가 놀고 있다는 말은 아니다. NHS는 최선을 다하고 있다. 다만 모든 사람을 적절히 치료할 여건이 안 될 뿐이다.

나는 운 좋게도 친절함의 화신 같은 정신과 의사에게 지체 없이 진료를 받을 수 있었다. 내가 견뎌야 했던 몹쓸 생각을 죄다 털어놓고 내가 미친 게 분명하다고 우기면서 하염없이 우는 동안 그는 차분히 내 말을 귀담아들었다. 그리고 내가 여전히 불안증을 앓고 있고 강박적인 생각도 불안증에서 비롯된다고 했다(말했다시피 강박장애는 깔끔 떠는 것과 급이 다르다).

나는 항우울제를 처방받았다. 그때까지 절대로 먹지 않겠다고 난리를 치던 약이었다(먹으면 지는 것이라 생각했다). 하지만 그 멀쩡하지 않은 정신 상태로도 내가 죽고 싶다는 생각이 드는 게 정상이 아니라는 것은 알 수 있었다. 그래서 약을 복용했다. 브라이어니 고든의 『미친 여자』에도 나처럼 약을 거부한 이야기가 나온다. 그녀는 부작용을 나열한 안내문("톨스토이의 『전쟁과 평화』만큼 길었다")을 보는 순간 간이 철렁했지만 그래도 그걸 읽느라 눈알이 빠지는 게 강박장애보다는 낫겠다 싶었다고 한다. 나도 비슷한 생각을 한 기억이 난다. 그런 현실을 알면 우리가 약을 먹는 게 쉽게 쾌락을 얻으려는 짓이라고 속단할 수 없다.

시인 에밀리 디킨슨은 "'희망'은 날개 달린 것/영혼에 앉아"라고 썼다. 이후 몇 주 동안 나는 미약한 빛을 향해 엉금엉금 기어갔다. 약이 듣기 시작하자 노팅엄에 있는 대학교에 친구들을 만나러 갔다. 열차에 몸을 싣고 멍하니 창밖을 보고 있자니 침투적 사고가 슬슬 끼어들었다. '만약에 내가 이 풍경이 가짜라고 생각하는 거면 어쩌지?' '만약에 친구들이 나를 독살하려 들면 어쩌지?' '걔들이 왜 그래? 너 미쳤구나.' '안 미쳤어. 그냥 불안증이야….'

나는 그래도 가서 친구들을 만났다. 가게도 몇 군데 들어갔다. 저녁에 술집에도 갔다. 하지만 그 머릿속의 균열이 자꾸 나를 힘들게 했다. 그 이상한 생각들이, 불안이, 죽음에 대한 생각이 내 머리를 회복 불가능할 정도로 망가뜨린 것만 같았다. 이상한 생각은 서서히 사라지고 있었지만, 나는 아무 일 없었던 것처럼 멀쩡히 살아갈 방법을 몰랐다. 나는 여전히 마음의 안정을 찾길 원했고, 여전히 미친 듯이 구글에서 각종 증상을 검색했고, 여전히 겁이 났다.

화도 났다. 두려움이란 놈이 내 배 속에 들어앉아서는 기회만 왔다 하면 온몸으로 스며드는 현실에 분노가 치밀었다. 무서운 괴물이 나를 숙주로 삼고 괴롭히는 것 같았다. 주위 사람들은 걱정

없이 인생을 즐기는 것처럼 보였다. 그런데 나는 왜 단 하루도 그렇게 살지 못하는 걸까?

내 뇌가 예전보다 조용해졌음에도 나는 우울했다. 슬픔이 불안 위에 먹구름처럼 드리웠다. 어디서도 희망은 보이지 않고 내가 아무짝에도 쓸모없는 인간이라는 자괴감이 커졌다. 오죽하면 우리 집 강아지만 봐도 눈물이 났을까. 눈가에 덕지덕지 붙은 눈곱을 보면 너도 주인을 잘못 만나서 고생이구나 싶었다.

나를 사랑하는 사람들이 나를 위기에서 건져냈다. 내 힘만으로는 불가능했기 때문이다. 하지만 그 후로도 나는 나 자신에게 전혀 도움이 안 됐다. 일단 위험한 고비는 넘겼지만 마음을 놓을 수는 없었다. 스무 살이나 먹고 학교에 다니는 것도 아니고 직장이 있는 것도 아니었다. 그 어느 때보다도 무서웠다. 내가 과연 걱정투성이인 마음에서 해방될 수 있을까. 아무래도 불가능할 것 같았다. 내가 인생에 시동을 걸기도 전에 인생이 영영 멈춰버린 것 같았다.

처음으로 여동생과 같이 달리고 있다. 다른 사람과 같이 달리는 건 처음이다. 동생은 키도 크고 힘은 징그러울 정도로 세다. 170센티미터인 나를 맨날 땅꼬마라 놀린다. 팔씨름도 못한다거나 병뚜껑 하나 따는 것도 낑낑댄다며 놀림받는 건 일상이다.

동생은 나보다 몇 년 앞서 달리기를 시작해서 금방 재미를 붙였다. 밤에 와인을 한 병 마시고 자도 다음 날 하프 마라톤을 거뜬히 완주한다. 그뿐인가, 1월이면 호수에 수영을 하러 간다. 외투를 두 겹이나 껴입고 물가에 서서 그 광경을 보고 있노라면 어이가 없어서 웃음만 난다. 우리는 운동 습관이 완전히 다르다.

하지만 이 여름날 우리는 얼추 보조를 맞추어 달리고 있고, 나는 숨이 찬 와중에도 대화를 하려고 안간힘을 쓴다. 다른 가족들은 거하게 점심을 먹고 한숨 늘어지게 자는데 우리 둘만 빠져나와서 부모님이 사는 동네를 이리저리 달리고 있다. 들판을 노니는 닭과 양들을 지나고, 어릴 때 외식을 하던 식당을 지난다. 시골길에 접어들어서는 산울타리를 따라 철벅대는 진흙길을 달린다. 내색은 안 하지만 다리 긴 동생과 속도를 맞춰 달릴 수 있다니 가슴이 벅차다. 동생이 걱정 많고 허약한 내 체질을 갖고 농담을 할 때마다 맞장구치며 낄낄대던 내가 이렇게 근력과 지구력이 필요한 운동을 같이하고 있다니 믿기지 않는다.

우리는 달리면서 지난 몇 달 동안 있었던 일을 이야기한다. 나는 불안을 극복하려고 노력하는 게 장하다는 동생의 칭찬을 쭉쭉 빨아들인다. 나보다 젊고 경쟁심이 강한 동생은 굼벵이같이 달리는 언니를 못 참고 속도를 높인다. 동생이 앞으로 나갔다가 내게 돌아오기를 몇 번 반복한 후에야 우리는 집으로 향한다. 그러고 보니 24분 동안 내가 얼마나 달렸는지 한 번도 확인을 안 했다. 전에는 무슨 죄라도 지은 사람처럼 소심하게 혼자서 달렸다. 하지만 동생과 같이 달리는 시간이 쏜살같이 지나간 것을 보니 이제부터는 날로 뜨거워지는 달리기에 대한 열정을 다른 러너들에게 숨기지 말아야겠다. 내가 아무리 느리게 달리고 아무리 팔씨름을 못한다고 한들 그게 무슨 대수일까.

나는 왜 불안할까? 무엇이 나를 불안하게 할까? 남들이 자꾸 오해하는 질병을 안고 사는 것도 힘들지만, 전문가조차 불안을 쉽게 설명하지 못하는 현실도 나를 힘들게 한다. NHS에서는 범불안장애 같은 불안 질환이 생기는 원인을 다음과 같이 설명한다.

- 뇌에서 감정이나 행동과 관련된 영역이 과도하게 활성화되는 것
- 뇌에서 감정 조절과 관련된 화학물질인 세로토닌과 노르아드레날린의 균형이 깨지는 것
- 유전자(가족 중에 범불안장애 환자가 있으면 범불안장애가 생길 확률이 5배쯤 높아진다)
- 스트레스나 트라우마를 초래하는 사건을 지속적으로 경험하는 것[1]

물론 그밖에도 수많은 이유가 있다. 생물학적, 사회적, 심리적 차원에서 다양한 요인이 복합적으로 작용할 수 있다. 현대인의 삶에는 정신 문제를 악화시키는 스트레스 요인이 수두룩하다. 긴 노동 시간과 출퇴근 시간, 재정적 압박, 외로움, 불평등은 안 그래도 불안이나 우울에 잘 휘둘리는 사람을 빠르게 악화시킨다. 우리는 핵가족으로 살고 이웃과 교류도 줄었다. 가족과 친구는 뿔뿔이 흩

어져 있다. 2017년만 해도 16~64세 영국인 중 390만 명이 혼자 살고 있었다. 많은 사람이 고립될 위험에 노출되어 있는 셈이다.

가난도 정신 건강을 해치는 중대한 요인이다. 싱크탱크인 사회정의연구소Centre for Social Justice에서 흔한 정신 질환을 앓는 사람의 비율을 조사한 결과, 가계소득 하위 20퍼센트의 발병률이 상위 20퍼센트보다 3배 높았다.[2] 정신증 발병률은 9배 높았다. 보고서에는 저소득층이 정신 질환에 취약한 이유가 여섯 가지로 정리되어 있다.

- 실업
- 기회 부족
- 부채
- 교육 부족
- 가정 파탄
- 중독

영국에서는 저소득층만이 아니라 유색인도 정신 질환 발병률이 무척 높다. 유색인은 정신 질환을 진단받고 입원하는 사람, 치료 효과가 좋지 않은 사람, 주요 정신 건강 서비스에서 배제되는 사람의 비율이 더 높다. 딱히 놀라운 사실은 아니다. 그들이 백인보다

강제 입원 명령을 받는 비율이 높기 때문이다. 그리고 사회정의연구소에 따르면 "흑인은 정신 건강 서비스를 요청할 때 거절당할 확률이 백인보다 40퍼센트 높다"고 한다.[3]

말하자면 어떤 사람이 정신 질환에 더 잘 걸리는 데는 그럴 만한 이유가 있다. 그리고 어떤 빈틈은 적절한 자금과 자원을 투입함으로써, 또는 적절한 교육과 문화적 이해를 통해 메울 수 있다. 우리 사회에는 아직 바로잡아야 할 것이 많고, 아직 도움의 손길이 미치지 않는 사람이 많다. 그리고 사람에 따라서는 한 가지 요인만 해결돼도 회복에 큰 도움이 될 수 있다. 하지만 현재 정신적인 문제를 겪고 있는 사람의 입장에서 생각해 본다면 그런 문제가 생길 만한 이유가 있고 없고는 중요하지 않을 수 있다.

NHS 자료를 보면 불안장애의 원인들 바로 아래에 이런 마지막 이유가 나온다. 내가 걱정하는 문제이기도 하다. "뚜렷한 이유 없이 범불안장애가 생기는 경우도 많다."[4] 범불안장애만의 이야기가 아니다. 강박장애(트라우마가 원인일까? 아니면 신체적 질병이나 유전자가?), 사회불안증을 포함한 많은 정신 질환이 뚜렷한 이유 없이 생길 수 있다. 당사자로서는 답답한 노릇이다. 자기에게 왜 불안증이나 우울증이 생겼는지 모르는데 어떻게 '고칠' 수 있다는 희망이 생길까?

내 경우에는 불안증만으로도 힘든 데 원인조차 애매해서 더욱 심란했다. 우리 할아버지는 불안한 사람이었다. 건강에 대한 걱정(괜한 걱정도 포함해서)이 많았다. 그래서 내가 그렇게 불행했던 걸까? 그렇다면 왜 아빠와 동생은 안 그랬을까? 내가 어릴 때 편도선염을 앓은 게 원인일까? 엄마는 내가 태어난 지 2개월밖에 안 됐을 때 베이비시터에게 맡긴 게 원인이 아닐까 걱정했다. 엄마는 지금도 죄책감을 느끼고 있다. 최근 연구에서 쥐의 뇌에 불안을 조절하는 세포가 있다고 밝혀졌다. 그렇다면 내 뇌 속의 해마가 실마리를 쥐고 있는 걸까?

내 문제의 원인을 꼭 밝히고 싶었다. 그래서 상담사와 함께 어린 시절을 돌아보기로 했다. 상담사는 내가 적극적으로 상담을 받으면 답을 찾을 수 있으리라 믿는 눈치였다. 나도 그러길 바랐지만 결과적으로는 실패했다. 그래도 한 가지 소득이 있었다. 내 정신 문제가 신체적 질병과 연관되어 있을 수도 있다는 생각에 나름의 조사를 시작한 것이다. 처음에는 분명히 뇌의 화학물질에 대해 알아봤는데 어느 순간부터는 인터넷에서 온갖 얼토당토않은 이유를 줄줄이 캐내고 있었다. 모두 나처럼 절박한 사람들이 뭐라도 원인을 찾아야 손을 쓸 수 있겠다는 심정으로 쥐어짜낸 이유였다. 뭐, 유제품을 끊으라고? 그래서 나을 거면 벌써 나았겠다!

불안증이 현대인만의 병 같아도 사실은 이름만 바꿔달았을 뿐 인간과 함께해왔다. 옛날에는 죄악, 구원, 심판이라는 종교적 맥락에서 불안증을 이해했다. 히포크라테스는 피리공포증에 대해 언급했다. 하이데거 같은 실존주의자들은 불안증의 원인이 자신의 유한성을 자각하는 것이라고 했다. 어머, 불안증에 그렇게 깊은 뜻이?

수백, 수천 년 전 사람들도 비슷한 고통을 겪었다고 하면 위로가 될까? 사람에 따라 다를 것이다. 나는 위대한 사상가들도 침투적 사고와 공황으로 고생했다는 말에 위로를 받았다. 하지만 뒤집어보면 그 말은 여태껏 불안증 해소에 별로 진전이 없었다는 뜻도 된다. 퍽 반가운 소리는 아니다. 특히 지금처럼 수많은 사람이 불안증에 시달리는 시대에는 말이다.

태어나서 죽을 때까지 인내와 미소로 모든 문제를 해결하며 평생 행복만 누리다 가는 사람은 없다. 과거에는 그런 시절이 있었다며 미화하는 사람도 있지만 순거짓말이다. 원래 인생에는 좋은 것이 있으면 슬프고 걱정스러운 것도 있기 마련이다.

그런데 요즘 불안증이 증가하고 있다. 적어도 언론 보도를 보면 그렇다. '불안증 대확산'을 경고하는 헤드라인을 보면 정신 질환이 사람을 좀비로 만드는 전염병도 아닌데 뭐 그리 호들갑을 떠나 싶다. 하지만 내가 그런 보도 행태를 달갑지 않게 보는 것과는 별개로 통계를 보면 전 세계에서 정신 질환은 조금씩 증가 추세다. 2016년 세계보건기구 자료에 따르면 흔한 정신 장애를 앓는 환자가 세계적으로 증가했다. 1990년부터 2013년까지 불안증과 우울

증 환자가 총 4억 1,600만 명에서 6억 1,500만 명으로 약 50퍼센트 증가했다.[5]

그러니까 현대에 들어서 불안이 더 광범위하게 퍼진 것처럼 느껴질 만하다. 그렇게 수치가 증가한 이유는 물론 실제로 환자가 증가했기 때문이지만, 그밖에도 불안증과 우울증이 더 정확하게 정의되고, 진단 속도가 빨라지고, 공식적인 집계가 활성화된 것도 영향을 미쳤을 것이다. 세 가지 모두 긍정적인 변화다.

하지만 정신 질환에 대한 자료가 더 정확해졌다고 한들 당사자에게 무슨 소용이 있을까? 또 자신이 태어날 때부터 생물학적 요인이 불리하게 작용했다거나 어떤 트라우마가 병을 불렀다는 것을 안다고 한들 실질적으로 무슨 도움이 될까? 정신 질환을 앓는 사람은 그처럼 불공평한 현실에 직면한다. 불안증 제비뽑기에서 하필이면 자기가 걸려버린 현실을 받아들여야 한다. 정신 질환이 옛날부터 존재했다는 사실 그 자체는 그들에게 아무 의미가 없을 수 있다.

하지만 내가 혼자가 아니라는 것을 알면 분명히 의미가 있다. 내가 왜 남들보다 큰 근심의 저장 공간을 갖고 있는지는 영영 알 수 없을지 모른다. 하지만 내가 그런 상태임을 떳떳이 밝히기 시작하자 공감하고 이해해주고 선의를 베푸는 사람들을 만나게 됐다. 무섭고 슬픈 생각을 멀찌감치 떨어뜨려 놓으려면 혼자만 끙끙대지 말아야 한다. 그래서 어떤 사람은 가족과 친구에게 자신의 상태를 솔직히 말한다. 또 어떤 사람은 오프라인이나 온라인에서 모임을 찾는다. 나는 방에 틀어박혀서 '왜 하필 나야?'라고 한탄할 때가 많았지만 그러면 안 된다. 밖에 나가서 다른 사람들에게 말해야 한다. 정신 건강을 지키는 힘은 '나'보다 '우리'가 훨씬 강하니까.

제발 입원시켜 주세요
✖✖✖

내 20대 시절의 이야기를 구구절절 늘어놓으며 소중한 독자를 굶아떨어지게 하고 싶진 않다. 30대는 앞선 시절의 보상이란 말이 있다. 20대는 대부분의 사람에게 힘든 시기다. 응? 당신은 아니었다고? 아니, 학교와 직장에서 승승장구하면서 두 다리 쭉 뻗고 잘 잤다고? 쳇, 밉상이다, 진짜! 내 20대는 험난했다. 오프라 윈프리도 "20대의 나는 길 잃은 영혼이었다. 20대는 자신의 영혼을 찾는 시기다"라고 말했다.[6]

내 영혼은 길을 잃었는지 몰라도 내 불안증은 어디 가지 않았다. 오히려 더 심해졌다. 그래서 항우울제를 복용하고 상담을 받았는데 상담사마다 치료법이 달랐다. 어떤 상담사는 문제의 근원을 밝혀야 한다면서 끊임없이 어린 시절에 대해 말하게 했다. 어떤 상담사는 내가 말하는 동안 낙서를 많이 했는데 그게 우습기도 하면서 내 말이 너무 지루한 건 아닌지 걱정됐다(아마 지루했겠지).

그리고 지금 생각해도 진저리가 나는 일도 있었다. 소름 끼칠 만큼 잘생긴 남자 상담사에게 갔을 때였다. 로퍼를 신고 새끼손가락에 반지를 낀 그는 나를 큼지막한 가죽 소파에 눕히고는 다섯 살 때의 나에게 말을 걸어보라고 했다. "벨라, 그 아이를 달래줘요. 손을 꼭 잡고 겁먹지 말라고 말해줘요." 뭔가 요상하고 무서웠다. 거짓말이 아니라 정말로 내 몸에서 공황의 징조가 나타나기 시작했다. 그날 나는 돈이 넘쳐나는 사람인가 싶을 만큼 많은 상담료를 지불하고 얼른 그곳을 빠져나온 후 다시는 찾아가지 않았다. 다섯 살 때의 나는 도대체 왜 부른 거람!

나는 저널리스트로 일하면서 내가 부족하고 한심하다고 느낄 때가 많았다. 당당히 승진을 요구하지도, 자기주장을 펼치지도 않았다. 흠, 그게 순전히 불안증 때문이라고 할 수는 없을 것 같다. 최근에 저명한 대학교들의 공동 연구에서 48개국의 98만 5,000명에게 "나는 자존감이 강한 사람이다"라는 문장에 얼마나 동의하는지 점수를 매기게 했다. 그 결과, 전반적으로 남성이 여성보다 자존감이 높은 것으로 나타났다. 그외에도 나는 몇 년간 집을 떠나지 못했다. 기껏 집을 구한 곳도 부모님 집의 길 건너편이었다. 친구들은 웃기다고 했지만 나는 웃기지 않았다. 나는 날개를 활짝 펴고 독립적인 삶을 살지 못했다. 뇌가 그렇게 내버려두지 않았다. '만약에, 만약에, 만약에?'가 머릿속에서 진동했다. 집에서 멀리 가지 마. 괜히 위험한 짓 하지 마. 위험한 짓? 모든 짓이 위험한 짓이었다.

그때 내 인생은 반쪽짜리였다. 그나마 일이라도 할 수 있어서 억세게 운이 좋았다. 2017년 10월, 영국 총리실에서 발표한 용역 연구 결과에 따르면 장기간 정신 질환을 앓는 사람 중에서 매년 30만 명이 일자리를 잃는다. 내 상사는 내게 갑작스럽게 불안증 증세가 나타나도 이해하며 다독여줬다. 가끔 나도 자신을 이해 못 할 때가 있었는데 말이다. 나는 좁은 반경 내에서 사회생활을 했다. 멀리 나가진 않았다. 지하철을 못 타니까 멀리 나갈 수도 없었다. 내가 만든 경계선 안에서 왔다 갔다 했다. 그 정도면 충분하다는 말로 나를 속였다. 어떤 말을 많이 하면 정말로 그 말을 믿게 될 수도 있다.

불안은 오르락내리락했다. 간혹 자신감이 가득해서 이제야 청춘의 광풍이 물러났다고 생각하기도 했다. 하지만 그런 생각은 또다시 인생이 바닥을 치자 산산이 부서졌다. 진작 망했지만 스물여섯 살까지 질질 끌던 연애가 마침내 끝장났을 때 6년 전에 겪었던 증상과 공포가 고스란히 되살아났다.

또다시 깨어 있는 시간 내내 공황과 침투적 사고에 시달리고 히스테리 비슷한 것에도 시달렸다. 모두 이전보다 훨씬 격렬하게 나타났다. 나는 예전의 그 친절한 의사를 찾아가서 입원시켜달라고 떼를 썼다. 그는 여전히 친절하고 참을성 있었다. "벨라, 내가 인생

선배로서 말하는데 원래 실연의 고통이 제일 큰 법이에요." 그 말에 울음이 터졌다.

약을 더 많이 먹고 두문불출하며 멍하니 벽만 보고 살았다. 어머니가 기운 좀 차리라고 억지로 상가에 데리고 갔는데 신발을 보면서 울었던 기억이 난다(나중에 회고록을 쓴다면 제목은 "신발이 서러워 울었다"라고 해야겠다). 아버지가 나를 어린애처럼 달래서 재운 것도 기억난다. 솔직히 나는 어린애나 다름없었다. 나이를 거꾸로 먹은 것처럼 암울한 유년이 되어있었다.

제발 다시 몰려오지 말았으면 했던 광풍이 무서운 포효와 함께 돌아왔고, 결코 두려움에서 해방될 수 없으리란 생각이 다시 고개를 들었다. 그렇게 많은 지원과 친절과 사랑을 받았음에도 내심 이번에는 절대 회복되지 못할 거라고 생각했다. 온전히 회복되진 못할 거라고 생각했다. 그렇잖아도 또다시 어마어마한 공황이 덮쳐올 거라며 불안해했는데 그게 현실이 된 것 같았다. 나는 위험을 외면하고 몸을 사리며 아무 문제가 없길 바랐다. 하지만 언제까지고 위험을 피할 수만은 없는 법이다. 나는 마침내 위험을 감수해야 했고, 결국 무너지고 말았다. 나는 입원이든 뭐든 제발 이 힘겨운 삶을 끝내게 해달라고 애원했다. 갑옷도 없이 맨몸으로 투기장에 떨어진 기분이었고 결투를 벌이고 싶지도 않았다.

자꾸만 문제를 피하려고만 하는 내 바보 같은 태도에 슬슬 짜증이 날지 모르겠다. 그때를 생각하면 나도 화가 난다. 괜히 문제를 키웠다. 정신 질환을 진단받은 사람이 하면 안 되는 짓은 다 했다. 병을 숨기고 병과 말다툼을 벌이면서 병에게 삶을 장악당했다. 하지만 그런 사람이 한둘이 아니다. 놀랄 일도 아니다.

언론에서 정신 질환을 어떻게 다루는지, 사람들이 '사이코', '미친 인간' 운운하며 어떻게 막말을 하는지를 생각해보면 그럴 만도 하다. 면전에서 우울증이나 불안증이 나약해서 생기는 것이라며 마음만 굳게 먹으면 이겨낼 수 있다고 말하는 사람도 있다. 요즘은 그런 인식이 개선되고 있다곤 해도 완전히 사라지진 않았다. 그러니까 어떤 사람이 자신의 문제를 솔직하게 말하지 못한다고 해도 그를 탓하고 싶지는 않다.

하지만 떳떳하게 말하는 것이야말로 편견을 뿌리 뽑는 길이다. 그리고 정신 문제에 대한 논의가 활발해지면 더 많은 사람이 적절한 지원을 받게 될 것이고 자신이 만들어낸 바보 같은 대처법에도 의존하지 않게 될 것이다. 나는 이 책을 쓰면서 일찌감치 도움을 요청했다는 10~20대들을 많이 만날 수 있어 기뻤다. 젊은 세대가 문제를 숨기고 방치하지 않는다니 반가운 소식이다. 지체 없이 도움을 요청하는 이들이 존경스럽기까지 하다. 그러나 아직 갈 길이 멀다. 개인이 용감히 도움을 요청해도 즉시 도움을 받을 수 있는 환경이 마련되어 있지 않다면 소용없다.

4K_그래, 갈 데까지 가보자

나사 빠진 로맨스

❈❈❈

불안증을 외면하고 숨기면서 저절로 사라지기를 바라던 때 한 남자를 만났다. 처음에 그는 내게 관심이 별로 없는 것 같았고, 그래서 더욱 그에게 관심이 갔다. 은근히 주위를 얼쩡거리면서 그가 만나자면 만나고 그가 심드렁해하면 물러났다. 그에게 감히 진지하게 만나자는 말을 꺼낼 수는 없었다. 나같이 쓸모없는 인간을 누가 눈곱만큼이라도 좋아해 준다면 고마울 따름이라고 생각하던 시절이었다.

지금 이 대목을 쓰면서도 손이 오그라들 만큼 한심하게 느껴진다. 나보다 몇 살 많은 그 어른스러운 남자가 왠지 내 힘으로는 채우지 못했던 삶의 빈틈을 채워줄 것만 같았다. 그때까지는 그 무엇도 현실에 성큼 발을 들일 만한 의욕을 불러일으키지 못했다. 하지만 연인이 생긴다면 어쩌면 나도 현실을 살아갈 수 있을 것 같았다. 솔직히 가당찮은 바람이라고 생각하기도 했다. 나사 빠진 인간이 사랑을 해봤자 나사 빠진 사랑밖에 더 하겠나 싶었다. 그럼에도 나는 꿋꿋이 그의 주변을 맴돌았다.

예전에 봤던 허접한 로맨틱 코미디에서 어떤 여자가 친구에게 변화를 시도해보라고 충고하는 장면이 나온다. 그때 꽂힌 대사가 있는데 굳이 영화를 다시 보고 싶진 않아서 대충 기억나는 대로만 적어보겠다. "살다 보면 인생의 갈림길에 설 때가 있어. 그러면 선택을 해야지. 기합을 넣고 위험을 무릅쓰거나, 그냥 껍데기만 남은 인간이 되거나 둘 중 하나야. 껍데기만 남은 사람을 보면 이런 생각이 들 거야. 어쩌다 저 지경이 됐을까?"

그 대사에 꽂힌 이유는 내가 그런 인간이란 걸 알았기 때문이다. 겉으로는 멀쩡한 척하며 어엿한 어른 행세를 하고 가끔 농담도 날리지만 그게 다였다. 속은 텅텅 비어 있었다. 껍데기뿐이었다. 껍데기만 번드르르해봤자 무슨 소용이 있을까. 그때 어울렸던 친구들이 이 글을 읽는다면 깜짝 놀라거나 거짓말이라고 생각할지 모르겠다. "그렇게 이상한 애는 아니었어. 안 우울했는데?"라고 말하는 친구도 있을 것이다.

그런데 오랫동안 불안증을 안고 살다 보면 그런 요령이 생긴다. 불안증을 적당히 얼버무리고 숨기면서 무서워 보이는 활동은 구차한 핑계를 대며 피하는 것이다. 경험자는 알겠지만 공황 발작이 생기면 세상 모든 사람이 나만 보는 듯한 기분이 든다. 자신이 마치 불이 난 채 경적을 울리며 조용한 도서관으로 돌진하는 트럭이 된 것 같다. 하지만 실제로는 물 위에 유유히 떠 있는 오리와 같다. 격렬한 발길질은 오로지 물밑에서만 일어날 뿐이다.

속 빈 강정이 아닌 척하는 것쯤이야 요령만 붙으면 일도 아니다. 나는 그 로맨스를 이어갔다. 그는 똑똑하고 속이 꽉 차고 다정

4K_그래, 갈 데까지 가보자

한 사람인 데다 내가 갖고 있는 문제를 하나도 갖고 있지 않았다(이 역시 말도 안 되는 생각이었다. 사람은 저마다 요상한 문제가 있기 마련이고 그 역시 예외는 아니었다). 마침내 그도 내게 점점 관심을 보였다. 석 달쯤 연애다운 연애를 하다가 그가 청혼했다. 그 순간 나는 공포의 소용돌이에 휩쓸렸다.

분명히 내가 원하던 일이었다. 나는 내게 부족한 힘과 성품을 채워줄 정상적인 관계를 간절히 원했다. 내가 모자람 없는 인간이 될 수 없다면 누군가가 내게 붙어서 내 평균을 높여주기를 바랐다. 하지만 그가 그렇게 갑작스럽고 과감하게 청혼할 줄은 몰랐다. 그래서 좋게 말하자면 할 말을 잃었다. 나는 청혼을 수락하고는 버스를 타고 집으로 돌아왔다. 집에 들어서자마자 와락 눈물을 쏟으면서 엄마에게 위로를 구했다(엄마는 남들도 프러포즈를 받으면 다 그런다고 했다. 고마워요, 엄마). 하긴 기분이 안 이상한 게 이상한 일이지. 모든 게 이상하게 느껴지던 때였으니까.

불안증에 따라오는 심각한 문제는 무엇이 황당한 걱정이고 무엇이 타당한 걱정인지 헷갈린다는 것이다. 자기에게 심각한 불안증이 있다는 것을 알게 되면 안 좋은 느낌이 들 때마다 죄다 불안증 때문이라고 핑계를 대게 된다. 뇌졸중이 온 것 같으면 '아, 또 공황 발작이야'라고 생각한다. 기절할 것 같을 때, 배고플 때, 추울 때, 졸릴 때, 속이 쓰릴 때, 울고 싶을 때 나는 '오컴의 면도날 Ocam's razor'

을 따른다.

오컴의 면도날은 제일 단순한 설명이 제일 좋은 설명이라는 논리다. 희한하게도 뭔가 잘못되었다는 본능적 감각을 믿지 않게 된다. 정말로 심각한 증상이 생겼는데도 불안증이 그걸 가리고 있는 건지, 아니면 불안증이 그런 증상을 날조한 건지 전혀 감도 안 온다. 불안증은 교활해서 우리가 어떤 병에 걸리진 않았는지 걱정하면 그것과 똑같은 증상을 일으키고 무슨 문제든 뚝딱 만들어낸다. 지금 나는 허리가 아프다. 내 마음은 갖가지 얼토당토않은 가설을 신나게 만들어내고 있다. 이건 그냥 요통일 뿐이다. 세상 사람들이 다 느끼는 거라고. 그런데도 내 뇌는 이런저런 평범치 않은 질병의 가능성을 들먹인다. 짐작하다시피 나는 '종합병원'이다. 병원에만 가면 "여기까지 온 김에…"라며 이런저런 증상을 주섬주섬 꺼낸다.

인터넷에 보면 전문가에게 불안증 진단을 받았음에도 여전히 자기한테 나타나는 증상이 암, 당뇨병, 정신증 등 다른 병의 징후는 아닐까 걱정하는 사람들이 수두룩하다(인터넷에서 건강 문제에 대해 검색해봤자 괜히 희귀병에 걸린 듯한 기분만 든다. 애초에 검색을 하지 않는 편이 좋다). 그게 다 불안증 때문인 걸 알면서도 걱정이 가시질 않는다. 느낌과 본능을 깡그리 무시해서도 안 되지만 거기에 질질 끌려다녀서도 안 된다. 그 사이에서 균형을 잡아야 하지만 나도 아직 그 기술은 터득하지 못했다.

4K _ 그래, 갈 데까지 가보자

어쨌든 나는 결혼에 대해 지독한 불안감을 느꼈다. 그리고 그게 평소에 느끼던 막연한 불안감과 같은 것인지, 아니면 이번에는 웬일로 뇌가 내 편에 서서 그 결혼이 좋은 선택이 아니라고 경고하는 것인지 분간이 안 됐다. 답을 찾으려고 한참 고민했지만 답이 나올 리가? 나는 내 불안증이 어떻게 작용하는지 이해하려고 노력한 적이 없었다. 내 마음을 믿지도 않았다. 어떨 때는 모든 것이 괜찮기에 내 걱정은 쓸데없는 짓이라고 완강히 버티다가도 또 어떨 때는 우리 관계가 정상이 아니라고 생각했다. 그런 속사정을 입 밖에 내지는 않았다. 이미 일은 벌어졌고 모두가 내 남자친구를 좋아했다. 나는 이른바 '결혼 적령기'였고 그 관계가 약속하는 안정적인 삶을 날려버릴 이유도 없었다. 그리고 결혼을 하든 말든 어차피 잘못되면 내 탓이라고 생각했다.

그래서 결혼을 택했다. 결혼식이 하루하루 다가오자 내가 결혼한다는 사실이 실감났다. 난 열심히 결혼식을 준비했다. 도중에 적색경보가 몇 번 울리긴 했지만 자존감이 바닥이던 나는 대충 넘어가 버렸다. 지금이라면 절대 그러지 않을 텐데. 참고로 결혼식은 장난 아니었다. 만약에 괜찮은 상대가 있는 데다 근사한 옷을 입고 멋도 좀 내고 싶은 사람이라면 결혼식을 올려보길 강력히 추천한다. 우리는 내 반려견들까지 데려와서 흥청망청 먹고 마시며 회포를 풀었다. 티라미수만 한 트럭 분량은 나간 것 같다.

나는 결혼 생활을 잘하는 방법은 쥐뿔도 몰랐지만 결혼식만큼 은 정말 재미있었다! 가족과 친구를 포함한 모든 사람, 모든 노래 가 나를 아름답다고 칭송한다. 그러니까 결혼을 할 거라면 되도록 결혼식도 하길 바란다. 되도록 나도 초대해주시길. 아직도 결혼식 은 좋으니까. 비록 내 결혼식에는 망조가 제대로 들었지만 말이다. 아, 가능하면 결혼식은 오후 늦게 치르길 권한다. 아침 11시부터 술 판을 벌이고 싶은 사람은 없으니까. 그때부터 밤 11시까지 달리는 건 무리다.

결혼식 날은 하나도 불안하지 않았다. 평소의 따분한 일요일에 는 불안했지만, 내가 결혼에 대한 이런저런 생각을 저울질한 끝에 마침내 식을 올린 일요일에는 불안하지 않았다. 내 뇌는 정말 알다 가도 모를 녀석이다. 신혼여행을 가는 길에 왠지 결혼식이 치유제 가 되어 이제부터는 다 괜찮을 것 같았다. 꿈도 야무지지! 첫날밤 잠을 못 이뤘다. 몽롱하고 야릇한 기분이 들었다. 사람들이 이상하 게 보이고, 바닥이 울렁거리고, 사방이 물 빠진 색이었다. 그런 증 상은 나아지지 않았다. 결혼식을 앞두었을 때는 혹시 음식, 화장 품, 염색약 때문에 과민성 쇼크가 오면 어쩌나 하는 두려움에 간이 콩알만 해졌다. 그런 두려움이 다른 미친 생각들처럼 나를 집어삼 켰다. 뭔가에 대한 두려움이 생기면 터무니없는 생각들이 그 틈을 비집고 불시에 들이닥친다. 내가 마음 편히 있는 꼴을 못 보는 것이다. 그래서 순전히 내가 숨을 쉴 수 있는지 확인하기 위해 한참이나 꼴사납게 심호흡을 했다. 그러잖아도 예전에 벌에 쏘여서 엄청난 공황 발작을 겪고 내리 세 시간을 죽은 듯이 잔 경험이 있었다. 그런데 그렇게 한심하고 쓸데없는 두려움이 신혼여행지까지 따라왔다. 역시 평소처럼 아무한테도 말하지 않았다. 엎친 데 덮친 격으로 언제 기절할지 모른다는 두려움까지 생기면서 해리까지 기어 들어왔다. 남편이 낯설게 느껴졌고 나는 로봇이 된 것 같았다. 뭔 놈의 사랑 이야기가 이렇게 시작한담.

신혼여행 마지막 날이었던가. 붐비는 상점가에서 남편에게 나를 혼자 두고 커피를 가지러 가지 말라고 부탁했다. 신혼의 행복에 빠져서 단 한순간도 떨어지기 싫어서가 아니라 사람 많은 곳에 혼자 있는 게 무서워서였다. 나이 스물아홉에 방금 결혼해서 남편까지 있는 여자가 단 1분도 혼자 있을 수가 없었던 것이다. 평생 불안증에 시달리면서도 그 사실을 외면했던 삶의 결과였다. 내가 너무 한심한 인간 같았고 아마 남편도 그렇게 생각했을 것이다.

어떤 사람은 타인이 자신에게 기대는 것을 좋아한다. 약자를 돌보면서 자신이 더 강해진 느낌을 받기 때문이다. 하지만 불안한 사람에게 그런 호의는 필요 없다. 아니, 누구에게도 필요하지 않다. 자신이 다른 사람의 보살핌을 받아야 하는 존재라고 생각하면 뇌는 더 큰 두려움을 느낀다. 그래서 마음속에서 이런 속삭임이 들려온다. "봐, 네가 사랑하는 사람들조차도 네 인생이 위험한 상태라고 생각하잖아. 그러니까 괜히 싸돌아다니지 말고 그냥 집에 콕 처박혀 있어."

불안한 사람에 대한 반응은 저마다 다르다. 내게 기운을 내라고 격려하는 사람이 있는가 하면, 나를 깨지기 쉬운 유리그릇처럼 바라보는 사람도 있다. 또 어떤 사람은 자기도 걱정을 달고 산다고 말한다. 그러면 나는 어떻게든 공감을 표하려는 그 가상한 노력에 웃으며 고개를 끄덕인다(저기 혹시, 자기가 보도블록을 잘못 밟는 바람에 귀신이 동생을 죽였을지도 모른다면서 울어본 적이 있으세요? 물론 내 동생은 멀쩡했고 그저 내 마음이 발광했을 뿐이었지만. 아, 비행기 탈 생각만 해도 심장이 벌렁댄다고요? 그건 같이 얘기해보죠!).

참, 내가 공황 발작이 왔다고 말했을 때 아래가 벌떡 서는 인간도 있었다. 세상에. 남이 두려움에 벌벌 떠는 것을 보고 흥분하는 인간이라니. 그 자식은 무슨 선심이라도 쓰는 것처럼 내 손을 거기에 가져다 대려고 했다. 세상에 그보다 더 추잡한 반응이 있을까?

이야기가 옆길로 샜지만 어쨌든 그런 인간은 피해야 한다. 그리고 사람들이 잘못된 사랑 때문에, 또는 자신이 괜찮은 사람이라는 느낌을 받기 위해 누군가의 불안을 부추기는 것도 그냥 두면 안 된다. 그런데 많은 사람이 그런 짓거리를 한다. 그럴 기미가 보이면 얼른 빠져나오라.

4K_그래, 갈 데까지 가보자

"애초에 결혼하는 게 아니었어"

✕✕✕

자, 그럼 다시 내 결혼 이야기로 돌아가 보자. 나는 남편을 사랑했다. 다 잘될 거라 생각했다. 무슨 일이 닥치든 둘이 똘똘 뭉쳐서 버티고 극복하면 된다고. 하지만 나는 껍데기뿐인 인간이었고 이제는 그게 잘 감춰지지도 않았다. 동네 마트도 못 가는 인간이 장기적인 것을 도모한다니 잘될 리가 없었다. 그런데 왜 자꾸 동네 마트 얘기를 하냐고? 내 생활 반경이 얼마나 좁았는지를 확실히 보여주기 위해서지, 마트에서 뭘 받거나 한 건 아니다!

크리스마스 때까지는 그럭저럭 버텼지만 이후 관계에 균열이 생기기 시작했다. 어쩌면 균열은 진작 생겼고 그즈음에 더 큰 압박이 가해졌던 건지도 모르겠다. 남편이 끔찍한 교통사고를 당하면서 우리 둘 다 충격을 받았다. 남편은 트라우마까지 생겼다. 몸은 다치지 않았지만 말수가 줄어들고 표정이 어두워지고 싹싹한 성격이 사라졌다.

괜찮지 않다는 증거가 많은데도 남편은 괜찮다고 했다. 나는 그냥 넘어갔다. 잠깐 우울해진 것뿐이고 곧 괜찮아질 거라고 생각했다. 크나큰 착각이었다. 주말에 여행을 갔다가 값비싼 식기를 쓰는 고급 레스토랑에서 그만 설움이 복받쳤다. 제발 날 좀 다정하게 대해달라고 눈물로 호소했다. 그때부터 수시로 그런 말을 했다. 나는 우리 관계에서 나만 깨진 그릇이라고 자기중심적으로 생각했다. 보살핌을 받아야 하는 사람은 나 혼자뿐이라고 철없는 생각도 했다. 사실은 남편도 도움이 필요했는데. 다만 우울증이나 불안증이 있는 사람들이 많이 그러듯이 그도 도움을 요청하지 않고 솔직하게 마음을 털어놓지도 않았던 것뿐인데. 세상에 '속이 꽉 찬' 사람, 무엇 하나 부족하지 않은 사람은 없다. 나는 바보같이 나보다 인생의 고삐를 강하게 쥐고 있는 것처럼 보이는 사람을 찾으려 했다. 그렇게 찾은 사람도 나름의 약점과 걱정을 갖고 있었다. 나는 그 사람에게 아무 도움이 안 됐다.

그래서 이제는 둘 다 불행했다. 그전까지 그 사람은 내가 얼마나 겁이 많은지 몰랐고, 나는 그 사람도 자기 안의 어둠 속으로 굴러떨어질 수 있다는 것을 몰랐다. 그 사람은 말을 하지 않았으니까. 어쩌면 말하지 못한 것인지도 모르겠다. 그리고 나는 침실에 떡하니 놓여있는 지뢰를 터뜨리고 싶지 않았다. 그래서 우리는 원래 결혼이 그런 것이려니 했다. 나의 불안과 그의 분노가 점점 커지면서 급기야는 서로 등을 돌리고 잤다.

그 무렵 나는 심각한 광장공포증에 시달렸다. 수시로 침투적 사고와 씨름했고 다시 공황 발작이 찾아왔다. 대중교통을 이용할 수 없고, 멀리 나가지 못하고, 새로운 것을 시도할 엄두가 안 났다. 뇌가 예전과 같은 악순환에 빠지면서 온갖 고통이 다시 밀려오는 탓에 직장에 2주간 휴가를 냈다. 내가 다시 그 지경이 될 줄은 미처 몰랐기 때문에 화가 머리끝까지 났다. 처음에는 그 원인이 무엇인지 몰랐지만 얼마 후에는 똑똑히 알게 됐다. 결혼이 파탄 나고 있었던 것이다.

영국의 프로 축구팀 아스널 FC에서 뛰었던 토니 애덤스의 인터뷰 기사를 얼마 전에 읽었다. 그는 아내와 금슬이 좋은 비결은 서로를 필요로 하지 않기 때문이라고 했다. 그들은 서로 사랑하지만 혼자 있어도 아무 문제가 없는 사람들이다. 함께 사는 것은 어디까지나 선택에 의한 것이지, 상대방의 도움, 돈, 위로가 필요해서가 아니다. 애덤스는 굳이 누가 돌봐줄 필요가 없는 사람이고 이제는 나도 그게 어떤 건지 안다. 예전의 나는 누군가를 사랑하는 것과 필요로 하는 것을 구별하지 못했다. 위로를 구했지만 돌아오는 것은 점점 더 차가워지는 무관심이었다. 내가 자초한 결과라고 해도 할 말은 없었다.

남편이 나를 떠난 날은 내가 남편의 강권에 못 이겨 새 상담사를 만난 날이기도 했다. 나는 생일을 맞은 남편을 위해 컵케이크와 풍선을 들고 희망에 부푼 마음으로 집에 돌아왔다. 남편에게 이제 내 상태가 호전될 것 같다고, 상담사가 앞으로 노력하면 불안을 떨쳐버리고 더 좋은 아내, 더 어른스러운 사람이 될 수 있다고 장담했다고 말해줄 생각이었다.

달리기의 기쁨

하지만 그는 식탁에 앉아서 컵케이크에는 손도 안 대고 이제 그만 나를 떠나겠다고 말했다. 그때 내 심정이 어땠는지, 내가 얼마나 애원하고 울었는지는 이미 얘기했다. 그래도 소용없었다. 그는 진작부터 나를 떠날 생각을 하고 있었고 벌써 몇 주 전에 따로 집까지 구해놓았다. 이미 결정을 했으니 나도 따르는 수밖에 없었다. "우린 애초에 결혼하는 게 아니었어." 그가 마지막으로 남긴 말이다. 그때 나는 무슨 삼류 영화를 찍는 것도 아니고 숨이 막혀서 캑캑댔다. 강아지도 울부짖었다. 그렇게 남편은 떠났다.

엄청난 모멸감이 밀려왔다. 우리 둘 다 실패했지만 내가 더 큰 실패자처럼 느껴졌다. 나는 매일 사랑하고 사랑받는 사람이 되고 싶었다. 남들은 다 그런 것 같았다. 하지만 내 바람은 수포로 돌아갔다. 거기에는 인간 심리의 복잡성과 인간관계의 난해함 등 여러 이유가 있음에도 나는 내 불안증을 탓했다. 내가 불안증에 더럽혀진 느낌이었다.

밥맛 떨어지는 이별의 경험은 누구나 하는 것이고, 이별에 불안이 동반되는 것도 나만의 특별한 경험은 아니다. 이별하고 2주간 뭘 했는지 기억은 잘 안 나지만 남들과 똑같이 고통을 삼켰던 것 같다. 기운을 불끈 솟아나게 하는 명언이나 다 잘될 거라고 안심시켜주는 노래 따위는 없었다. 그냥 바닥에 많이 누워 있었다. 바닥이 마구 울렁거리지 않는다는 것을 확인하려고 그랬는지도 모르겠다.

갈 데까지 간 사람의 달리기

✖✖✖

장난하는 것도 아니고 그렇게 되고 나자 예전만큼 불안하지 않았다. 분노와 슬픔 등 다른 재수 없는 감정을 잔뜩 느꼈지만 딱히 불안하진 않았다. 그렇게 인생이 박살나고 나니까 비뚤어진 안도감과 용기 같은 게 생겼다. 어차피 더는 잃을 것도 신경 쓸 것도 없었다. 결혼은 내 인생을 일으키기는커녕 더 망쳐놓았다. 갑자기 마음이 들썩였다. 뭔가 '특별한' 것을 하고 싶었다. 그렇다고 무슨 베어 그릴스(영국 특수 부대 출신의 서바이벌 전문가이자 탐험가—옮긴이)나 아멜리아 에어하트(20세기 초 대서양 횡단과 북아메리카 횡단에 성공한 여성 파일럿—옮긴이)처럼 어마어마한 모험을 벌일 생각은 없었다. 그저 달리기를 택했을 뿐이다.

나를 골목으로 나가 처음으로 달리게 만든 원동력은 분노였다. 내 머리를 박차고 나오고 싶었지만 그 방법을 몰랐다. 악을 쓰면서 주먹질할 게 아니라면 전속력으로 달리는 게 효과가 있을 것 같았다. 막상 달려보니 전속력이라고 말하기도 민망한 수준이었지만 어쨌든 뭔가 '특별한' 느낌이 들었다. 헉헉대며 3분을 달린 뒤에 성취감 비슷한 것을 느끼며 비틀비틀 집으로 돌아왔다. 달리는 동안 몸은 힘들었지만 잠시나마 생각을 멈출 수 있었다. 남편이 떠나기 훨씬 전부터 시작된 불행의 악순환에서 빠져나올 수 있었다. 그렇게 나는 새로운 활동을 시작했다. 남들은 모르고 나만 아는.

갈 데까지 갔다고 느낄 때는 뭔가 새로운 것 하나만으로 상황이 달라지기도 한다. 도저히 안 되겠다 싶을 때면 작은 변화에서 희망의 빛줄기가 비치기도 한다. 사람들에게 힘들 때 무엇을 하는지 물어봤더니 다양한 답이 나왔다. 웃긴 것도 있고, 당연한 것도 있고, 진짜 별난 것도 있었다. 드라마를 몰아본다는 사람이 많았다. 예를 들면 〈웨스트 윙The West Wing〉을 몇 번이나 돌려봤다는 것이다(나도 추천하는 작품이다). 책, 잡지, 신문을 읽는다는 답도 많았다. 초보 악기반이나 재봉 동아리 같은 단체 활동도 괜찮다고 한다. 전 직장 동료는 다른 사람들을 돌보느라 자기 문제를 고민할 시간이 남아나지 않을 정도로 자원봉사를 많이 했다. 요리도 인기였다. 어떤 사람은 날마다 기분이 풀릴 때까지 감자 그라탱을 먹었고, 또 다른 사람은 오만가지 방법으로 닭고기 요리를 해 먹었다. 좌절을 겪은 후에 레고를 조립하는 멋진 습관이 생겼다고 SNS에서 사진을 보내준 사람도 있었다. 도자기 공예도 나왔다. 그런 창조적 활동이라니!

그 외에 히말라야 여행, 묵언 명상, 울트라 마라톤 도전처럼 더 힘든 일도 언급됐다. 나는 그런 도전에 찬사를 보내지만 나라면 못 했을 것 같다. 그리고 많은 사람이 운동을 언급했다. 예를 들면 발길 닿는 대로 오래 걷기. 내 친구는 "그냥 걷는 거야! 정처 없이 몇 시간씩 걸으면서 음악도 듣고, 사람 구경도 하고. 날씨가 좋으면 벤치에 앉아 눈을 감고 광합성도 좀 하고 말이야"라고 말했다. 정신을 집중시키고 몸을 이완시키는 요가. 아드레날린과 분노를 날려버리는 복싱. 그리고 달리기. 달린다는 사람이 많은 것을 보면 내 선택이 그리 특이한 것은 아니었다. 그래도 나한테는 분명히 특별했다.

 그렇다고 삶이 확 바뀌진 않았다. 나는 계속 직장에 다녔고 계속 화장실에서 울었다. 결혼이 벌써 끝장났다고 말할 때마다 상대방이 짓는 안쓰럽다는 표정이 보기 싫어서 피해 다녔다. 종종 남편에게 전화를 걸어 혹시 마음이 바뀌진 않았는지 물었다. 남편의 짐을 싸면서 악에 받친 듯이 셔츠를 쓰레기봉투에 처넣고 책들을 상자에 쏟아 넣었다. 반려견이 옆에서 불안한 눈빛으로 칭얼거렸다. 짐을 가지러 온 남편은 결혼반지를 안 끼고 있었다. 내가 눈치채기 훨씬 전부터 탈출구를 찾고 있었던 것이다. 그렇게 우리는 놀랄 만큼 둔할 때가 있다. 착한 동생이 자주 집에 들락거리더니 어느 순간 거의 들어앉다시피 하며 아침마다 나를 깨워서 샤워를 시키고 밥을 먹였다. 그렇다고 파경을 외면하거나 오랫동안 쌓인 불안을 무시할 수는 없었다. 하지만 땅거미가 내린 후에 낡은 운동화를 신고 슬그머니 첫날 달렸던 그 골목길로 나서면 하루에 단 몇 분이나마 그것들로부터 해방될 수 있었다.

 나는 계속 똑같은 출발점으로 갔다. 계속 똑같은 노래를 들으며 달렸다. 매번 숨을 헐떡이며 코끼리처럼 쿵쿵 달렸다. 하지만 달리는 시간은 점점 늘고, 중간에 멈추는 횟수는 점점 줄었다. 그 터무니없이 독기 어린 노래만 고집하는 대신 다른 곡으로도 넘어갈 수 있었다. 신체적 변화도 감지됐다. 잠을 더 잘 잤다. 잠든 동생 옆에서 멀뚱멀뚱 천장만 보는 대신 동생의 고른 호흡과 온기에서 작은 위안을 얻었다. 내가 모든 것을 잃어버리진 않았다는 안도감이었을까. 침투적 사고나 공황이 들이닥쳐도 아드레날린이 미친 듯이 분출되지 않았다. 눈물을 쏟으며 일어나지도 않았다. 누군가에게는 대단찮더라도 어쨌든 발전은 발전이었다.

당시는 생각이 썩 맑지 않았다. 하루하루가 벅찼기에 아침에 출근하는 것만으로도 진이 빠졌다. 장기적으로 걱정을 해소할 방법이나 만병통치약을 찾으려던 것은 아니었지만 저녁마다 달리면서 점차 파경이 남긴 마음의 짐이 줄어드는 게 느껴졌다. 네 번째로 달린 날은(그때는 그냥 터벅터벅 걷는 수준이어서 달렸다고 하기도 민망하지만) 골목이 끝나는 곳에서 멈추지 않았다. 남들에게는 별것 아닌 것으로 보일 수도 있다. 하지만 나는 혼자서 그 '안전지대'를 벗어나기가 무서웠다. 마치 뉴질랜드라도 가는 것처럼 큰일 같았다. 큰길에 나가 조심스레 달리자니 행인과 운전자들이 전부 나를 거북이라고 비웃을 것 같았다.

처음에는 많이들 그런 두려움을 느낀다. 마치 등에다 "나는 초보라서 어설프니까 마음껏 비웃으세요"라는 스티커라도 붙이고 달리는 기분이 든다. 한 가지만은 확실히 말해주겠다. 그런 스티커는 안 붙어 있다. 나는 태어나서 30년간 달리지 않았다. 그동안 초보든 고수든 달리는 사람을 의식한 적이 한 번도 없다. 혹시 의식했다면 순전히 소파에서 나와 거리를 달리는 그 결단력이 대단해 보였기 때문일 것이다. 그러니 괜히 걱정할 필요는 없다. 어차피 사람들은 휴대전화에 정신이 팔려서 고개도 안 드니까(이것이야말로 달리기 초심자에게 큰 문제인데 뒤에서 자세히 얘기하겠다).

다들 눈 하나 깜빡이지 않았다. 비명을 지르지도 않았다. 나도 무서워서 까무러치지 않았다. 그날 어둠 속에서 5분을 더 달린 후에 뿌듯한 마음으로 집에 돌아왔다. 내가 언제부터인지 기억도 안 날 만큼 오랫동안 의식했던 장애물을 뛰어넘은 것 같았다. 그때부터 내 안에서 어떤 변화가 느껴졌다. 거의 감지하지 못할 만큼 미묘한 변화. 지금 생각해보면 그것은 희망이었다. 기운이 솟도록 신나고 빠른 노래들로 플레이리스트를 채웠다. 달리기 커뮤니티에 들어가서 그저 재미 삼아 30킬로미터씩 달린다고 대수롭지 않게 말하는 사람들의 글을 읽고 감탄했다. 인터넷에서 러닝화도 알아보다가 종류가 너무 많아서 포기했다. 매일 저녁 너덜너덜한 운동화를 신고 밖으로 나갔다. 매번 거리를 조금씩 늘렸다. 허파가 터질 것 같고 정강이가 죽도록 아팠지만 일주일쯤 지나자 한번에 10분씩 뛸 수 있었다. 이를 악물고 달렸다. 항복하기 싫었다. 내가 왜 달리는지는 몰라도 계속 달렸다.

유니버시티칼리지 런던의 연구에 따르면 새로운 습관이 정착하는 데는 평균 66일이 걸린다고 한다.[7] 그동안 동일한 환경에서 꾸준히 행동을 반복해야 한다. 엄밀히 말해 달리기를 습관이라고 부를 수는 없겠지만, 어쨌든 나는 부지불식간에 그런 지침을 따라 새로운 활동에 적응해 갔다. 달리기를 시작해 볼까 하는 사람에게는 이 66일 법칙이 도움이 될 것이다. 달리기를 권하면 대뜸 "나는 달리는 거 싫어해요"라고 말하는 사람이 많다. 나도 예전에는 그랬다. 사실 달리기를 해본 적이 없었기에 궁색한 변명에 불과했다. 사람들은 달리기 자체를 싫어하는 게 아니다. 달릴 때 느끼는 지루함이나 불편함, 추위가 싫은 것이다. 하지만 이런 문제는 시간과 자세와 장비로 얼마든지 해결된다. 그렇게 66일만 버티면 된다.

골목 달리기가 2주 차에 접어들자 다리가 화끈거렸다. 발이 땅에 닿을 때마다 아랫다리에서 찌릿찌릿한 통증이 올라와서 달리는 내내 움찔거렸다. 원래 이런가? 혹시 내가 발전하고 있다는 증거인가? 당연히 아니었다. 얼른 검색해본 결과, 정강이통이었다. 아마도 내가 8년 동안 신발장에 고이 모셔뒀다 꺼내 신은 운동화가 달리기에 부적합했거나 달리는 속도가 너무 빨랐거나 땅을 바르게 딛지 않았기 때문에 나타난 증상 같다. 솔직히 지금도 내가 땅을 바르게 딛고 있는지는 모르겠다. 어쨌든 나는 까짓 정강이 좀 아프다고 관둘 마음은 없었다.

하는 수 없이 러닝용품 전문점에 갔다. 처음 가는 사람이라면 괜히 주눅이 드는 곳이다. 딱 달라붙는 레깅스를 입고 늘씬한 몸매를 뽐내는 마네킹 사이로 에너지드링크 광고가 붙어 있고 각종 러닝화가 800만 개쯤 진열되어 있다. 한쪽 구석에는 손님이 실제로 달리는 모습을 촬영한 다음 체형에 맞는 신발을 추천해주는 용도로 쓰이는 러닝머신이 있었다. 나는 하마터면 가게를 나올 뻔했다. 난 그런 마음을 간신히 억누르고 쭈뼛쭈뼛 러닝머신에 올라갔다가 헛웃음이 나올 만큼 비싼 형광색 러닝화를 사 들고 가게 밖으로 나왔다. 그렇게 투자했으니 이젠 빼도 박도 못하고 달릴 수밖에 없었다.

몇 년 전에 작가 찰리 브루커가 달리기 입문에 관한 글을 썼다.[8] 그도 러닝화를 사러 갔다가 주눅 든 경험이 있었다. 그런 순간에 우리는 달리기에 올인할 것인가, 아예 발을 뺄 것인가를 결정하게 된다. "결국 눈 딱 감고 그동안 신던 허접한 운동화를 대체할 무난한 러닝화를 샀다. 그렇게 둑이 무너지자 뭔가 있어 보이는 반바지도 사게 됐다. 그것도 한 벌이 아니라 여러 벌을. (…) 민망해서 거울을 볼 수가 없다."

적당한 신발까지 장만한 나는 정강이통이 누그러지자 다시 밖

달리기의 기쁨

으로 나갔다. 집으로 돌아오고 싶을 때마다 딱 10초만 더 달리자고 나 자신과 합의를 봤다. 처음 달려보는 길에서 가슴이 조마조마해질 때마다 돌아가고 싶으면 언제든 돌아갈 수 있다고 나 자신을 다독였다. 그렇게 야금야금 세상 속으로 들어갔다. 예전에는 공황 때문에 돌아서야 했던 집 근처 번화가를 이제는 달릴 수 있었다. 동네를 새롭게 탐색하며 전에는 있는 줄도 몰랐던 다리에 감탄했고, 길 안쪽에 숨어 있는 민간 구빈원을 발견했다. 슬슬 낯익은 사람들이 생겼다. 유모차를 끌고 동네 카페에 모이는 엄마들, 소방서 앞에서 사과주를 마시는 남자, 인도에 나와서 정성껏 카펫을 수선하는 카펫 가게 주인… 오랫동안 머릿속에서만 몸부림치던 내가 이제는 바깥세상을 마주하고 있었다. 달릴 때면 걱정을 쉴 수 있었다. 넘어지지 않으려고, 쇼핑 카트를 끌고 가는 할머니와 부딪히지 않으려고 온 정신을 집중하면 공황이 생길 겨를이 없었다.

불안이 슬금슬금 기어오르는 익숙한 조짐이 느껴질 때조차도 몸을 움직여 달리고 있으면 거기에 매몰되지 않았다. 리듬감 있게 다리를 뻗고 팔을 흔드는 일에 익숙해지자 마음이 진정되는 효과가 있었다. 상체를 살짝 앞으로 기울이고 좌우로 팔을 흔들며 한 발 한 발 내딛으면 최면에 걸린 것 같았다. 평소에는 호흡을 많이 의식했지만 달릴 때는 무의식중에 숨을 들이쉬고 내쉬었다. 코가 찡해도 호흡에 신경 쓰지 않았다. 계속 달리려면 산소가 필요했다.

4K_그래, 갈 데까지 가보자

내게 호흡이 붙어 있는지, 목이 조여들진 않는지 걱정할 틈이 없었다. 달릴 때 나는 평소보다 강인해졌다. 찌릿한 통증, 아드레날린, 나쁜 생각 따위는 알 바 아니었다. 하루 종일 나를 괴롭히는 놈들이었지만 달릴 때만은 아니었다.

남편이 집을 나간 후 한 달 동안 나는 억수같이 눈물을 쏟아내고, 손에 닿는 대로 와인을 마시고, 10년은 더 늙어 보일 만큼 담배를 피우고, 내가 가능하다고 생각했던 것 이상으로 많이 달렸다. 하늘에 구멍이 난 것처럼 비가 퍼부을 때도 달리고, 어둠 속에서도 달리고, 술에 취해서도 달리고, 녹초가 되어서도 달리고, 눈물을 글썽이면서도 달리고, 화를 내면서도 달렸다. 가끔은 그 모든 게 겹칠 때도 있었다. 러닝화를 사고 달리기 앱을 내려 받았다. 대단하진 않아도 오랜만에 내가 뭔가를 휘어잡고 있다는 기분이 들었다. 달릴 때는 다른 사람에게 의존할 필요가 없었고 내가 폐인으로 느껴지지도 않았다. 그때는 몰랐지만 습관을 만드는 데 성공한 것이었다. 그렇게 나는 달리기에 푹 빠졌다.

5K

누구에게나 달릴 자격이 있다

✖

오늘 하루에만 두 번째로 달리고 있다. 첫 번째로 달릴 때나 지금이나 기분이 좋지 않다. 달린다기보다는 달아나고 있다고 해야 하나. 내 감정을 저만치 따돌리고 잠시나마 쉴 수 있었으면 좋겠다. 구질구질한 사연으로 달리기를 시작한 지 이제 고작 8개월째인데 그보다 훨씬 더 나쁜 일이 생겼다. 우리 가족의 친구가 세상을 떠났다.

아니, '가족의 친구'라는 표현은 너무 딱딱하다. 자신을 나의 두 번째 어머니라고 불렀던 사람, 내게 많은 기회를 줬던 사람, 내가 사고를 치면 호통을 쳤던 사람, 나를 어른으로 만들어준 사람, 나를 화장실에 가둬놓고 재미있는 이야기를 하나 하지 않으면 안

풀어주겠다고 하던 사람, 지나가던 행인이 돌아서서 "저 사람 누구지? 나도 친해지고 싶다"라고 말하던 사람을 무엇이라 불러야 할까?

　투병이 길었기에 죽음을 준비하고 있었다. 그럼에도 하고 많은 사람 중에 하필이면 조지가 세상을 떠났다는 게 쉽사리 받아들여지지 않는다. 그 빈자리가 운석이 만든 크레이터처럼 느껴진다. 시커멓게 그을리고 까마득하고 사나운 공백. 그래서 나는 닥치는 대로 달린다. 아침이고 저녁이고 힘들어서 무너질 것 같으면 무조건 달린다.

　그런다고 기분이 좋아지진 않는다. 땀이 비 오듯이 쏟아질 만큼 빠르게, 온몸이 쑤실 만큼 무리해서 달린다. 그래도 우두커니 앉아서 조지를 그리워하는 것보다는 낫다. 그리움이 마음을 짓누르는 게 싫어서 한달음에 하이게이트 힐을 오르다가 갑자기 옆구리가 저릿해 휘청이며 멈춰 선다. 어둠이 내린 벤치에 앉아 호흡을 가다듬는다. 다시 달린다.

　집에 가기 싫어서 달리고, 울기 싫어서 달린다. 조지는 내 인생에서 가장 강인한 사람이었기에 나도 여기서 멈출 수 없다. 이 깊은 슬픔을 어떻게 다스려야 할지 아직 잘 모르지만 오늘 저녁 이 빗속을 달리는 게 도움이 될 것 같다.

요즘 운동의 인기가 부쩍 높아졌다고 해도 틀린 말이 아니다. 많은 사람이 타고난 운동 욕구를 해소하기 위해 터프 머더(팀워크 기반의 장애물 코스 경주—옮긴이), 배리스 부트캠프(고강도 인터벌 트레이닝과 유산소 운동을 결합한 피트니스 프로그램—옮긴이), 크로스핏, 스피닝처럼 무시무시한 운동의 광신도가 됐다. 매주 새로운 운동법이 비만, 골다공증, 심장병, 우울증을 날려버릴 최고의 방법이라며 혜성처럼 등장한다. 그중에는 경쟁심이란 불편한 감정을 자극하는 운동법도 있다. "아니, 느긋하게 걷는 게 무슨 운동이야? 12시간 연속으로 자전거를 타야, 아니면 펄펄 끓는 수련실에서 요가 정도는 해야 운동이지!"라고 말하는 것 같다.

그런데 스포트 잉글랜드의 조사 결과, 영국 성인의 60퍼센트인 2,700만 명이 매주 권장 시간인 150분 이상 운동을 하는 반면에 26퍼센트는 운동을 일주일 동안 30분도 안 한다.[1]

더욱이 정부의 긴축 정책으로 2014년 이후 수백 개의 놀이터와 운동장이 폐쇄됐다. 지자체들도 예산 축소에 대응해 공영 수영장 운영을 중단하고 많은 운동 시설을 없앴다. 그 여파는 분명하다. 각종 조사에서 영국 정부가 긴축 재정에 들어간 후 영국인의 운동량이 급감한 것으로 나타났다. 동네 공원이 방치되거나 우범지대가 됐다면 어디에서 운동을 하란 말인가? 엄살이 아니다. 2017년에 하원 지역사회위원회에서 전국의 공원이 "붕괴 위험"에 놓였다면서 "공원이 지역사회에 기여하는 가치가 인정받지 못한다면 심각한 사태가 빚어질 수 있다"고 경고했다.² 모든 사람이 헬스장에 다닐 돈과 시간을 갖고 있는 게 아니다. 지금 우리 사회는 사람들이 쉽게 운동할 수 있는 여건을 조성해야 한다는 공식적인 권고를 명백히 무시하고 있다.

운동에서 소외된 사람들

✖✖✖

사람들이 운동을 하지 않는 이유가 정부와 지자체의 지원 부족이나 터무니없는 헬스장 이용료 때문만은 아니다. 운동에 대한 인식이 왜곡돼서 사람들이 아예 운동할 생각 자체를 안 하는 것은 아닐까 걱정스럽다. 다른 나라는 몰라도 영국에서는 운동이 중상류층의 전유물이 된 것 같다. 예전에는 운동이 흙먼지를 뒤집어쓰고 고통을 즐기며 테스토스테론을 발산하는 남성적인 활동으로 여겨졌다면(그건 그것대로 싫다), 요즘 운동의 이미지는 전혀 다른 차원에서 많은 사람을 소외시킨다. 안타깝게도 요즘 운동하는 사람들의 사진을 보면 대부분이 부유해 보이는 미끈한 백인들이다.

인스타그램 같은 SNS도 이를 거든다. 복근을 드러낸 늘씬한 여자나 울룩불룩한 이두박근을 자랑하는 남자의 사진을 보면 의지가 솟는 게 아니라 기가 죽는다. 이제 동네 수영장에 가는 것으로는 충분치 않고(정신이 멀쩡히 박힌 나라에서는 그 정도로도 충분할 것이다) 왠지 자체 브랜드가 붙은 영양제를 판매하고 복잡한 단백질 셰이크 식단을 강요하는 헬스장에 다녀야 운동 좀 한다는 소리를 듣는 것 같다.

오래전부터 미국에서 인기를 끌었던 소울사이클(음악과 함께 실내에서 진행되는 고강도 사이클링 피트니스 프로그램—옮긴이), 배리스 부트캠프, 크로스핏 같은 엘리트 운동 프로그램이 영국에서도 잘나가는 동네들에 상륙해 회당 40파운드 정도의 수업료를 받으며 급부상 중이다. 운동의 종류만이 아니라 복장도 중요하다. 냄새와 땀을 잘 잡아주고 기량을 향상시켜준다면서 일상복보다 비싼 값을 받는 운동복이 인기다. 나도 달릴 때 셀룰라이트를 분해해준다는 레깅스에 혹해서 지갑을 열 뻔한 적이 있다. 그런 게 효과가 있을까? 나도 궁금하긴 하다. 요즘 번화가 매장에 가보면 감히 후줄근한 티셔츠와 다 늘어난 레깅스를 입고 운동해도 괜찮다고 생각하는 사람들에게 정신 차리라는 듯이 세련된 운동복이 잔뜩 진열돼 있다.

이렇게 운동에 대한 인식이 변하는 사이에 또 한편에서는 당,

글루텐, 가공식품처럼 사람들이 즐겨 먹던 것을 끊으라고 하는 '자연식 섭취'가 유행했다. 그게 과학적 근거가 없고 건강에 해롭다는 비난이 쏟아지자 관계자들은 얼른 '웰니스Wellness'로 갈아탔다. 웰니스라는 모호한 말은 우리 몸의 소리에 귀를 기울이자는 뜻으로 쓰인 것 같다. 그런데 웰니스를 내세우며 파스타를 먹지 말라고 경고하는 사람들을 보면 역시나 부유해 보이는 얼굴로 생글생글 웃는 말라깽이 여자들이었다. 그들은 겉으로는 모든 것을 함부로 판단하지 말고 용납하라는 식으로 말하지만 실제로는 "내가 얼마나 잘났는지 좀 봐. 너희는 나한테 안 돼. 자, 이 몸을 보라고!"라는 메시지를 내보내고 있었다(적어도 내가 보기엔 그랬다).

옛날에는 건강 잡지나 패션 잡지에서 얼토당토않은 기준을 내세워도 안 보면 그만이었다. 그런데 지금은 누구나 SNS를 하는 시대다. SNS에는 건강하고 아름다운 몸을 과시하기 위해 헬스장에서 찍은 셀카와 운동 영상을 올리고 보란 듯이 웃통을 벗는 사람이 넘쳐난다. 10대 시절의 내가 나는 운동을 할 주제가 못 된다고 주눅이 들었던 것처럼 지금 많은 사람이 운동과 관련된 새로운 트렌드와 이미지 때문에 아예 운동을 할 엄두조차 내지 못하는 것 같다. 자기는 운동할 체형이 아니라고 생각하는 사람들, 1회에 30파운드씩 내고 수업을 받을 형편이 안 되는 사람들은 어쩌란 말인가? 그리고 예전의 나처럼 건강미가 빵점인 사람들은 어차피 자신은 해도 안 될 거라며 포기하기 십상이다. 하지만 앞에서 말한 사람들은 어차피 다른 세상 사람들이니 굳이 흉내 낼 필요가 없다.

나는 방금 신나게 뛰고 나서 기분이 좋을 때도 인스타그램에서 자기 몸무게와 똑같은 중량을 들어 올리거나 아침 식탁을 보여주는 척하며 슬쩍 복근을 드러내는 여자들을 보면 기분이 처진다. 그들은 그쯤은 아무것도 아니라는 듯이 생글생글 웃으며 은근히 잘난 척한다. 식스팩을 만들려는 것이 아니라면 원래는 그러든가 말든가 신경 쓸 필요가 없는 게 정상이다. 그런데 실제로는 자기가 부족하다거나 아직 노력이 부족하다고 생각해서 의기소침해지기 쉽다.

2017년에 왕립공중보건학회Royal Society for Public Health에서 14~24세 영국인 1,500명을 조사한 결과, 인기 SNS 플랫폼 중 80퍼센트 정도가 정신 건강에 유해한 것으로 나타났다.[3] 특히 인스타그램이 가장 해로웠다. 아무래도 사진만큼 자신을 과시하며 다른 사람에게 자격지심을 주기에 효과적인 수단도 없기 때문인 것 같다. 실제로 2016년 연구 결과, 인스타그램에서 '너도 운동하면 이렇게 될 수 있어!'라고 과시하는 사진을 보면 대체로 자괴감이 커진다고 한다.[4] 당연한 현상이지만 참 찜찜하다. 그런 사진을 올리는 사람들은 운동욕을 자극하기 위해서라고 하지만 보는 사람은 주눅이 들고 낙담하게 된다. 그럴 수밖에 없다. 그들의 몸과 내 몸이 비교도 안 되기 때문이다. 아무나 만들 수 없는 그 탄탄하고 굴곡진 몸을 찍은 사진 중에서도 최고의 사진만을 골라서 올렸으니 감히 비교가 될 수 있을까.

마리안은 10대 때 지역 대표로 경기에 출전했지만 나이가 들자 자기 몸이 점점 불편하게 느껴졌다. "언제부턴가 내가 어떤 몸을 갖고 싶은지도 모르겠고 고생스럽게 몸을 만드는 게 잘하는 짓인가 싶었어요. 그래서 운동을 관뒀어요. 몸매가 인생의 전부인 것처럼 사는 게 힘들더라고요. 그때 주류 매체에서는 내가 공감하고 참고할 만한 이야기나 이미지를 찾을 수 없었어요. 그래서 운동할 맛이 뚝 떨어졌죠."

오해일 수도 있겠지만 요즘 대세라는 운동을 보면 그것을 즐길 수 있는 사람을 지나치게 한정하고 있는 듯하다. 마리안은 애초에 성별에 따라 할 수 있는 운동이 나뉘는 것 같아서 유감이라고 했다. "여자답게 운동하는 것과 남자답게 운동하는 게 나뉘어 있다는 느낌을 많이 받아요. 여자는 여성용 운동을 하죠. 여성용 운동복을 입고요. 여자의 몸매를 확실히 드러내주는 예쁜 아디다스 스포츠브라 같은 것 말이에요. 생물학적으로 여성의 몸을 갖고 태어난 사람들이 입을 수 있는 운동복은 짧고 딱 달라붙는 것밖에 없어요. 자기 몸 때문에 정신적으로 큰 고통을 받는 사람한테는 옷을 입고 운동을 하러 가는 것 자체가 큰일이 되는 거죠. 물론 정신 질환이 있으면 문제는 더 복잡해지고요."

우리 사회는 마리안 같은 사람들을 좌절시키고 있다. 유감스러운 현실이다. 운 좋게 사지가 멀쩡한 사람들이 운동에 더 흠뻑 빠지도록 격려해도 모자란데 운동을 포기하게 만들고 있다. 어쩌면 우리는 과거 어느 때보다도 운동을 많이 해야 할지도 모른다. 심장 질환과 당뇨병을 예방하고 가능하면 치매까지 예방하기 위해서. 국제연합 식량농업기구에 따르면 영국인 네 명 중 한 명이 비만이고, 이는 사회적 박탈과 밀접한 연관이 있다.[5]

이런 통계를 보면 사람들이 벌떡 일어나서 운동하러 나갈 것 같지만 실제로는 아닌 것 같다. 혹시나 해서 하는 말이지만 당연히 비만인 상태에서도 운동은 얼마든지 가능하다. 이미 수많은 사람이 그렇게 하고 있다. 그중에는 단순히 살을 빼는 게 목적이 아닌 사람도 많다. 그런데 이들은 긍정적인 광고에 거의 등장하지 않고, 남들의 이목을 중시하는 우리 문화에서 높이 평가되는 일도 드물다. 거대한 체구로 장거리 달리기를 하는 니콜라는 "내가 달리기를 한다고 하면 미친년 보듯 하는 사람들의 시선"이 지긋지긋하다면서 "그러니까 많은 사람이 시작할 엄두조차 못 내는 거죠"라고 말했다.

이처럼 운동과 건강에 대한 편협한 시각에 반기를 들며 등장한 것이 '몸 긍정주의 body positive' 운동이다. 이 운동은 1960년대의 '뚱뚱한 몸 받아들이기 fat acceptance' 운동에서 시작되어 1990년대에 코니 소브잭Connie Sobczak과 데브 버가드Deb Burgard에 의해 탄탄히 입지를 다졌다. 그 골자는 각계각층에서 환영받지 못하던 몸을 긍정적으로 평가하자는 것이다. 그래서 운동은 어디까지나 즐겁고 재미있어야지, 자신을 채찍질하거나 체중을 감량하기 위한 활동이 되어서는 안 된다는 메시지를 전파한다. 혹시 관심이 있다면 이 책의 말미에 소개된 웹사이트를 통해 근처에서 몸 긍정주의 운동을 배울 만한 곳을 찾아보시길. 요가, 복싱 등 그 종류도 다양해서 취향에 맞게 선택할 수 있다.

이제는 운동이 특권층만을 위한 비싸고 한정된 활동이라는 이미지가 바뀌어야 한다. 운동은 몸을 살리는 것은 물론(우리가 익히 아는 사실이다) 마음도 살리는 활동이다. 이 정도면 운동을 해야겠다는 생각이 팍 들지 않는가? 운동으로 심장만이 아니라 마음도 튼튼해진다는 것을 알면 지금보다 많은 사람이 운동을 시작할 것이다. 그리고 운동을 하려다가도 주눅이 드는 일이 없다면 더 많은 사람이 운동을 할 것이다.

나도 20대에 한때 심한 비만이었던 시절이 있다. 그때는 운동이란 걸 생각만 해도 막막했다. 당시 나는 웬만한 매장에서 파는 옷은 다 안 맞았기 때문에 관련 업계에서 내세우는 이미지에 현혹될 리는 없었다. 잘 가꾼 몸을 보면 거부감부터 들었다. 어차피 나는 그렇게 될 가능성이 전혀 없는 것 같았고, 좋은 외모보다는 좋은 마음을 위해 운동을 해야 한다는 것도 몰랐다. 운동할 생각만 해도 잔뜩 주눅이 들었다. 활짝 웃으며 운동하는 금발 미녀들은 나와 영 딴판이었다. 나를 반으로 쪼개도 그들처럼 될 수는 없었다. 무거운 몸이 불편하고 부끄러웠다. 그런 체형을 게으름과 안일함의 산물이며 꼴불견으로 여기는 사람이 많다는 것을 알았기 때문이다. 그런 인식이 안 그래도 우울하고 자신감 낮은 내게 도움이 될 리 없었다. 운동을 순전히 몸을 위한 것이라고 생각하니까 낯설고 멀게만 느껴졌다.

비만인 사람만 소외감을 느끼는 게 아니다. 2015년에 조사한 결과, 영국인 중에는 유색인이 백인보다 운동을 적게 했는데 그 이유 중 하나는 자신의 조건에 맞는 운동이 없다고 생각했기 때문이다.[6] 예를 들어 남아시아계 여성은 운동을 배우러 가서 인종차별을 당할 것을 걱정한다. 이슬람교인은 운동복이 교리에 위배되거나 남녀가 한 공간에서 운동하는 것을 걱정한다. 달리기도 예외는 아니다. 달리기를 통해 청년 노숙자를 재활시키는 단체인 러닝 채러티 The Running Charity의 설립자 앨릭스 이글Alex Eagle은 "많은 유색인이 달리기를 중산층 백인의 전유물로 여긴다"고 말했다.

유색인 여성의 운동량은 백인 여성보다도 적다. 미국에서 발표된 연구 결과를 보면 이런 현상은 일찍부터 시작된다. 운동량은 청소년기에 크게 줄어드는데, 남자보다는 여자의 하락폭이 크고 그

중 유색인 청소년과 저소득층 여자 청소년의 운동량이 특히 큰 폭으로 감소한다.[7] 2014년에 유색인 여성(그리고 미국과 유럽의 이민자와 소수자)의 운동을 방해하는 요소에 대한 연구가 있었다. 그 결과, 육아와 가사가 운동을 방해하는 것으로 나왔다. 문화적 인식, 사회적 고립, 문화적으로 적합한 운동 시설의 부재, 위험한 동네 분위기도 운동의 걸림돌로 지적됐다.[8]

여기에는 대표성의 문제가 존재한다. 인터넷에서 헬스장이나 스포츠용품을 검색하면 대부분 백인 모델이 등장하고 국제대회에 영국 대표로 출전하는 선수도 백인 일색이다. 지도자와 협회 인사도 백인이 월등히 많다.[9] 솔직히 말해서 사람들이 운동을 안 하는 이유는 시장이 그들을 모른 체하기 때문이다. 이래서는 안 된다. 운동은 심신의 건강에 필수적이기 때문에 자신은 운동할 자격이 없다고 생각하는 사람이 단 한 명도 있으면 안 된다. 그래서 최근에 각양각색의 런던 시민 258명이 도시 곳곳에서 어떤 날씨에도 굴하지 않고 스포츠를 즐기는 모습을 담아 호평을 받은 나이키의 "런던인은 굴하지 않는다Nothing beats a Londoner" 광고가 반갑다. 그런 광고가 더 많이 나왔으면 좋겠다.

신체 장애가 있는 사람은 진입 장벽이 더 높게 느껴질 수 있다. 스포트 잉글랜드 설문조사에서 장애나 지병으로 신체 활동에 제약이 있는 사람 중에서 매주 운동을 하는 사람은 18퍼센트에 불과한 것으로 나타났다.[10] 장애가 있으면 헬스장에 갈 엄두가 안 날 수 있다. 하지만 장애인을 위한 운동 요령을 배우고, 장애인 지원단체에서 각자의 상황에 맞는 운동을 추천받을 수 있다.[11]

많은 사람이, 특히 여성이 운동을 꺼리는 이유는 여러 가지다. 하지만 '디스 걸 캔This Girl Can' 캠페인에서 말하는 것처럼 운동은 순전히 홀쭉이나 건강중독자가 되려고 하는 게 아니다. 어떤 종목의 달인이 되는 게 다가 아니다. 그밖에도 운동을 통해 이룰 수 있는 게 많다. 몸과 마음을 단련하고, 성취감을 느끼고, 사람들과 어울리고, 스트레스를 해소할 수 있다. 그런데 유감스럽게도 남자가 운동하는 것은 건전한 취미이고 여자가 운동하는 것은 생산적인 일을 하지 않고 혼자 시간을 낭비하는 짓이라는 편견이 여전히 존재한다.

우리는 운동을 하도록 만들어졌다. 근육을 쓰도록 만들어졌고, 팔과 다리를(운 좋게 사지가 멀쩡하다면) 움직이도록 만들어졌다. 그런데 많은 사람이 운동을 자신과 상관없는 것으로 여긴다. 그들은 운동이라고 하면 몸에 좋지만 괴로운 것이라거나 일부 엘리트만 할 수 있는 특별한 것이라고 생각한다. 혹은 몸짱이 되기 위한 수단으로 여기기도 한다. 매일 해야 하는 행위로 생각하지 않는다. 하지만 운동은 양치질처럼 일상이 돼야 한다.

나는 정신 건강을 위해 운동을 하지만 그 밖의 이점도 누리고 있다. 예를 들면 계단을 가뿐하게 오를 수 있고, 달린 후에는 거하게 아침을 먹을 수 있고, 남자친구와 과음을 했을 때는 같이 공원을 달리며 숙취를 해소할 수 있다. 그런다고 돈이 들지도 않고, 초고가 장비가 필요하지도 않고, 삼시 세끼 콩만 먹어야 하는 것도 아니다.

내가 운동 좀 한다고 잘난 체하는 것처럼 들릴지도 모르겠다. 하지만 그럴 의도는 없다. 내가 30년 동안 얼마나 몸을 안 쓰고 살았는지 기억해줬으면 좋겠다. 그런 내가 규칙적으로 운동을 해보니까 사람들이 운동을 할 수 있는데도 안 하는 게 너무 안타까워서 하는 말이다. 엔도르핀endorphin이 도는 이 짜릿함을 오랫동안 모르고 살았던 게 너무 아깝다. 내가 달리기를 편애해서 하는 말일 수도 있지만 운동을 하겠다고 꼭 헬스장에 가서 복잡한 운동법을 배우고 무거운 것을 밀고 당길 필요는 없다. 우리 몸이 달릴 수 있게 만들어졌는데 굳이 복잡하게 운동할 필요가 있을까?

뛰면 행복한 이유

✖✖✖

까마득한 옛날부터 사람들은 취미로 달리기를 했다. 고대 이집트인도 달렸고, 2700년 전 올림픽 때도 사람들은 달렸다.[12, 13] 하지만 이후 오랫동안 달리기는 인기가 없었다. 『발자취Footnotes』를 쓴 학자 바이바 크레건리드가 내게 말했다.[14] "인류 역사를 보면 불평등이 존재하는 위기 때 운동이 등장합니다. 고대 그리스 귀족들이 여러 형태의 운동을 만든 것은 전쟁에 대비해 강인한 육체를 만들기 위해서였죠. 그 후로 수천 년간 운동은 사실상 자취를 감췄다가 19세기에 이르러 재등장합니다. 그전에도 신체 활동을 하는 사람들이 있었지만 그들은 '아, 이제 나도 운동 좀 해볼까?'라고 생각하진 않았죠. 왜냐하면 종일 몸을 쓰는 게 그들의 일이었으니까요."

예전에도 프로 선수들은 달리기를 했겠지만 지금처럼 형광색 옷을 입고 길을 달리는 아마추어가 많진 않았다. 변화의 계기를 만든 것은 대학 육상 감독이었던 빌 바우먼Bill Bowerman이다. 그는 1962년 뉴질랜드에 갔을 때 그곳에서 달리기 교육 프로그램을 운영하고 있던 아서 리디아드Arthur Lydiard에게 감명을 받는다. 이후 미국으로 돌아와 취미 달리기의 장점을 정리한 소책자를 집필하기 시작했다. 그리고 오리건심장재단Oregon Heart Foundation의 후원을 받아 책자를 인쇄해서 오리건주의 은행들을 통해 배포했다. 그것이 1963년에 나온 『조깅 설명서The Jogger's Manual』다.[15]

이 소책자는 그간 관심을 못 받았던 취미 달리기라는 흥미로운 운동을 "6세부터 106세까지 남녀 누구나 어디서든" 즐길 수 있는 종목으로 소개하며 그 강점을 극찬한다. 그러곤 "여러분도 행복한 달리기 하시길!"하는 경쾌한 인사말로 마무리된다. 나도 이 책을 끝낼 때 똑같이 말해야지. 그 책의 성공에 힘입어 바우먼은 같은 주제로 베스트셀러를 내고 새로운 트렌드를 만들었다. 그가 나이 든 사람들을 통해 달리기의 이점을 입증하자 사람들도 그의 말에 귀를 기울였다. 그들은 비교적 쉽게 습관을 들일 수 있는 운동으로 종일 의자에 앉아 있는 삶에서 탈출할 수 있다는 것을 알게 됐다.

이후 바우먼이 나이키와 손잡으면서 1970년대에 취미로 달리는 사람이 폭발적으로 증가했다. 달리기는 몸을 더 많이 움직일 방법을 찾는 사람들에게 인기 있는 종목으로 자리 잡았고, 그에 따라 학계에서도 수많은 연구가 진행됐다.

물론 나는 학자가 아니다. 지난 몇 년간 인터넷에서 무슨 학자도 아니면서 아는 척한다는 댓글을 수없이 받아 잘 알고 있다. 따라서 학계에서 달리기를 비롯해 운동에 대한 심층적인 연구로 얻은 놀라운 결과를 감히 여기서 모두 거론할 실력은 못 된다. 하지만 그중 극히 일부만이라도 소개하고 싶다. 최소한 달리기에 대한 나의 긍정론이 허황된 말이 아니라는 것만큼은 증명하고 싶다. 서로 상충하는 연구 결과도 있고, 운동이 극심한 공황이나 슬픔에 무조건 도움이 된다는 법도 없다. 심각하고 만성적인 우울증을 앓는 사람에게 얼른 나가서 달리라고 닦달하는 것은 무신경하고 부질없는 짓이다. 내가 침대에 늘어져서 손가락 하나 까딱하기 힘들었을 때 누가 나가서 좀 달리면 기분이 나아질 거라고 말했다면 나는 그를 그저 물끄러미 봤을 것이다. 달릴 힘도 없는 사람에게 어쩌란 말인가?

실제로 운동이 중증 우울증 환자에게 도움이 되지 않는다는 연구 결과가 실린 논문이 최소한 한 편은 있다.[16] 우울증이 심하면 정신 운동 지연이 동반되는 경우가 많아서 그런 것 같다. 정신 운동 지연은 쉽게 말해 몸과 마음의 움직임이 현저하게 느려져서 마치 끈적끈적한 시럽 속을 걷고 있거나 뇌세포가 서로 엉겨 붙은 듯한 기괴한 느낌이 드는 현상이다. 그런 상태에서 벌떡 일어나 달리기란 불가능에 가깝다. 그래서 나는 운동을 만병통치약이 아니라 공구함에 있는 여러 공구 중 하나로 여기는 편이 낫다고 본다. 운동은 일단 암흑을 빠져나오기 위한 사다리에 한 발을 걸친 후에야 효과를 발휘한다.

운동을 잠재적 우울증을 예방할 수단으로 보는 시각도 있다. 2017년 10월 《미국정신과학저널American Journal of Psychiatry》에 운동의 우울증 예방 효과에 대한 역대 최대 규모의 연구가 발표됐다.[17] 정신 질환 증상이 없는 3만 3,000명에게 설문조사를 실시한 결과, 운동을 하지 않는 사람이 향후 우울증에 걸릴 확률이 44퍼센트 더 높은 것으로 나타났다. 그리고 일주일에 한 시간씩만 운동을 해도 전체적으로 우울증 발생 확률은 12퍼센트 감소할 것으로 추정됐다. 적극적으로 운동을 하면 미래의 우울증을 막을 수도 있다는 말이다. 유감스럽게도 같은 논문에 운동이 불안증 예방에 도움이 된다는 말은 없었다.

하지만 아직 실망하긴 이르다. 불안증 환자에게도 운동이 정신적으로 도움이 될 수 있다는 연구 결과가 있다. 여러 연구 결과, 운동을 하면 코르티솔이 감소하는 것으로 나타났다. 신체적 변화만 생기는 게 아니라 생각도 바뀐다. 『심리학자, 운동을 말하다Exercise for Mood and Anxiety』에서 제스퍼 스미츠Jasper Smits와 마이클 오토Michael Otto는 불안장애 환자가 운동을 하면 심장박동이 증가하고 땀이 나고 아드레날린이 소용돌이치는 등 불안 증상과 비슷한 증상이 나타나며, 그로 인해 나중에 똑같은 증상을 경험할 때 공황에 빠질 확률이 낮아진다고 했다.[18] 두 사람은 그런 증상이 긍정적인 것과 연결됨으로써 그에 대한 두려움이 줄어든다고 생각했다. 일리가 있다. 나도 이제는 맥박이 빨라져도 공황 발작이라고 생각하지 않기에 예전만큼 두렵지 않다.

《신경과학저널Journal of Neuroscience》에는 스트레스 받은 쥐를 대상으로 운동이 불안을 완화하는 또 다른 이유를 추정한 논문이 게재됐다.[19] 운동을 하면 쌩쌩한 뇌세포가 생성되고 쓸모없는 뇌세포는 정지된다고 한다. 연구진은 쥐들을 달리는 집단과 앉아 있는 집단으로 나눴다. 달리는 쥐들은 자신 있게 주변을 탐색했고, 검사 결과 뇌를 진정시키는 신경세포가 많이 증가해 있었다. 이 신경세포들은 감정을 처리하는 영역인 해마에 존재했다. 그래서 운동을 하는 쥐들은 스트레스 상황에서 더 빨리 회복됐다.

달리는 쥐의 신경세포는 감마아미노뷰티르산 gamma-amino butyric acid(이하 GABA)을 더 많이 생성했다. GABA는 신경계에서 신경세포의 흥분성을 감소시키는 신경전달물질이다. 우울증과 불안증이 있는 사람은 GABA 분비도가 낮을 수 있다. 연구 결과에 따르면 운동을 할 때 이 신경전달물질을 보충하는 경로가 활성화된다.

그게 다가 아니다. 아직 '짜릿함'에 대해서는 말도 안 했다. 그걸 말 안 하고 달리기를 홍보한다고 하면 내 러닝화들이 벌떡 들고일어날 것이다. 달리다 보면 갑자기 온몸에서 쾌감이 솟구칠 때가 있다. 설명하기는 힘들지만 순간적으로 그런 기분이 든다. 예전에는 그런 쾌감이 몸에서 분비되는 호르몬인 엔도르핀 때문에 생긴다는 게 중론이었다. 많은 전문가에 따르면 엔도르핀이 뇌에 있는 수용체와 교감해서 고통을 완화시킴으로써 이른바 '러너스 하이 runner's high'가 생긴다고 한다. 러너스 하이란 어떤 느낌일까. 마치 마약을 한 것처럼 행복해지고 흥분되면서 힘이 불끈 솟는 것이다. 마약 없이도 황홀감을 느낀다니 대단하지 않은가.

어쩌면 이것은 인간의 본성에 내재되어 있는 특성인지도 모른다. 바이바 크레건리드는 "우리에게 뇌가 있는 건 우리가 움직이기 때문입니다. 식물에게 뇌가 없는 건 스스로 먹을 것을 만들 수 있기 때문이죠"라고 말했다. 우리가 지금처럼 소파에 늘어져서 배달 음식을 먹는 게 아니라 직접 밖에 나가서 먹이를 구해 와야 했던 시절에는 사냥에 실패하면 죽음이었다. 애리조나대학교 인류학과 부교수 데이비드 A. 라이클런David A. Raichlen은 우리 선조들이 생존 본능 때문에 빨리 움직여야 했고, 이때 느껴지는 짜릿함이 사냥에 도움이 됐을 거라고 본다.[20] 그렇다면 운동이 실제로 우리 몸의 스트레스 대응력을 키운다고 볼 수도 있다.

최근 학계에서는 엔도르핀이 러너스 하이의 주원인이라는 학설에 의문이 제기되고 있다. 일각에서는 비교적 부피가 큰 엔도르핀이 혈액에서 뇌로 넘어갈 수 없고, 오히려 세로토닌이 운동 후에 느끼는 짜릿함의 주원인일 가능성이 크다고 주장한다. 세로토닌은 도파민dophamine, 옥시토신oxytocin, 엔도르핀과 함께 행복감에 영향을 미치는 4대 화학물질이다.

2012년 애리조나대학교의 연구에서는 아난다마이드anandamide(일명 '행복 물질')가 러너스 하이의 원동력일 가능성이 제기됐다.[21] 유감스럽게도 아난다마이드는 여타 신경전달물질과 마찬가지로 약해서 금방 깨지기 때문에 우리가 하루 종일 행복감에 취해 있을 수는 없다.

우리가 달릴 때 행복감을 느끼는 이유가 아난다마이드 때문인지, 엔도르핀이나 세로토닌이나 도파민 때문인지, 아니면 단순히 성취감 때문인지, 혹은 집에 가서 케이크를 먹을 것이라는 기대감 때문인지는 모른다. 그리고 굳이 그런 문제로 고민하지도 않는다. 이유가 무엇이든 행복감을 느낄 수만 있으면 그만이다. 예전에 정신과 의사에게서 항우울제가 효력을 발휘하는 이유를 누구도 정확히 모른다는 말을 들었다. 무척 당혹스러웠다. 그래도 항우울제를 복용한 이유는 내가 벼랑 끝에 서 있었고 항우울제가 효과가 있었기 때문이다.

물론 의학적으로 설명되지 않는 행위를 맹목적으로 해서는 안 되겠지만, 나는 내가 먹는 약이 안전하다고 믿었고, 실제로 약은 약통에 적힌 대로 효력을 발휘했다. 나한테는 달리기도 그렇다. 언젠가 운동이 우리를 더 행복하게 만드는 이유가 확실히 밝혀진다면 나는 그에 대한 설명을 관심 있게 읽을 것이다. 하지만 일단은 그런 것을 몰라도 계속 달릴 것이다. 설령 달리기의 효과를 보는 사람이 세상에 나 혼자뿐이라 해도 나한테는 그것으로 충분하다.

러너스 하이는 실제로 존재한다. 이제는 저녁거리를 찾기 위해 수 킬로미터를 뛰어다닐 필요가 없는데도(맛있는 아이스크림을 상으로 준다면 더 빨리, 더 오래 달릴 용의가 있긴 하지만) 우리는 그 짜릿함에 대한 기대로 여전히 달린다. 그런데 그 짜릿함은 미꾸라지

같다. 나는 지금껏 그것을 붙잡아두기 위해 달리고 또 달렸다. 하지만 여전히 그것을 찾아서 달려야 한다.

나의 첫 러너스 하이
✖✖✖

처음에 겨우 몇 분 정도 터벅터벅 달릴 때는 러너스 하이 같은 기분 좋은 느낌은 들지 않았다. 나중에 숨을 헐떡이며 온몸이 아프고 기진맥진할 정도로 빠르게 달릴 때도 못 느꼈다. 그래도 기분이 좀 좋아지고 피로감은 좀 줄었다. 그리고 내 몸으로 뭔가를 하고 났을 때 느끼는 나른함이 좋아졌다. 브라이어니 고든도 강박장애에 관한 책에서 비슷한 경험을 이야기한다. 고든은 "살기 위해서" 달리기를 시작했고 이후 모든 것이 "이전보다 미세하게나마 더 견딜 만해졌다"고 한다.[22]

내가 처음으로 러너스 하이를 느낀 것은 캠든 시장까지 10분쯤 달렸을 때였다. 캠든 시장은 평소에는 얼씬도 하지 않는 곳이었다. 사람과 차가 많이 다니는 데다 향香과 티셔츠를 산다고 야단법석인 여행객들한테 이리 치이고 저리 치이며 공황 발작을 일으킨 적이 있었기 때문이다. 러너스 하이를 처음 경험한 그날은 토요일이었다. 금요일까지 나는 비참한 한 주를 보냈다. 침대에서 혼자 잠들 때마다 외로움이 사무쳤다. 토요일 아침에 아드레날린이 휘몰아치는 것을 느끼며 집을 나섰다. 그런데 캠든 시장에 이르자 갑자기 생기가 돌았다. 집으로 도망치고 싶지 않았다. 집에 가면 안전한 대신에 달리기를 멈춰야 했다. 계속 달리고 싶었다. 그래서 여행객들의 셀카봉을 요리조리 피하며 운하를 향해 달렸다.

그쯤 되자 러너스 하이가 최고조에 이른 나는 차카 데무스 앤 플라이어스의 노래인 〈그녀가 쓴 살인Murder She Wrote〉에 맞춰 손과 고개를 까딱대며 달렸다. 다른 러너들을 향해 활짝 웃고, 이 다리 저 다리 밑을 지나며 그 아름다움에 감탄했던 기억이 난다. 그때까지 런던의 다리들을 수천 번쯤 봤는데도 제대로 의식하지는 못했다(그중에서 일명 '폭파 다리'는 1874년에 지나가던 화물선에서 화약이 터지면서 졸지에 폭파된 다리다. 그 사고로 선원 세 명이 사망하고 근처에 있던 런던 동물원에서 동물들이 탈출했다). 나는 멋지게 카약을 타는 사람들을 지나고 유람선에서 손을 흔들며 사진을 찍는 여행객들을 지났다. 리슨 그로브 계류장에는 소품과 풍경을 매단 주거용 배들이 정박해 있고 그 주변을 예쁜 화분들이 둘러싸고 있었다.

그야말로 장관이었다. 육지의 일에는 무심한 표정으로 도시 한복판에 은밀히 자리 잡은 동네라니. 그 아름다운 경관에 압도된 나는 품위 없이 털레털레 달리는 게 분위기를 망칠까 싶어 잠깐 멈췄다. 이어서 내가 도달한 곳은 운하길이 끝나고 다시 큰길로 나가는 지점이었다. 누가 가져다 놨는지 예선로(과거에 말이나 사람이 배를 예인하기 위해 사용된 길로 현재는 주로 산책로로 쓰인다—옮긴이)에 커다란 칠판이 서 있고 그 위에는 큼지막한 글씨로 죽기 전에 이루고 싶은 것을 적어보라고 쓰여 있었다. 어떤 사람은 사랑을 하고 가정을 꾸리고 싶다고 진지하게 적었다. 또 어떤 사람은 화끈한 섹스를 하고 술을 진탕 마시고 싶다고 적었다. 나도 분필이 있었으면(그리고 창피하다고 생각하지 않았다면) 이렇게 적었을 것이다. 겁 없이 살고 싶다.

그 통통 튀는 기분이 온종일 지속됐다. 주변의 모든 것이 더 밝고, 더 친절하고, 덜 사악하게 보였다. 알딸딸한 행복감에 취해 캠든 시장의 인파도, 웅성거림도, 차량도 전혀 의식하지 않고 집까지 걸어왔다. 내가 용감해진 것 같고 주변 세상과 잘 어우러지는 것 같았다. 내가 정상인 것 같았다. 주말이 다 가도록 불안감이 덮치지 않았고 호흡이 가빠지지도 않았다. 그날 밤에는 평소에 시달리던 밤공포증에서도 해방됐다. 이게 바로 엔도르핀(혹은 뭐가 됐든 간에)이 일으키는 마법이다. 과연 사람들이 좋다고 쫓아다닐 만하지 않은가?

지금까지 살펴봤듯이 사람들이 운동을 멀리하는 게 당연하다고 볼만한 이유도 많지만 그들이 그런 이유를 극복하고 운동을 해야 하는 이유도 많다. 하지만 예전의 나였다면 아마도 내가 적극적으로 땀을 빼야 하는 이유에 대한 합리적인(그리고 솔직히 따분한) 설명을 귓등으로도 듣지 않았을 것이다. 어쩌면 운동의 필요성이란 자신이 절박해져야 비로소 느낄 수 있는 건지도 모르겠다. 남이 억지로 하라고 해봤자, 또는 운동을 안 하는 것에 죄책감을 느끼게 해봤자 먹히지 않는다. 다 때가 있는 법이랄까. 다만 예전의 나처럼 운동은 잘난 사람들이나 하는 것이지, 내 주제에 가당키나 하냐는 생각은 안 했으면 좋겠다.

 운동을 하려는 마음이 있고 운 좋게 멀쩡히 움직이는 몸이 있다면 운동할 자격이 충분하다. 그거면 되었다. 거기에 노력과 약간의 행운이 더해진다면 자신을 둘러싼 불행이 서서히 걷힐 것이다. 그간 열망했던 안도감을, 누구나 누릴 자격이 있는 안도감을 누리게 될 것이다.

6K

공황을 뚫고 달린다

✖

 여기는 베네치아. 외국에서 달리는 것은 처음이다. 어른이 되고는 휴가를 썩 좋아하지 않았다. 휴가 준비를 할 때마다 걱정할 게 너무 많다 보니 떠나기도 전에 흥이 싹 가셨다. 더욱이 20대에는 비행기를 못 타서 가지 못한 곳이 많았다. 거기에 대해서는 되도록 생각하지 않으려 한다. 괜히 생각해봤자 공연히 후회의 소용돌이에 빠질 뿐이다. 그보다는 내가 얼마나 발전했는지 생각하는 게 훨씬 도움이 된다. 그렇긴 해도 내가 그 시절에 재미를 많이 못 본 것은 사실이다.

 엄마가 1년 동안 슬픔과 이별과 고단한 일상에 시달린 딸에게 휴식을 주기 위해 주말을 낀 연휴에 여행을 가자고 했다. 몇 달 동안 꾸준히 달리면서 매주 상담까지 받았더니 나도 두려움이 많이 잠잠해진 상태였다. 여기에 여행에 대한 기대감까지 들었다. 난 승낙했다. 베네치아는 내가 생각했던 것 이상으로 붐비는 도시다. 캐리어를 끄는 수많은 여행객이 고색창연하고 협소한 골목골목에 감탄하며 내 곁을 지나간다. 다리 위에서 셀카봉을 하늘 높이 들고 아름다운 풍경을 담느라 길을 막고 있는 사람도 많다. 우리는 먹고 마시고 대운하를 이리저리 거닌다. 사흘이 지나자 도시의 구조가 얼추 감이 잡힌다.

 마지막 날 아침, 나는 불안한 사람에게 주어진 최대치의 느긋함을 느낀다. 행복하고 경쾌한 기분이 들면서 달리고 싶어진다. 낮잠 자는 엄마를 두고 방금 버스가 정거장에 내려놓은 여행객들 사이를 요리조리 헤치며 철도가 깔린 다리를 건넌다. 내가 이런 곳을 달릴 줄은 꿈에도 몰랐다. 나는 이탈리아어를 잘 못하는데다가 베네치아는 처음이다. 여기는 큰길이 하나면 거기서 갈라지는 작은 길과 작은 운하는 스무 개쯤 돼서 길을 잃어버리기 딱 좋다. 평소에 나는 길을 잃어버리는 것을 싫어한다. 집에 어떻게 가야 하는지 모르면 온갖 나쁜 시나리오를 떠올리며 공황에 빠진다.

 하지만 오늘은 그냥 발길 닿는 대로 달린다. 어차피 저 많은 사람을 다 뚫고 내가 가고 싶은 길만 달릴 자신도 없다. 그래서 처음 나오는 골목길로 들어선다. 이 거리에는 사람 사는 냄새가 난다.

달리기의 기쁨

머리 위로 이 건물에서 저 건물로 어지럽게 뻗어나가는 빨랫줄에 오색찬란한 옷가지와 이불이 널려 있다.

베네치아는 왠지 달리는 사람을 반기지 않는 곳 같다. 달리는 게 혹시 유서 깊은 건물들에 무례를 범하는 건 아닌가 하는 의구심마저 든다. 다행히도 이곳이 익숙한 듯 확신에 차서 나를 지나쳐 달려가는 사람이 최소한 세 명이다. 베네치아 주민들이 달린다면 나 역시 달려도 괜찮을 것 같다. 나는 일부러 목적 없이 천천히 달린다. 지금껏 살면서 본 적이 없을 만큼 아름다운 풍경 속을 내가 달리고 있다. 내 옆의 물길을 따라 사공들이 솜씨 좋게 곤돌라를 몬다. 여기 사람들은 개를 정말 좋아하나 보다. 어딜 봐도 그 귀여운 녀석들 천지다. 문득 시간이 궁금해져서 발을 멈출 때까지 나는 이 물의 도시에 매료되어 거의 6킬로미터를 달렸다. 다채롭게 바뀌는 풍경의 마력에 저항하지 못하고 역대 최장 거리를 달렸다. 그런데도 나쁜 일은 하나도 일어나지 않았다. 길을 잃고 태평하게 달리는 기쁨이란! 아무도 내가 어디 있는지 모른다. 그래서 좋다고 생각하며 호텔까지 걸어왔다.

지금 지하철에서 이 글을 쓰고 있다. 지하철을 탔는데 신호기 고장으로 열차가 무어게이트 역에 정차 중이다. 시간을 때우기 위해 글을 쓰고 있다. 과포화 상태인 런던의 대중교통 체계에서 이 정도 지연은 매일 수백만 명이 겪는 일상이므로 나도 적응 중이다. 이 상황이 따분하면서도 까무러칠 만큼 좋다. 남들은 매일 불평하면서도 타고 다니는 지하철이지만 나는 아니다. 나는 1999년 12월 31일부로 지하철을 타지 않았다. 말로는 지하철보다 버스를 좋아한다고 둘러댔지만 실제로는 땅 밑에서 탈출구도 없이 사람들에게 둘러싸여 있는 게 소름 끼칠 만큼 무서웠다.

쭉 런던에 살면서 16년 동안 지하철을 타지 않았다. 교통 체증이 상상을 초월하는 런던에서 그렇게 버스를 좋아하는 사람은 아무도 없다. 내게 변화가 생긴 것은 2016년의 어느 날이었다. 그날 나는 장거리를 달린 후 강을 지나는 다리 위에서 멈췄다. 집까지 걸어갈 힘이 없어서 가까운 지하철역으로 터벅터벅 걸어갔다. 내가 지하철을 탈 수 있을까? 한 20분쯤 우두커니 서서 고민했던 것 같다.

결국에는 절충안을 찾았다. 버스를 타고 반쯤 간 다음에 의심을 꿀꺽 삼키고 에스컬레이터를 통해 바람과 온기가 공존하는 지하 플랫폼으로 내려갔다. 달리면서 분비된 엔도르핀과 초콜릿에 힘입어 나는 무사히 지하철 여행을 마쳤다. 겨우 네 정거장이었지만 가슴이 벅차서 가족들에게 인증샷을 보냈다. 지하철 탑승은 내가 불안 때문에 못 하게 됐던 일의 목록에서 마지막 정거장쯤 됐다.

내가 사람 구실 못 한다고 자괴감을 느끼게 하는 몇 안 남은 요인 중 하나였다. 지하철만큼 말도 못 하게 무서웠던 게 엘리베이터였다. 지금은 3층 넘게 이동해야 할 때 엘리베이터가 있어서 얼마나 다행인지 모른다. 오랫동안 걸림돌이었던 것이 어느 순간 그렇게 대수롭잖고 오히려 유익한 것이 되다니 참 신기하다.

잠깐, 스피커에서 쩌렁쩌렁 안내 메시지가 나오고 있다. 신호기가 고장 났다면서 전부 하차하란다. 그렇다면 노던선Northern Line을 타야 할지 고민이다. 노던선은 여전히 좀 꺼려진다. 전철이 땅 밑으로 너무 깊숙이 들어가기 때문이다. 하지만 익숙해지려고 노력 중이다. 이제 나는 아무리 작은 성취라도 자축해야 하고, 오늘 뭔가가 잘 안 된다고 함부로 자책하면 안 된다는 것을 안다. 언젠가는 잘될 날이 오겠지. 달리다 보면 할 수 있다는 자신감이 생길 거야.

처음에 달리기를 시작했을 때는 새로운 코스로 가는 것을 망설였다. 새로운 코스로 달리다가도 허겁지겁 집으로 돌아오곤 했다. 하지만 시간이 흐르자 백팩을 메고 복잡한 코스를 달리며 기운이 쭉 빠질 때까지 도시를 누빌 수 있게 됐다. 그럴 때는 불안이 비집고 들어올 틈이 없었고 불안을 상대해줄 기력도 없었다. 전에 누가 운동을 시작하는 계기가 되었다며 말해준 글귀가 있다. 아무리 찾아봐도 정확히 어디서 나온 문장인지는 모르겠는데 아무래도 새뮤얼 존슨의 수필 『나태의 해악The Mischiefs of Total Idleness』에 나오는 말이 변형된 게 아닐까 싶다. 원문이 어떻게 생겼는지 몰라도 나는 내가 들은 문장이 마음에 든다. "정신의 깊은 병은 육신의 혹사로 다스리는 게 상책이다." 우리 집 쿠션에 새겨둘까 싶다. 내가 육신을 혹사했는지는 모르겠지만 어쨌든 몸을 쓰면서 많은 것이 달라졌다.

한달음에 5분을 달리게 됐을 때는 조금 막막했다. 이제 뭘 하지? 길잡이가 필요했다. 그래서 초심자용 5K 훈련 프로그램을 내려 받았다. 그런 앱은 찾아보면 다양하게 있다.[1] 달리기 앱은 입문자가 달리고 걷기를 반복하며 점점 주행 거리를 늘려서 결국에는 연속으로 30분(약 5킬로미터)을 달릴 수 있게 훈련시킨다. 달리기를 시작해볼까 하는데 왠지 만만치 않은 싸움이 될 것 같다면 앱을 이용하길 권한다. 사용법은 무척 간단하다. 굳이 다음 단계로 넘어가고 싶지 않다면 계속 초보 단계를 유지해도 된다. 하다 보면 여기가 한계다 싶을 때도 있지만 그런 순간에도 달리기 실력은 향상된다.

나는 앱이 시키는 대로 달리기에 점점 더 멀리 가는데도 무섭지 않았다. 어차피 1분 더, 1킬로미터 더 달리는 것뿐이었다. 어떤 극적인 변화를 부르는 게 아니라 미리 짜인 계획에 따라 조금씩 거리를 늘리는 것뿐이었다. 나는 그렇게 6주 후에는 영예롭게도 5킬로미터를 주파했다. 하늘을 나는 기분이었다. 그렇게 먼 거리를 달리다니 정말로 어깨에 날개라도 돋친 줄 알았다. 내 힘으로 새로운 것을 터득했다는 데서 엄청난 보람을 느꼈다.

그렇게 고생 끝에 목표점을 통과하자 해방감이 들었다. 러닝화를 새로 샀다. 달릴 때 흘러내리지 않는 짱짱한 레깅스도 샀다. 자꾸 축축 늘어지는 가방 대신 쓸 열쇠고리와 벨트도 여러 개 장만했다. 전부 자질구레한 것이었지만 내 기대감이 담겨 있었다. 운동화와 물병에 돈을 쓴다는 것은 달리기의 유익함을 알았으니 여기서 멈추지 않겠다는 다짐의 표현이었다.

해방감의 풍경
✕✕✕

나는 매번 달리기가 진심으로 기대됐다. 가족, 친구, 일도 날마다 찾아오는 불안과 실패한 결혼의 기억으로부터 눈을 돌리는 좋은 구실이 됐지만 그것만으로는 부족했다. 혼자 할 수 있는 뭔가가 필요했다. 그래서 매일 아침 일찍 일어나서(전 남편은 해가 중천에 떠도 모르는 내 수면 능력이 늘 불만이었다) 바나나 하나를 목구멍에 쑤셔 넣고는 밖으로 나갔다. 짜릿한 코스는 없었다. 큰길과 평지로만 달렸다. 낯선 곳에 가면 너무 불편하기 때문에 똑같은 코스를 많이 달렸다. (혹시 런던에서 달릴 만한 곳을 찾고 있다면 리젠트 파크 외곽을 따라 도는 코스를 추천한다. 단조롭고 지루하긴 해도 무난한 코스다.)

주변에 대단한 볼거리가 없는데도 나는 전혀 지루한 줄 몰랐다. 오히려 그것을 작은 발전의 기회로 삼았다. 예를 들면 지나가다 보이는 큰 가게에 들어간다든가, 큰길을 건넌다든가 하는 것이었다. 혹은 도중에 졸아서 집으로 도망치지 않는다면 맛있는 커피를 한 잔 마시자고 다짐하기도 했다. '딱 1분만 더!'가 나의 슬로건이 됐다. 1분만 더 달리는 것은 누구나 할 수 있다. 매초가 지옥 같아도 1분은 버틸 수 있다. 내 경우에는 1분만 더 뛰자고 기를 쓰고 발을 떼다 보면 최소 5분은 더 뛰었다. 그리고 내가 두려워했던 것과 달리 낯선 곳에 가도 공황 발작이 일어나지 않았다. 나는 고요와 여유를 누렸다. 나의 불안한 마음에는 익숙하지 않은 정서였다.

밖에서 점점 자신감이 붙으면서 나는 나 자신을 조금 더 밀어붙였다. 계속 한계에 도전하면서 그 한계란 게 놀랄 만큼 탄력적이라는 것을 확인했고 좀 더 멀리 달려도 괜찮다는 증거가 있었다. 그동안 직접 볼 생각을 못 했던 기념물, 박물관, 역사적 건물을 찾아서 일부러 그쪽으로 가는 코스를 짰다. 보통 그러려면 어슬렁거리는 여행객과 바삐 움직이는 사람들로 붐비고 자동차 경적과 온갖 소음이 가득한 동네들을 지나야 했다. 전에는 무슨 전염병 발생지라도 되는 것처럼 피하던 곳들이었다. 하지만 마구 뿜어져 나오는 아드레날린을 유감없이 사용하며 리듬감 있게 달리자 무섭기는 커녕 신이 났다.

달리기를 시작하고 내 첫 번째 모험(모험이라는 표현이 좀 거창하다면 나들이라고 할까)의 목적지는 토머스 크롬웰이 살던 집이었다. 크롬웰이 주인공인 힐러리 맨틀의 대작 『울프홀 Wolf Hall』을 읽고 인터넷에서 그의 생애에 대해 이것저것 알아보던 때였다. 그는 한때 런던의 구시가지, 즉 시티 오브 런던에 있는 오스틴 프라이어스에서 살았다. 지금은 통유리 건물들과 비싼 옷을 입은 은행 직원들로 유명한 곳이다.

온라인에서 대략적인 코스를 알아보고 밖으로 나갔다. 그날은 토요일이었는데 거기까지 얼마나 걸릴지 몰라서 다른 계획은 다 취소했다. 처음부터 빨리 달리다가 몇 분 만에 에너지를 소진해버린 적이 많았기 때문에 일단은 천천히 달렸다. 런던 북부를 관통하는 홀로웨이 로드를 타박타박 달리면서 예스러운 미용실, 화려한 휴대전화 케이스를 파는 가게, 할머니들이 야외 테이블에서 커피를 마시고 담배를 태우는 카페를 창 너머로 들여다봤다. 어퍼스트리트에서 초호화 가구점들을 지나니까 잘 다듬어진 산울타리 너머로 나 같은 염탐꾼에게 그 운치 있는 거실을 보여주지 않기 위해 블라인드를 친 아름다운 타운하우스들이 나왔다.

이제 나는 쌩쌩 달리고 있었다. 음악을 들으면서 속도를 높이고는 햇살 아래를 걷는 사람들 사이를 요리조리 누볐다. 패링던에 이르자 인파가 줄어들었다. 오래된 소방서, 철길, 말더듬이 아동 치료 센터를 지났다. 스미스필드의 오래된 축산시장을 통과한 후 현대식 건물들 뒤에 숨어 있는 아름다운 성당을 보려고 걸음을 멈췄다. 안 그래도 온몸이 뻐근하고 윗도리가 땀으로 흠뻑 젖어서 좀 멈춰야 했다.

하지만 나는 금방 또 달리기 시작해서 유년기 이후 한 번도 가본 적이 없었던 세인트 폴 성당을 지났다. 종소리가 울리고 성당 바깥의 커다란 계단에 사람들이 옹기종기 모여 있었다. 시야의 한쪽 끝으로 밀레니엄 다리가 보였다. 예전에는 흔들다리로 불릴 만큼 흔들림이 심했기 때문에 나는 그 다리를 한 번도 건너본 적이 없었다. 잠깐 본래 코스에서 벗어나기로 했다. 기운이 넘치고 러너스 하이 덕분에 기분도 좋은 데다 갑자기 다리의 피로까지 싹 가셨다. 그래서 밀레니엄 다리로 들어섰고, 다리를 반쯤 건넜을 때 멈춰서 주위를 둘러봤다. 순간, 뒤통수를 한 대 얻어맞은 기분이었다.

내가 사는 도시, 내가 10년 넘게 무서워했던 도시가 이렇게나 웅장하고 아름다웠다니! 그동안 나는 어서 이 도시에서 탈출해 그 번잡함과 소음과 인파를, 내 마음의 두려움을 잊고 한적한 시골에서 살 날만 꿈꾸고 있었다. 하지만 그 다리 위에 혼자 서고 보니 내가 태어난 도시가 완전히 다르게 보였다. 그 도시는 내게 그 어떤 악의도 없었다. 그 큰 도시에 드리운 것은 어둠과 냉소가 아니라 빛과 고요였다. 발아래에 강물이 흐르는데도 다리가 무너져서 내가 얼음장 같은 물에 빠질 것이라는 최악의 시나리오가 머릿속을 맴돌지 않았다.

나는 런던의 남쪽으로 건너가 다음 다리인 서더크 다리까지 쭉 달렸다. 그리고 원래 코스로 돌아왔다. 계속해서 시티 오브 런던을 달렸다. 은행과 대부분의 상가가 문을 닫는 주말의 시티 오브 런던은 어딘가 은밀하고 신비롭게 느껴진다. 길에서 만나는 사람이라고는 어리둥절한 표정으로 런던탑을 찾는 여행객들뿐이다. 이곳에는 거리마다 안내판이 최소한 하나씩은 붙어 있다. 지금 있는 곳은 예전에 베들럼 정신병원이 있던 자리라느니, 런던 대화재의 발화점이라느니 하는 안내판이다. 역사를 간직한 작은 건물들이 번쩍이는 금융 기관들 사이에 고집스레 버티고 서 있다. 그리고 하나같이 저 옛날의 런던을 떠올리게 하는 푸딩 레인Pudding Lane(중세 시대에는 동물의 내장을 푸딩이라고 불렀다. 푸딩 레인이라는 명칭은 당시 고기를 싣고 가던 수레에서 떨어진 내장들이 즐비했다는 데서 유래했다—옮긴이), 세인트 메리 액스St Mary Axe(본래는 중세의 교구명—옮긴이), 브레드 스트리트Bread Street(중세에 빵 가게가 늘어서 있던 거리—옮긴이), 러드게이트 서커스Ludgate Circus(러드게이트는 고대 브리튼의 러드 왕이 만든 것으로 전해진다—옮긴이) 같은 거리명이 매

6K _ 공황을 뚫고 달린다

력적이다.

나는 길을 잃고 녹음이 우거진 광장 주변을 달리다가 마침내 크롬웰이 살던 거리를 발견했다. 오스틴 프라이어스. 크롬웰이 헨리 8세를 위해(때로는 왕에게 대적해) 계획과 계략을 세우던 곳이다. 그의 집은 딱 두 구역만 남아 있고 길모퉁이의 테스코 마트가 과거의 경계선 중 일부를 차지하고 있다. 하지만 나는 기뻤다. 달리기 앱(나는 무료 어플을 쓰지만 말했다시피 온라인에 비슷한 앱이 많고 책 말미에 그 목록을 정리해놓았다)을 보니까 7킬로미터를 달렸다. 역대 최고 기록이었다.

게다가 그때껏 가본 적이 없는 시내 곳곳을 혼자서 달렸는데도 공황이 덮치지 않았다. 아무도 내가 어디 있는지 모른다는(평소에 집 밖에서 헤맬 때는 불안해하지 않으려고 누구한테든 전화를 걸었다) 생각이 들자 마음이 가벼워졌다. 나는 완전한 자유인이었다! 그곳에 좀 더 머물면서 자유를 만끽했다. 새로운 장소를 탐색하겠다는 목표를 세우고 달성했다는 사실이 흐뭇했다.

『울프 홀』에 크롬웰이 헨리 8세를 가르치면서 그 누구도 하지 못하는 직언을 하는 장면이 나온다. 그는 왕에게 전쟁을 일으키지 말라고, 그 비용을 감당하지 못해 큰 타격을 입을 거라고 말한다. 왕은 통치자에게 필요한 덕목은 검약만이 아니라고 반박한다. 그러자 크롬웰은 통치자에게 또 하나 필요한 덕목이 있다면 불굴의 의지라고 대답한다. "불굴의 의지. (…) 그것은 목표를 끝까지 고수하는 능력입니다. 끈질긴 인내심입니다. 자신을 제약하는 것을 감내하는 힘입니다."[2]

과연 명문이다. 사람들이 맨틀의 책에서 나온 문장인지는 몰라도 여기저기서 명언이라고 쓸 만하다. 헌법이 천지개벽 수준으로 바뀌지 않는 한 내가 왕이 될 리는 없다. 그럼에도 오스틴 프라이어스에 서 있는 동안 저 문장이 뇌리를 스쳤다. 처음으로 대담한 여정을 마친 순간이었다. 그러는 동안 불안감을 한구석에 붙들어 맸다는 사실에 뿌듯했다. 평생 나를 제약하던 것을 견딜 수 있게 됐으니 이제 또 무엇을 할 수 있을까?

불안과의 정면 승부

✖✖✖

나는 달리기를 통해 겁내지 않는 법을 배웠다. 힘껏 지면을 디디면서 뇌를 지치게 하자 지하철 승차처럼 오랫동안 내 안에 깊은 상처로 남아 있던 각종 공포증과 두려움이 서서히 줄어들었다. 마침내 보일 듯 말 듯한 명만 그 자리에 남았다. 이제 나는 내 두 발로 어디든 갈 수 있고 집으로도 돌아올 수 있다는 것을 안다. 달리기를 시작하기 전에 내가 얼마나 심하게 속박되어 있었는지를 가끔 잊어버리기도 한다. 하지만 이렇게 글을 쓰면서 그 시절의 불행한 삶을 되새기자니 기분이 묘하다. 예전에 내게 잘해줬던 상담사 선생님이 문득 보고 싶어져서 얼마 전에 다시 찾아갔다. 그는 내가 파경에 즈음해 처음 상담을 받으러 왔을 때는 거의 집에만 갇혀 지냈다고 했다. 그렇게 암울했던 시절이 이제는 까마득한 옛날 같다. 물론 절대 방심해서는 안 된다. 지금도 불안한 생각이 들거나 악몽을 꿀 때가 있고 가끔은 그 두 가지를 동시에 겪기도 한다. 하지만 달릴 때는 아니다. 달리는 순간에는 그런 게 얼씬도 못 한다.

생전 안 하던 뭔가를 시작하고 지속하다니 예전의 내게는 거의 불가능한 일이었다. 그래서 달리기를 시작하고 일찍부터 자신감이 붙었다. 그 자신감 덕분에 다시 내 몸에 대한 믿음이 생겼다. 나는 코스 설계자이면서 운전자이고 승객이었다. 내가 어느 길로 갈지 생각하거나 열심히 숨을 고를 때 내 뇌는 닥치고 있어야 했다.

말하자면 나는 마침내 불안증과 정면 승부를 펼치고 있었다. 물론 그 방법이 달리기뿐인 것은 아니다. 다만 내가 달리기를 택했을 뿐이다. 걱정과 근심의 맹공격으로 구석에 몰렸으니 뭐든 탈출구를 만들어줄 만한 것을 시도하는 게 당연했다. 그러면서도 나를 겁나게 만드는 것(사실상 모든 것)에 더욱더 부딪혀야 했다. 일종의 노출 요법이었다. 나는 걱정에 질질 끌려다니다가 더는 못 참겠다고 반기를 들었다.

이전에는 두려움을 피해 달아나거나 터무니없는 생각과 말싸움을 벌였지만 그런 것은 전혀 도움이 되지 않았다. 회피 전략은 달콤한 사탕 같지만 사실은 독극물이다. 무섭다고 피하기만 하면 두려움이 더 강해진다. 공황이 몸집을 불려서 마음을 집어삼킨다. 그런데도 나는 노출 치료를 미친 짓으로 치부했었다. 무서운 것에 일부러 노출된다고? 거미만 보면 심장이 얼어붙을 것 같은 사람이 일부러 타란툴라를 만진다고? 하지만 내가 생각했던 것만큼 황당한 치료법은 아니다. 1950년대부터 보급된 노출 치료는 두려움이 어디서 기원했고 어떤 형태로 나타나는지를 파헤친다. 강박장애나 공포증이 있는 사람에게 특히 효과가 좋다. 예를 들어 내 마음이 이런 식으로 굴러간다고 해보자(실제로도 이렇다).

- 걱정이 생긴다
  — '만약 이 비행기가 무사히 도착하지 못하면 어쩌지?'
- 그런 생각이 든 이유를 따져보고 파국을 예상한다
  — '만약에 비행기가 추락하면?'
- 불안과 관련된 신체 증상이 나타난다
  — 손에 땀이 나고, 가슴이 두근거리고, 아드레날린이 분출된다.
- 이런 증상이 걱정의 타당성을 증명하는 것처럼 느껴져 두려움이 더욱 커진다.

- 순식간에 겁을 먹었기 때문에 공황 발작이 시작된다.
- 두려움을 막기 위해 5년간 비행기를 안 탄다.

  (대신 장거리 열차를 이용하면 사우나처럼 후끈거리는 침대칸에서 땀을 뻘뻘 흘리며 생판 모르는 사람과 이층 침대를 같이 써야 한다. 애도 아니고 썩 유쾌한 경험은 아니다)

앞에서도 말했지만 인지행동치료에서는 최초의 질문으로 돌아가 더 합리적인 대답을 도출하게 한다. 좀 지루하고 다리를 뻗을 공간이 좁긴 해도 비행기는 멀쩡하게 목적지에 이를 것이다. 이런 식으로 질문을 처리하면 파국을 생각하며 두려워할 때 나타나는 반응이 서서히 누그러진다.

노출 치료도 무서운 생각이나 사물에 서서히 노출되면서 걱정이 기우에 불과하다는 것을 깨닫고 두려움이 완화되는 것을 목표로 한다는 점에서 인지행동치료와 비슷하다. 다만 좀 더 극적일 뿐이다. 가령 쥐를 무서워하는 사람이라면 우선 쥐라는 단어를 반복해서 말함으로써 그 말이 편해지게 한다. 다음으로는 쥐 사진을 보면서 어떤 기분이 드는지를 이야기한다. 그다음은 멀리서 쥐를 보거나 가까이 가서 만지는 것이다. 우웩, 나도 쥐는 만지기 싫어!

나는 내 나름의 노출 치료를 실천했다. 나는 두려움의 역치가 다른 사람들보다 훨씬 낮다. 내가 스카이다이빙이나 등반을 했다는 말은 아니다. 내 목표는 남들에 비해 소소했다. 내가 원하는 것은 대중교통을 타고 친구를 만나러 가서 저녁 내내 즐거운 시간을 보내는 것이었다. 혹시라도 집에 불이 났으면 어쩌지, 차에 치이면 어쩌지, 가족한테 사고가 났으면 어쩌지 하는 걱정 따위는 하지 않고 말이다. 만약에 달리기를 통해 내 두려움이 항상 타당하지는 않다는 것을 깨닫지 못했다면 불가능했을 일이다.

나는 러닝화를 신고 내 존재에 아로새겨진 두려움을 돌파했다. 나를 조금이라도 두렵게 하는 장소나 습관(심장박동이 빨라지는 것)을 날마다 찾아냈다. 짧은 거리나마 지하철을 탔고, 일부러 붐비는 시장과 혼잡한 도로를 달렸다. 호시탐탐 나를 덮칠 기회만 노리는 것 같던 최악의 사태는 단 한 번도 실현되지 않았다. 공황 발작, 기절, 교통사고, 테러, 태풍 등 내 마음이 나를 집에만 틀어박혀 있게 하려고 들이밀었던 온갖 불상사가 코빼기도 비추지 않았다. 어떤 코스를 달리다가 왠지 가슴이 조마조마해지면 겁을 집어먹고 내빼는 대신 오히려 그 코스를 달리고 또 달렸다. 그 코스가 지루하게 느껴질 때까지. 오랫동안 아드레날린 과다 분비에 시달린 사람에게는 지루함이 묘하게 매력적으로 다가온다.

불안감이 심해지거나 터무니없는 생각이 차오른다면 단 5분이라도 일부러 달렸다. 파경을 맞고 몇 달간은 그런 날이 참 많았다. 어떤 날은 아침에 눈을 떴을 때 별거 중인 남편이 회사에서 동료들과 웃고 떠드는 꼴을 볼 생각만 해도(우리 자리는 겨우 5미터 간격이 었다) 걱정이 회오리처럼 몰려왔다. 또 어떤 날은 저녁에 적막한 아파트를 홀로 지키다가 잠을 청할 자신이 없었다. 그래서 출근 전에 밖에 나가 달리면서 아드레날린을 분출하고 회사에 갈 용기를 얻었다. 긴긴 저녁을 두 동강 내기 위해 근처 공원을 달렸다. 그러고 나면 항상 마음이 진정되고 또 하루를 버틸 기운이 생겼다.

그것은 러너스 하이와 달랐다. 그 시점에 나는 어떤 짜릿함보다는 일시적인 해방을 원했다. 달리면 마음이 가라앉았다. 내 마음속에서 걱정의 똬리를 만들고 침투적 사고를 재생하는 영역이 잠깐 가동을 멈추는 것 같았다. 이것은 1976년에 출간된 태디어스 코스트루발라의 『달리는 즐거움The Joy of Running』에서 몬티 데이비스라는 러너가 잘 표현했다. "달리면서 자신을 한심하게 여기기란 어려운 일이다."[3]

아마도 그 시절에 나는 자신을 퍽 한심하게 여겼던가 보다. 온갖 걱정을 유발하는 세상에 화가 나 있었다. 나를 사랑해주는 가족, 경제적 안정, 직장, 친구들이 있는 것만 해도 큰 복인 줄 모르고 큰 문제 하나에만 집착했다. 불안증 때문에 내가 사람 구실 못 하고, 결혼을 망치고, 모험도 못 한다고 생각했다. 불안증이 그렇게 활개 치게 놔둔 장본인이 바로 나란 생각은 하지 않고.

그런데 달릴 때는 화가 나지 않았다. 숨이 차거나 발이 납덩이처럼 무거울 때, 너무 배가 고파서 더는 달릴 수 없을 때 답답하긴 했어도 화는 나지 않았다. 힘들고 불편한 상황이 닥쳐도 가슴이 조마조마한 느낌이 덜했다. 그런 상황에서 냅다 도망치지 않았다. 별거 중인 남편이 연애를 시작한 것을 알게 되면 속에 있는 것을 다 게우거나 졸도하거나 며칠 동안 울 줄 알았다. 하지만 실제로 그런 일이 닥치니까 그렇지 않았다(잠깐 울긴 했지만). 섭섭하고 슬펐지만 이제 미약하나마 나를 최악의 고통으로부터 보호해 줄 갑옷이 생긴 것 같았다. 전신 갑옷은 아니어도 가슴을 덮어줄 정도는 되었다.

    단순히 마음이 단단해진 게 아니라 삶의 태도가 바뀐 기분이었다. 이제는 일상적인 것 때문에 심란하지 않았다. 혹시 나만 그런 기분을 느끼는 건가 싶어서 '달리면 강해진다', '달리면 동요하지 않는다', '달리면 울지 않는다' 같은 말로 검색을 해봤다. 그러다가 2016년에 발표된 한 논문을 발견했다. 연구진은 실험 참가자 중 절반은 30분 동안 달리게 하고, 나머지 절반은 가벼운 스트레칭을 시켰다. 이후 모든 참가자가 1979년 영화 〈챔프 The Champ〉에서 감동적인 장면을 봤다(평론가 유튜버들이 하나같이 '감동의 도가니'라고 말하는 장면이다). 이때 달리기를 했던 참가자 중에서 과거 슬픈 소식을 듣거나 스트레스를 받을 때마다 감정이 쉽게 동요했던 사람들은 평소보다 부정적인 반응이 약하게 나타났다.[4] 그러니까 내가 갑옷을 입은 듯한 묘한 기분을 느낀 게 상상의 산물은 아니었다. 유산소 운동을 하면 사람의 감정 반응이 바뀌는 것 같다.

이제 나는 나를 도울 수 있다
✼✼✼

항상 머리가 복잡하거나 남들보다 예민한 사람이라면 달리기의 매력을 쉽게 이해할 수 있을 것이다. 스누커(여섯 개의 포켓과 22개의 공을 이용하는 당구 종목 —옮긴이)계의 전설 로니 오설리번이 자신의 중독 증상과 불안에 대해 솔직하게 쓴 책이 있다. 바로 『달리기Running』. 그는 인생이 바닥을 칠 때마다 달리기에 의지했다(그는 아버지가 살인 혐의로 투옥되는 등 수차례 인생이 바닥을 쳤다. 이 책은 진짜 '강추'한다!). 오설리번은 자꾸만 자신을 깔보고 최악의 시나리오를 이야기하는 '뇌 속의 원숭이'에 대해 말한다(그렇게 의인화할 생각까진 못 했지만 내게도 익숙한 증상이다). 그런 침투적 사고가 경기에서 제 실력을 발휘하지 못하게 한다. 그는 침투적 사고를 극복하기 위한 수단으로 약물과 알코올에 다시 의존하지 않으려 애쓴다. 그리고 달리기에서 그런 부정적인 생각과 습관을 날려버릴 길을 찾는다. "나는 달리기에 중독됐다. 내 생애에서 가장 좋은 중독이다. 달리기는 끊임없이 매번 짜릿함을 준다."[5]

오설리번은 달리지 않으면 예전의 습관으로 돌아간다. 그는 자신이 '극단을 오가는 사람'이라고 여러 번 표현한다. 나도 그렇다. 무엇이든 '적당함'을 모른다. 기분이 시궁창에 처박힌 것 같거나 하늘을 나는 것 같거나 둘 중 하나다. 경제 사정도 빈털터리가 되어 전전긍긍하거나 잘 벌어서 윤택하게 살거나 둘 중 하나다. 그리고 하루 정도는 몰라도 이틀 이상은 달리기를 빼먹으면 안 된다. 어쩌면 내가 달리기를 맹신하고 있는지도 모른다. 어릴 때 강박장애 때문에 이상한 습관이 생겼던 것처럼 달리기도 일종의 강박행동일지 모른다. 만일 그렇다면 건강한 행동이 아닐 수도 있다. 내가 휴가를 가서도 어떻게든 달린다니까 친구들이 어이없다는 반응을 보였다. 하지만 내가 느끼기에는 달리기가 불건전한 것 같지는 않다. 예전에 불안증이 그랬던 것처럼 내 인생을 쥐고 흔드는 것 같지도 않다. 오히려 나는 두 가지 측면에서 달리기를 신뢰한다.

첫 번째, 달리면 불안감이 약해진다. 아무리 달리기 싫은 날이라고 해도 달리고 나서 후회하진 않는다. 오히려 싫다고 후회할 게 뻔해서 달린다.

두 번째, 달리고 나면 불안에 대한 방어벽이 더 오랫동안 유지된다. 첫 번째 설명과 달리 명백한 과학적 증거는 없는 듯하지만 어쨌든 내 느낌은 그렇다. 이게 플라세보 효과에 불과하다고 해도 괜찮다.

내가 오래 겪어봐서 아는데 평생 불안증이나 우울증에 시달린 사람은 남은 생도 그럴 것이란 사실을 받아들여야 한다. 인생이 바닥을 찍고 올라왔으니 이제 정신 질환에서 해방되는 게 당연하다고 생각한다면 위험한 현실 부정이다. 『입문자를 위한 불안증 안내서』라는 명저를 쓴 엘리너 모건이 내게 해준 명언이 있다. "흔히 생각하는 해피 엔딩은 존재하지 않아요. 불안증을 감내하며 사는 게 해피 엔딩이죠."[6]

그렇다. 불안증이나 우울증이 '완치'되어 다시는 그런 증상을 겪지 않을 확률은 희박하다. 그러니까 자신에게 질병(장애나 문제라고 불러도 좋다)이 있다는 것을 인정하고 무엇이 그 도화선인지를 파악해서 증상을 최소화하려고 노력하는 수밖에 없다.

무엇보다도 적절한 대처법을 찾는 게 중요하다. 나는 달리기 싫을 때가 많아도 매일 달리는 것으로 효과를 톡톡히 보고 있다. 일생일대의 결별을 경험하고 6개월이 지났을 때 최악의 편도선염에 걸렸다. 병원에서 온갖 치료법을 다 써도 낫지 않았다(엄마는 온갖 스트레스에 몸이 망가져서 그런 것 같다고 했는데 틀린 말은 아닌 것 같다). 크리스마스이브에 의사가 내 입안을 보더니 곧장 응급실로 보냈고, 나는 거기서 바로 입원했다. 크리스마스이브에 혼자 병실에 갇힌 신세라니, 재수가 없어도 참! 링거를 맞고 식사 대용으로 젤리만 먹으면서 처량하게 밤을 보내고 크리스마스에 퇴원해서 2주간 침대 신세를 졌다. 원래 나는 병이 나면 현저하게 우울해지는 사람인데 그때는 병세가 얼마나 지독했던지 아주 기분이 바닥을 쳤다. 자꾸만 눈물이 나고 침투적 사고가 이때다 하며 달려들었다. 그동안 내가 많이 달라진 줄로만 알았는데 침투적 사고는 어디에 냉동 보관이라도 되어 있었는지 예전과 레퍼토리가 똑같았다.

그 일로 나는 항생제가 모든 사람에게 통하진 않는다는 찜찜한 교훈 외에도 두 가지 중요한 깨달음을 얻었다. 하나는 기분이 바닥을 친다고 무조건 불안증과 히스테리가 도지진 않는다는 것이다. 매번 증세가 재발할까봐 걱정되긴 했어도 이제는 내가 상황을 이성적으로 봐야만 한다는 것을 알았다. 나는 몸이 무척 아팠고, 그럴 때는 뇌에서 화학물질이 잔뜩 분비되었다.

슬프고 걱정스러운 마음이 드는 게 놀랄 일도 아니었다. 요즘도 몸이 아프면 그런다. 기분이 축 처지면서 별것도 아닌 일에 스트레스를 받는다. 호르몬 때문에도 그렇다. 생리 전날이면 어김없이 걱정이 태산이 되면서 의기소침해진다. 그래도 지금은 왜 그런지 아니까 한결 낫다. 발전이라면 발전이다. 나는 몸이 아파서 기분이 바닥을 칠 때는 이를 인정하되 그로 인해 후폭풍이 몰아칠 것이라 지레 걱정하진 않는 법을 터득했다. 지금도 그렇게 해야 한다. 내 마음이 항상 뭔가 불길한 것을 찾기 때문에 항상 현실적인 시나리오로 맞받아쳐야 한다. 매번 쉬운 일은 아니다. 보통 내가 공황을 인지하고 몰아내려 할 때는 이미 뇌가 트랙을 몇 바퀴 달린 후이기 때문이다. 그렇다고 포기하면 안 된다. 솔직히 그냥 드러누워서 불안감에 주도권을 넘겨주고 싶을 때도 있다. 무슨 말도 안 되는 소리인가 싶겠지만 불안감이 평생의 동반자였기에(그리고 다른 어떤 감정보다도 강렬할 때가 많았기에) 차라리 그러는 편이 나을 것도 같다. 물론 그것은 착각이다. 그러니 계속 저항해야 한다.

또 하나 깨달은 것은 내가 금방 바닥을 치고 올라온다는 것이었다. 열아홉 살 때 선열을 앓은 후에 나는 그때껏 경험해보지 못한 심한 우울증과 불안증에 시달렸다(그것이 20대의 정신적 고난을 부른 게 분명하다). 온몸과 마음이 약해졌다. 툭하면 침대에 누울 만큼 "이 모진 세상을 살기엔 너무 나약한" 나를 두고 가족들은 제인 오스틴의 소설에 나오면 딱이라고 놀렸다. 그건 오스틴이 『오만과 편견』의 리지 베넷처럼 운동을 좋아한다고 손가락질받는 건강하고 당찬 인물도 창조했다는 것을 모르고 하는 소리다. 아차차, 이야기가 옆길로 샜네. 여하튼 이번에는 그 고약한 편도선염 때문에 고생하긴 했어도 후유증이 남진 않았다. 나는 정확히 2주 후부터 다시 달렸다. 남부끄러울 정도로 느린 속도라서 달리기를 처음 시작했을 때로 돌아간 것만 같았지만 그러거나 말거나 달렸다. 다행히 몸이 기억하고 있었다. 근육이 물 만난 물고기처럼 움직였다고까지는 말 못 해도 다시 달리기로 복귀한 것을 환영하는 것 같았다. 다시 슬금슬금 기어들어 오던 걱정거리들이 싹 날아갔다. 엘리너 모건에게 비슷한 말을 들었다. 그녀도 큰 수술을 받은 후 마음이 축 늘어지고 불안감이 엄습했을 때 다시 운동을 하니까 비로소 불안감이 잠잠해졌다고 한다.

그쯤 되자 결별의 상처가 조금 아문 것 같았다. 결혼한 지 1년도 안 되어 남편이 떠났다는 것을 이제는 주변 사람들도 다 알고 있었다. 이제는 괜히 안아주려 하거나 안쓰럽다는 표정을 짓는 사람도 없었다. 파경을 극복하는 단계에 접어들었는지 기분이 그럭저럭 괜찮았다. 구질구질한 데이트도 좀 했다. 말하자면 상태가 아주 좋진 않아도 이전보다는 나았다.

그런데 이럴 때가 내게는 위험한 시기다. 불안증이 완화되어 마음이 안정되면 쉽게 방심해버린다. 불안증을 격파했다고 안일하게 생각한다. 하지만 엘리너 모건의 말처럼 불안증은 평생 안고 가야 한다. 때마침 몸이 아파서 일시적으로 감정이 바닥을 쳤기에 다행이지, 그렇지 않았으면 아마 달리기를 관뒀을 것이다. 내가 달리기의 도움을 받아 불안증을 극복한 줄로만 알았을 것이다. 그때 내가 마라톤과 파크런에 참여하고 개인 기록을 세우려는 마음이 있었을까? 평생 달리려는 마음이 있었을까? 아마 아닐 것이다. 하지만 그해 크리스마스에 내가 불안증을 완전히 떨쳐버리지 못했다는 것을 깨달았기 때문에 달리기에 대한 각오를 다시 한번 다질 수 있었다. 달리기는 내 힘으로 나를 돕는 길이었고 내가 어렵게 찾은 길이었다. 기왕이면 일광욕을 즐기며 와인을 마시는 게 내 구원의 길이었다면 좋았겠지만 원래 인생은 고통스러운 것이다. 그렇지 않다고 말하는 사람이 있다면 뭔가 다른 꿍꿍이가 있기 때문이다(이 명대사를 모른다고? 그럼 〈프린세스 브라이드The Princess Bride〉를 꼭 보고 오길 바란다!)

7K

달리면서
소리 지르기

✕

오늘은 에든버러를 달렸다. 친구와 휴대전화를 호텔에 남겨두고 나왔다. 목적지를 정하지 않고 번화가를 내달리다가 붉은빛에 물든 에든버러성의 위용에 넋을 잃었다. 발밑에서 흔들리는 자갈을 느끼자 발목을 삘 수도 있겠다는 생각이 들었다. 내 앞으로 난 길에 정신을 집중하고 리듬을 탔다. 휴대전화 없이 달리기는 처음이었다. 휴대전화는 내 안전망이나 다름없다. 휴대전화 없이는 가게에도 가본 적이 없다. 왜냐하면 만약에, 혹시, 만에 하나… 무슨 일인지는 몰라도 무슨 일이 생길지 모르니까.

 나는 이 도시를 잘 모르니까 평소 같았으면 가슴이 조마조마했을 테지만, 오늘은 그게 무슨 대수랴 싶었다. 혼자인 게 좋았다.

아니, 그냥 좋은 정도가 아니었다. 고삐 풀린 망아지가 된 느낌이었다. 에든버러는 언덕이 많아서 허파가 시위라도 하듯이 화끈거렸지만 아름다운 풍광이 나를 계속 달리게 했다. 좀 편하게 달릴 수 있을 것 같은 길이 보여서 큰길에서 벗어났다. 30분 후에 나는 에든버러 북부의 항구 지역인 리스에 이르렀다. 다른 곳보다 한적한 분위기였다. 멀리서 갈매기들이 바람에 몸을 싣고 출렁이듯 날아가고 있었다. 아무래도 바다 쪽으로 가는 것 같아 쫓아가기로 했다. 모퉁이를 돌자 갈매기들이 깍깍 울어대는 부두가 나왔다. 헉 소리가 절로 나왔다. 눈앞에 오색찬란하게 칠한 배가 서 있었던 것이다. 유틀란트 해전을 기념하기 위해 위장 도색을 한 함선이었다.

이 화려한 도색은 1차 세계대전 때 탄생했다. 적군이 아군 함선의 속력과 진로를 예측하지 못하도록 혼란을 일으키기 위해서였다. 이 기념용 함선의 설계자는 1차 대전 당시 위장 도색 함선을 만드는 데 기여했던 이들을 기리기 위해 배에 '에브리 우먼'이라는 이름을 붙였다. 위풍당당하고 매혹적인 이 함선은 선 하나하나가 강인한 힘과 불굴의 의지를 찬양하는 것처럼 보인다. 나는 거기서 눈을 떼지 못한 채 생각보다 오래 서 있었다. 그 기운을 흡수해서 마음속에 간직하고 싶었다.

돌아오는 길에 로열 요트 브리타니아를 만났다. 쇼핑센터를 통해 입장하는 그 배는 위세가 대즐 함선에 훨씬 못 미쳤다. 그게 너무 웃겨서 자꾸만 웃음이 났다. 이러다가 힘이 다 빠져서 숙소까지 달려가지 못할까 걱정되었다.

✖

사람들은 왜 달리기를 결심할까? 여기서 사람들이란 일찍이 학창 시절부터 운동하는 버릇을 들이는 멋진 얼리어답터들이 아니다. 그들에게 경외심을 느끼긴 하지만 어차피 나와는 다른 세상 이야기다. 나는 수십 년간 운동을 멀리했고 지금도 운동이 싫을 때가 많다. 그런데도 운동을 하는 이유는 분하게도 운동이 내게 큰 도움이 되기 때문이다. 어릴 때부터 운동을 하는 사람들은 운동이 얼마나 좋은지 안다. 그들에게는 운동이 일상의 한 부분이다. 마치 밥을 먹는 것처럼, 카드 승인을 거절당하는 것처럼(설마 나만 당하는 건 아니겠지?) 말이다.

내가 궁금한 점은 따로 있다. 그들 말고 운동이 몸에 배지 않은 사람들이 왜 달리려고 하는가. 수십 년간 소파와 한 몸으로 살던 사람들, 동네 가게에 갈 때도 자가용을 타던 사람들, 버스를 놓치면 땀나게 뛰는 대신 다음 버스를 기다리던 사람들이 말이다. 앞에서도 말했지만 어릴 때는 다들 에너지를 마구 발산하며 여기저기 뛰어다닌다. 내 생각에는 다리를 쭉쭉 뻗으며 전력 질주하는 것이 우리의 본성이지만 나이가 들면서 그런 본성을 잃어버리는 것 같다. 그렇게 쉽게 묻혀버리는 본성을 다시 파내는 사람들은 왜 그런 걸까?

물론 신체의 건강이 중요한 이유다. 달리면 체중이 조절되고, 심혈관이 단련되고, 당뇨병에 걸릴 확률이 낮아진다. 바이바 크레건리드는 내게 "운동에는 보상이 따릅니다. 더 강인해지고, 뼈가 더 굵어지고, 세로토닌, 노르에피네프린, 도파민이 더 많이 분비되죠. 더 똑똑해지고요"라고 말했다. 미국에서 연구한 결과, 한 시간을 달리면 수명이 최대 일곱 시간 늘어난다. 음주나 흡연처럼 나쁜 습관이 있어도 그렇다니 나한테는 반가운 소식이다. 그런데 달리기 말고도 몸에 좋은 것으로 판명된 운동이 걷기와 수영을 포함해 한둘이 아니다. 게다가 연초든 언제든 달리기를 시작했다가 작심삼일로 끝나는 사람이 수두룩하다.

영국심장재단British Heart Foundation에 따르면 영국인 2,000만 명 이상이 운동 부족 상태다.[1] 우리는 몸이 쓰기 위해 있다는 것을 잊어버린 듯하다. 운동이 건강에 어떤 이점이 있는지 알려주는 캠페인이 많긴 하지만 사람들이 일어나서 움직이는 이유가 꼭 건강해지기 위해서만은 아닌 것으로 보인다.

사실 달리는 사람들을 보면 어떤 위기를 겪으면서 수년간 잠자고 있던 충동이 눈을 뜨는 경우가 많다. 그것이 단순히 눈앞의 문제에서 최대한 빨리 벗어나기 위한 발버둥일 수도 있겠지만, 나는 그 이상의 뭔가가 있다고 생각한다. 보통 현대인은 종일 앉아서 머리만 쓰고, 그런 생활이 당연시된다. 종일 밖에서 힘들게 몸을 쓰는 대신에 따뜻한 사무실에서 하라는 일은 안 하고 페이스북을 누빌 수 있어서 다행이라고 생각한다. 그러다가 그런 안락한 생활에 균열이 생기면 갑자기 그것만으로는 부족하게 느껴진다.

오늘날 우리는 몸을 혹사하지 않는다. 그것을 발전이라 여기는 것도 이해할 만하다. 많은 사람이 굳이 몸을 쓸 필요가 없이 살다 보니 몸과 분리되는 지경에 이른다. 하지만 종종 그런 안락함만으로는 부족할 때가 있다. 힘든 날이면 벌떡 일어나 소리를 지르고 싶고, 뭐든 집어던지고 싶고, 옷을 찢고 가슴을 치고 싶다. 답답한 삶에 질식할 것 같으면 그 삶을 박차고 뛰쳐나가고 싶다. 하지만 혹시나 두고두고 후회할 굴욕 영상의 주인공이 될까 봐 그렇게 하지 않는다. 대신 근심과 권태에서 벗어나 속이 뻥 뚫릴 만한 것을 찾는다. 그것은 만만치 않은 것이어야 한다. 가끔 인생이 만만치 않은 것처럼. 바로 그 시점에서 많은 사람이 달리기를 발견하는 것 같다.

티베트 승려로 명상 공동체를 운영하고 있는 사콩 미팜은 달리기를 좋아한다. 미팜은 명상과 달리기가 상호보완적인 관계라고 생각한다. 나는 몇 년 전에 기분이 바닥을 쳤을 때 그의 저서 『마음에 대해 달리기가 말해주는 것들 Running with the mind of Meditation』을 집어 들었다. 혹시라도 달릴 때 뭔가 더 심오한 걸 느껴야 하는 건 아닌지, 내가 뭔가 중요한 걸 놓치고 있는 건 아닌지 궁금했다. 그런데 책을 읽어보니 내가 비록 의식하진 못했어도 이미 경험하고 있는 게 많았다. "달릴 때와 명상할 때 우리는 일상의 걱정을 잊는다. 공연한 상상도, 스트레스도, 계획도 없다. 그럼으로써 마음은 강해진다."[2]

'스티븐(가명)'은 명상과 달리기를 병행하면서 어릴 때부터 자신을 괴롭혔던 불안증과 우울증에서 해방됐다고 한다. "난 항상 불안했어요. 부모님이 지저분한 과정을 거치며 이혼했고 가정 환경이 안 좋았죠. 열일곱 살에 처음으로 우울증이 왔고 학교를 일찍 그만뒀습니다. 시험을 치러 갔다가 두 시간 동안 아무것도 안 쓰고 나온 거예요. 그전까지는 우등생이었는데 말이죠."

스티븐은 1년 후 대학에 진학했고 대학 생활은 즐거웠다. "이것저것 할 게 많아서 우울증이 찾아올 겨를이 없었어요." 졸업 후 그는 컴퓨터와 관련된 일을 하면서 가정을 꾸렸다. 현재 56세인 스티븐은 10년 전에 우울증 진단을 받았다. "우울증은 아마 그전부터, 한참 전부터 있었을 거예요. 그 무렵에 갑자기 상태가 안 좋아졌거든요. 마음이 어지럽고 걸핏하면 가족들에게 짜증을 냈어요. 그래서 집안 분위기가 엉망이었죠. 회사 지원으로 상담을 받았는데 별로 도움은 안 됐습니다. 마음이 잠잠해지질 않았죠. 계속 정신이 사나웠다고나 할까요. 그러다 신경이 날카로워지면 그 빌미를 제공한 사람에게 홱 짜증을 내는 거죠. 악순환이었어요. 어느 순간부터는 만사가 나하고 상관없는 일처럼 느껴지더라고요. 사람 구실 못했죠. 가족한테 아무 도움도 안 되고 그냥 폐인이었어요."

마침내 의사를 찾아간 스티븐은 하마터면 진료실에서 울음을 터트릴 뻔했다. "우울증이 심하다면서 대뜸 프로작을 처방해줬어요. 선뜻 손이 가진 않았죠. '아이고, 이건 뇌를 건드리는 놈이잖아' 싶었죠." 그래도 스티븐은 약을 복용했다. "2, 3주쯤 지나니까 증세가 호전됐어요. 다시 사람이 된 것 같았죠. 그러자 이런 생각이 들더군요. 그래, 상담은 도움이 안 됐다 치고 또 내가 할 수 있는 게 뭘까?"

평소 달리기를 즐기는 친구의 권유로 스티븐은 '10K 대회'에 참가했다. 10킬로미터를 완주한 뒤에는 마라톤에 도전했다. 이어서 또 다른 마라톤에 참가했다. 그러면서 또 한편으로는 실험적인 명상 프로그램을 알게 됐고, 거기서 배운 명상법이 달리기와 잘 맞아떨어졌다. "나한테는 달리기가 곧 명상이에요. 달리는 중에는 생각을 많이 하지 않고 주변 환경을 보면서 계절을 감상하거나 두 다리가 들려주는 말에 귀를 기울이죠."

요즘 스티븐은 동호회에서 장거리를 달린다. 그게 그의 삶에서 중요한 친목 행위다(그는 타지에서 일할 때가 많다). "달리기와 명상으로 마음을 진정시킬 수 있게 되었어요. 프로작을 끊을 수 있을 것만 같았죠. 작년부터는 노래에도 취미를 붙였어요. 그 세 가지가 내 든든한 버팀목입니다."

나는 이 책을 쓰기 위해 대화를 나눴던 모든 사람에게 그랬듯이 스티븐에게도 달리면 어떤 기분인지 물었다. 그 질문에는 늘 새로운 대답이 돌아오는데 스티븐의 대답에 빙긋 미소가 지어졌다. "오늘은 또 어떻게 달리게 될지 기대가 돼요. 한 4~5킬로미터쯤 달리고 나서부터 기분이 좋아집니다. 빠르게 내리막길을 달릴 때는 어린아이가 된 듯한 기쁨을 느끼죠."

그 어린아이 같은 기쁨이 우리 마음에 쌓이는 부담을 해소하는 치유제가 된다. 살다 보면 일상의 스트레스에서 벗어나야 할 때가 있다. 우리 삶에는 균형이 필요하다. 일상의 쳇바퀴를 돌다 보면 마음이 경보음을 내면서 갑자기 고장 나버릴 때가 있다. 그런데 우리는 이렇게 중요한 시기에도 좀처럼 쳇바퀴를 멈추지 않으려 한다. 그래서 보통은 인생이 개입해 우리의 의사와 상관없이 쳇바퀴를 멈춰 세운다.

삶에 대한 발언권

✕✕✕

인생의 균열은 여러 가지 형태로 나타난다. 제일 흔한 건 나처럼 중요한 관계가 산산이 깨지는 것이다. 그밖에도 사별, 정신 질환, 실직 등이 인생에 균열을 만들고, 부모가 되거나 세계 여행을 떠나는 것처럼 더 신나거나 덜 힘든 변화도 인생에 균열을 일으킨다. 나는 이 책을 쓰면서 수많은 사람과 이야기를 나누었고 그들에게 왜 달리기를 시작했는지도 물었다. 사람들의 대답은 흥미로웠지만 솔직히 놀랍지는 않았다. 저마다 다른 사연, 다른 역경을 이야기하는데도 그 속에서 한 가지 공통점을 발견할 수 있었다. 다들 탈출구가 필요했다는 것이다. 그들에게는 고통을 달래고 상처를 아물게 할 길이 필요했다. 인생에서 조금이나마 지배력을 되찾게 해줄 수단이 필요했다.

실연을 예로 들어보자. 너무 내 얘기만 한다고? 이 책은 내 책이니까 너그러이 이해해주시길. 그리고 인간관계에서 거절이나 실망을 경험해보지 않은 사람이 어디 있을까. 설령 그런 사람이 있다고 해도 행운아라고 할 수는 없다. 그런 경험을 통해 어차피 언젠가는 배워야 할 인생의 교훈을 배우고, 실패한 사랑을 통해 다음번에는 어떤 사람을 피해야 하는지를 알 수 있기 때문이다.

아무리 이성적인 사람이라도 실연을 당하면 균형 감각을 잃는다. 그러니 정신적 문제가 있는 사람이 실연을 당하면 증세가 훨씬 심각해질 수 있다. 세상에 그 무엇도 내 뜻대로 되지 않는 것 같으면 사람들은 어떻게든 자신이 지배력을 행사할 수 있는 대상을 찾는다. 앞에서도 말했지만 불안증이 있는 사람은 인생에서 지배력을 잃는 것을 엄청나게 두려워한다. 그리고 관계가 파탄 나는 것만큼 감정에 대한 지배력을 상실하는 듯한 기분을 불러일으키는 것도 없다.

피터도 중요한 관계가 망가졌을 때 달리고 싶은 충동을 느꼈다. 당시 그는 마음을 추스르지 못하고 평생 경험해본 적이 없는 부정적인 감정에 휘말렸다.

"8년쯤 알고 지낸 친구와 연인으로 발전했어요. 먼저 말을 꺼낸 건 그 친구였죠. 내가 더블린에서 토론토로 가게 됐다니까 나를 사랑한다더군요. 18개월 후에 다시 더블린으로 돌아갔는데 그 친구에 대한 감정을 주체할 수가 없는 거예요. 그래서 사랑한다고 말했죠. 곧바로 런던으로 가서 같이 살았어요.

그런데 서로 워낙 바쁘다 보니까 관계가 오래가지 않았어요. 헤어지고서 그 집을 나오니까 눈앞이 캄캄한 거예요. 어떻게 살아야 하나 싶었죠. 런던을 떠나 더블린에 있는 부모님 집으로 돌아왔어요. 반년 동안 아무것도 안 하고 운동과 십자말풀이만 했어요. 내가 우울증에 걸린 줄도 몰랐죠. 나도 모르게 걸린 거예요. 하긴 우울증인지 아닌지 자기가 어떻게 알겠어요? 지금 돌아보면 난 그 반년 동안 단 한순간도 행복했던 적이 없었어요."

정신적인 문제가 고조됐을 때 문제를 파악하지 못하는 것은 아주 흔한 일이다. 깊은 슬픔에 잠겨 있을 때는 넓은 시야로 자신을 보기가 어렵다. 피터는 당시 찍은 사진을 보면 눈 밑에 커다란 다크서클이 있다고 한다. 그래도 그는 매일 8킬로미터씩 달리기 시작했다(그 암울한 시기에 그만큼이나 달리다니 대단하다).

"달리면 머리가 깨끗이 비워졌어요. 괜한 생각이나 걱정도 안 들고 슬프지도 않았어요. 날마다 8킬로미터라는 목표가 있었죠. 충분히 달성 가능한 목표였어요. 세상 모든 게 내게 불리한 것 같아도, 물론 그냥 내 기분이 그랬을 수도 있지만, 여하튼 8킬로미터를 달리는 건 실패하지 않고 할 수 있는 일이었어요. 그때 유일하게 날 붙들어준 게 달리기예요. 달리기를 통해 머리를 맑게 하고 건강을 유지했죠. 십자말풀이를 통해서는 뇌를 계속 움직일 수 있었고요."

그리고 어떻게 살아야 할지 막막할 때 8킬로미터라는 목표 덕분에 의욕이 생기고 지배력이라는 중요한 힘을 회복할 수 있었다고 한다.

"달성 가능한 목표가 있었기에 내 인생에 대한 지배력이 조금이나마 생겼어요. 그전에는 망망대해에서 길을 잃고 어디로 헤엄을 치든 파도를 거스르는 것 같은 기분이었거든요. 그런데 내가 지배력을 발휘할 수 있는 작은 영역이 하나 생긴 거죠. 그러니까 침대에서 나와서 8킬로미터씩 달린 겁니다."

작은 목표를 세우고 꾸준히 달성하는 게 삶의 원동력이 됐다는 피터의 말에는 내가 처음 달리기를 시작했을 때의 심정이 그대로 배어 있다. 이후 또 다른 시련이 찾아왔을 때도 피터는 다시 길 위로 나섰다. 이번에도 달리기에서 슬픔과 실망을 극복할 힘을 얻었다. "무슨 일이 생기면 결국엔 다시 달리기로 돌아오게 되더군요. 마음이 너무 어지러워서 갈피를 잡을 수 없을 때 내가 유일하게 지배력을 발휘할 수 있는 게 달리기니까요. 내겐 지배력이 중요해요."

지배력을 가진다는 것은 뭔가를 틀어쥐고 마음대로 하거나 융통성을 아예 없앤다는 의미로 해석되어 부정적으로 들릴 때도 많다. 하지만 불행의 한복판에서 지배력을 찾으려는 것은 나뭇가지 하나 붙잡지 못하고 마냥 추락하는 듯한 기분을 떨쳐버리려는 필사적 노력이다.

처음으로 달리기를 시작했을 때 나는 내 인생에 대한 발언권을 모두 잃은 기분이었다. 남편은 날 버렸고, 내 안에서 갈수록 커지는 불안감이 언젠가 나를 집어삼킬 것이 뻔한데도 방법이 없었다. 이런 비유가 맞는지 모르겠지만 내 인생이 갑자기 내게서 달아나는 말처럼 느껴졌다. 나는 그 말이 완전히 도망가 버리기 전에 고삐를 잡으려고 황급히 달려가고 있었다. 달리기를 시작한 후에는 그 고삐가 손에 닿을 만한 거리에 있는 것 같았다.

조금씩 달리는 거리를 늘리거나 예전에는 공포로 못 가던 곳에 갈 때마다 그동안 내 삶에 푹 배어 있던 수치심과 불행과 공황을 조금씩 닦아내는 기분이었다. 실연은 여러모로 핵편치급의 타격을 입히지만 내가 제일 싫었던 건 육체적 고통이었다. 내가 잃어버린 것이 생각날 때마다 침대에 몸을 말고 눕거나 화장실에서 울었다. 나도 모르게 그렇게 됐다. 거기에 더해 구역질이 나고 몸도 부들부들 떨렸다. 몸이 약해진 것 같고 마음이 깨진 것 같았다. 아무도 없는 음침한 곳으로 기어들어가서 궁상맞은 시나 읽고 싶었다.

하지만 그런 함정에 빠지면 안 된다. 세 시간 동안 떠난 연인의 사진을 붙들고 우울한 음악을 듣는다고 해서 기운이 솟는 것은 아니다. 그럴 때는 그 울적한 순간에서 적극적으로 벗어나야 한다. 그렇다고 자신의 감정을 외면하거나 슬픔을 부정하라는 말은 아니다. 예전에 똑똑한 상담사(안녕, 배리!)에게 이런 말을 들었다. 우리가 느끼는 감정은 무엇이든 그 순간에는 옳은 감정이라고. 정확하진 않아도(미안해요, 배리) 대충 그런 뜻이었다. 나는 그 말을 항상 마음에 새기고 산다. 슬프다고 걱정할 필요는 없다. 우리의 감정은 우리가 그 순간에 마땅히 느껴야 할 것이니까. 다만 그 감정을 떠받들고 좀 더 있다가 가라고 자리까지 깔아줄 필요는 없다.

나는 그렇게 아무도 없는 곳으로 피하고 싶어지게 하는 강렬한 순간들이 싫었다. 피하고 달아나는 것은 충분히 했다. 그래서 그러지 않기로 결심했다. 상실감과 후회가 종일 내게 달라붙어 있으려 했지만 나는 그놈들을 달고 살기 싫었다. 그래서 그런 감정이 차오르면 나가기 싫어도 나가서 달렸다.

구역질이나 하고 이불이나 덮어쓰고 있을 틈을 안 만들었다. 달리기는 그날그날 기분에 따라 도전으로도 처벌로도 느껴졌다. 어느 쪽이든 간에 완수해야 할 일이었다. 사랑했던 사람에게 버림받았다는 박탈감이 나를 달리게 하는 원동력이었다. 달리고 있으면 혼인 서약과 장밋빛 약속에 대한 민망한 기억이 가라앉고 결혼 생활이 그렇게 빨리 끝났다는 사실에서 오는 충격이 줄어들었다. 비가 오거나 숙취로 속이 쓰려서 밖에 나가기 싫어도 슬픔을 떠받들기보다는 달리는 게 좋다고 생각했다. 그래서 달렸다. 말했다시피 실연의 순간은 잠깐이고 그다음에는 '극복'의 과정이 남아 있다. 달리기는 관계가 깨지면서 생긴 고통스러운 감정을 막아주는 방패가 됐다. 피터도 말했다. "말도 안 되는 소리 같지만 내가 방탄복을 입고 있는 것 같고, 그래서 뭐든 대처할 수 있을 것 같아요."

특별히 힘든 이별이 있다. 내 경우에는 갑작스럽고 극적이고 수치스러운 이별이었다. 하지만 나는 그 고비를 제법 빠르게, 그리고 무사히 넘겼다. 운이 좋았다. 연인이나 배우자를 잃은 슬픔으로 심각한 우울증이 생기고 불안증이 악화되는 경우도 있으니 말이다.

알바는 남자친구가 바람을 피웠다. 헤어지진 않았지만 극심한 우울증이 찾아왔다.

"그 인간과 헤어지지 않은 건 순전히 무서웠기 때문이에요. 사랑하는 사람을 잃는 것도, 혼자가 되는 것도 무서웠어요."

우울증은 날로 심각해졌다.

"그런 놈 때문에 가슴앓이하는 게 창피했어요. 아무도 이해해주지 않을 것 같아서 도움을 요청할 수도 없었고요. 우울증 때문에 심한 말까지 하게 됐고 나 자신과 주변의 모든 게 미웠어요."

급기야 알바는 자살 시도 후에 병원에 입원했다. 남자친구는 자기 때문에 그녀가 불행해진 것을 알고 이별을 고했다. 의사가 운동을 권하자 알바는 반신반의하면서도 운동을 시작했다. "우선은 조금씩 걷다가 기운이 붙으면서 거리를 늘렸어요. 그러다 조금씩 달리기 시작했고 점점 더 많이 달리게 됐죠. 나중에야 알았어요. 마음이 지친 만큼 몸도 지치게 하는 게 좋다는 것을요. 그래서 헬스장에 등록했는데 거기서 10K 대회 포스터를 본 거예요. 결승선을 통과하는 순간 오랫동안 느껴보지 못한 기쁨이 찾아왔어요. 그래서 또 하고 싶었어요. 이번에는 더 큰 도전을 해보기로 하고 하프 마라톤에 등록했죠. 하프 마라톤을 완주하는 것도 기뻤어요. 그래서 올여름에는 풀 마라톤에 나갔어요. 모든 사람이 달리기 대회에 나가야 한다는 말은 아니에요. 하지만 저는 그런 목표가 있으면 더 기운차게 신발끈을 묶고 달리러 나가게 되더라고요."

지금도 알바는 계속 마라톤을 통해 더 큰 목표에 도전하며 자신의 한계를 시험하고 있다. 육체를 극한까지 밀어붙이는 것이 얼마나 매력적인지는 나도 충분히 이해한다. 하지만 대회에 참가하고 싶었던 적은 없다. 느리든 빠르든 꾸준히 달리는 것만으로 좋았다. 알바의 말처럼 모든 사람이 경쟁에 참여할 필요는 없다. 딴딴한 몸으로 수십 킬로미터를 거뜬하게 뛸 것 같은 사람들이 주위에 있으면 시작도 하기 전에 주눅부터 들지 모른다. 나는 아무래도 좋은 장거리 주자는 못 될 것 같지만(배에 뭐가 들어앉았는지 금방 배가 고파진다) 그래도 괜찮다. 사람마다 잘 맞는 것을 하면 된다. 마라톤이 잘 맞으면 멋진 일이다. 우울한 기분에 휩싸였을 때 동네를 달리는 게 잘 맞으면 그것 또한 멋진 일이다.

이제 달리기 고수가 된 알바는 우울증에서 회복된 경험을 이렇게 말한다. "만약에 그때 누가 자기한테는 달리기가 도움이 됐다고 말해줬으면 증상이 그렇게 심해질 때까지 방치하진 않았을 거예요. 그래도 시간이 지나면서 알게 됐어요. 다리가 부러진 사람이 다른 사람한테 문을 좀 붙잡고 있어달라고 부탁하는 걸 부끄러워할 필요가 없는 것처럼 우울증에 걸려서 도움을 요청하는 것도 부끄러울 게 없다는 걸요."

나는 오랫동안 불안증과 우울증을 숨기고 살았다. 사람들이 알면 나를 특별 취급하거나 흉을 보거나 멀리할까 봐 무서웠다. 나이가 들어서도 불안증을 별것 아닌 것처럼 말하거나 농담거리로 삼았고 내 마음을 차지하고 있는 온갖 음울한 생각에 대해서는 아무한테도 말하지 않았다. "그냥 컨디션이 좀 안 좋아"라고 둘러대고 이런저런 핑계로 약속을 취소하고 일찍 자리에서 일어났다. 출근길에 공황장애로 버스를 못 탔다면 회사에는 아파서 못 나간다고 말했다. 한번은 죽을 것 같아서 길바닥에 주저앉았다. 도통 증상이 나아지지 않기에 구급차를 불러서 병원에 갔다. 지금 생각해보면 그런 식으로 NHS의 시간과 돈을 낭비한 게 부끄럽지만 당시에는 그만큼 내 상태가 심각하게 느껴졌다. 회사에는 내 머릿속에 있는 생각을 못 이겨서 출근하지 못한다고 차마 말하지 못했다. 그래서 그냥 넘어져서 다쳤다고만 했다.

알바가 내게 자기 사연을 허심탄회하게 들려준 이유는 그런 이야기를 해도 괜찮다는 것을 다른 사람들도 알기를 바랐기 때문이다. 그녀는 우울증에서 회복되는 과정에서 아무것도 숨길 필요가 없고 그런 이야기를 부끄러워할 이유가 없다는 것을 깨달았다. 사람들은 보통 최악의 상황을 넘겼다고 생각할 때 정신적 문제에 대해 쉽게 털어놓는다. 먹구름이 걷히면서 자신을 너무 부정적으로 보지 않게 될 때다. 사람들은 정신적인 문제가 있으면 자기 탓을 많이 한다. 정신 질환을 앓는 사람치고 잠깐씩이나마 자책을 안 하는 사람은 거의 없다. 나도 마찬가지였다. 달리기를 시작하고 나서야 비로소 내가 그동안 얼마나 고생했는지 더 솔직하게 말해도 될 것 같은 기분이 들었다. 다행히 가슴 아픈 이별 후에 달리기를 하게 됐다는 내 이야기는 사람들이 쉽게 이해할 만한 것이었다. 그래서 거기에 덧붙여서 내가 인정하고 싶지 않을 만큼 심각한 불안증을 갖고 있다는 말도 꺼낼 수 있었다. 중요한 관계가 파탄 나는 경험을 하고 나서 난생처음 다른 문제들에 대해 솔직히 말할 수 있게 되다니 참 사람 일은 모르는 것이다. 한쪽 문이 닫히면 또 다른 문이 열린다고나 할까?

많은 사람이 이별의 아픔을 이겨내는 과정에서 달리기의 덕을 톡톡히 봤다. 그들은 슬픔에서, 폭식에서, 음악 스트리밍 서비스가 멋모르고 추천하는 청승맞은 노래에서 잠시나마 벗어날 수 있었다. 하지만 누군가와 헤어지는 게 세상에서 가장 힘든 일은 아니다. 우리 엄마의 말을 빌리자면 "누가 죽은 것도 아니니까". 인터넷에 떠도는 스티븐 킹의 명언이 있다. "마음은 깨질 수 있다. 그래, 마음은 깨질 수 있다. 마음이 깨지면 차라리 콱 죽어버리는 게 낫겠다 싶을 때도 있다. 하지만 죽진 않는다."[3]

온몸으로 고통을 받아들이다

✖✖✖

그런데 만약에 사랑하는 사람이 죽었다면? 사별의 아픔으로 미어지는 가슴을 달랠 길이 없을 것만 같다면? 카트리나 멘지스 파이크는 20대 때 비행기 사고로 부모님을 여의고 상실감을 극복하기 위해 달렸다. 나처럼 마음이 동할 때마다 정처 없이 달린 게 아니라 장거리 달리기를 시작했다. 그녀는 마라톤을 통해 삶의 체계를 잡고 극기심을 기르면 세상을 다 잃은 것 같은 사람이 간절히 원하는 질서가 생긴다고 주장한다. 그녀는 『그녀가 달리는 완벽한 방법The Long Run』에서 이렇게 말한다. "상실의 후유증은 사람을 녹초로 만들고 자꾸만 반복되고 대단히 지루하다. 마라톤 훈련도 마찬가지다. 하지만 참을성 있게 견뎌내면 어렴풋한 슬픔이 근육통과 물집이라는 구체적인 현상으로 바뀐다. 그런 고통은 쉽게 설명할 수 있다."[4]

항우울제를 쓴다고 행복해지진 않고 달리기를 한다고 항상 짜릿함을 느끼진 못한다. 극도의 슬픔에 잠겼을 때 달리기는 일종의 처벌 행위가 되기도 한다. 마음의 고통에 육체를 동참시키는 것이다. 때로는 이를 통해 슬픔에서 눈을 돌릴 수 있다. 가장 좋은 것은 슬픔이 조금이나마 누그러지는 것이다.

급속도로 악화되는 정신 문제와 싸우고 이별의 슬픔을 몰아내기 위해 달리기를 시작하고 얼마 안 돼서 나는 달리기로 슬픔을 막을 수는 없다는 것을 알게 됐다. 그래도 달리기는 마음을 진정시키고 걱정을 처리하는 데 도움이 됐던 것처럼 깊은 슬픔을 달래는 데도 효과가 있었다.

몇 달쯤 지나자 나는 독실한 달리기교 신자가 되어 있었다. 몸과 마음이 한결 건강해진 것 같고 공황장애나 끈질긴 강박사고도 사라졌다. 남편을 생각해도 눈물이 나지 않았다. 그래서 달리기 후에 느끼는 쾌감이 밤새 술 마시고 노는 재미보다 좋다고 입에 침이 마르게 칭송하고 다녔다. 그러던 중에 소중한 사람이 죽었다. 나의 멘토, 제2의 어머니가.

타고난 투지로 호전적인 암에 맞서 싸운 조지였지만 사실 우리는 일찌감치 알고 있었다. 그녀가 암을 이길 수 없으리란 것을(솔직히 이런 표현은 암을 이기고자 하면 이길 수 있다는 소리로 들려서 마음에 들지 않는다). 우리는 조지와 함께 여름 휴가지에서 즐거운 시간을 보냈다. 그때 커다란 모자와 선글라스를 쓰고 물 위에 띄운 에어 매트에 누워서 칵테일을 마시던 그녀는 어느 때보다도 아름다웠다. 우리는 새해 첫날도 그녀와 함께 보냈다. 그즈음에는 병세가 크게 악화됐음에도 조지는 예전처럼 크게 웃으면서 우리 아빠를 놀리고 주변의 재미있는 일을 이야기해달라고 했다. 그러고는 어느 날 갑자기 위독해졌다. 그런 날이 올 줄은 알았지만 막상 닥치자 실감이 안 났다. 우리가 알던 그 누구보다 기운차던 사람은 온데간데없었다. 마치 세상이 어떻게 돼서 인간이란 연약한 존재가 설 자리가 없어진 것만 같았다.

그녀가 숨을 거둔 날, 나는 담담하게 퇴근하고 귀가했다. 아직 조지가 존재하지 않는 현실을 상상조차 할 수 없었기에 슬픔에 휩싸이지 않았다. 그런 순간에 많이 그렇듯이 반응이 잠시 지체됐을 뿐이었다. 마침내 조지가 없는 현실을 인지한 순간, 슬픔이 나를 압도했다.

조지가 떠난 후 나는 순전히 처벌의 의미로 달렸다. 더 오래 달리고, 더 빨리 달리고, 빗속을 달리고, 오르막을 달렸다. 육체의 고통으로 슬픔을 몰아내기 위해 달렸다. 다리가 화끈거리고, 허파가 비명을 지르고, 심장이 쿵쾅댔다. 육체적인 쾌감도, 짜릿함도, 성취감도 느끼지 못했다. 그저 뭐라도 해야 했기 때문에 달렸다.

처음에는 그게 도움이 되긴 하는지 아리송했다. 달리기에 막 입문했을 때는 달리고 나면 바로 기분이 좋아졌고 달릴 때마다 부정적인 감정이 조금씩 걷히는 느낌이었다. 하지만 이번에는 달려도 별로 위로가 되지 않았다. 그런데 힘들게 달리면서 육체적으로 불편함을 느끼자 정신의 불편함이 조금씩 해소됐다. 이렇게 고통을 고통으로 극복하는 맞불 전략을 쓰는 사람이 나 혼자만은 아닌 것 같다. 2017년 카디프대학교에서 「포화된 자아에 고통 팔기Selling

Pain to the Saturated Self」라는 논문이 나왔다.[5] 연구진은 고통이 우리에게 어떤 영향을 미치는지 알아보기 위해 터프 머더라는 고된 육체적 과제를 완수한 사람들을 관찰했다. 터프 머더Tough Mudder는 25개의 혹독한 장애물 코스로 구성된 대회다. 혹시 발이 쑥쑥 빠지는 진흙탕을 달리고 전류가 흐르는 전선 밑을 기어가는 게 취향에 맞다면 이 대회가 마음에 쏙 들 것이다. 나라면 누가 하라고 해도 비명을 지르며 도망갈 테지만 말이다.

연구진은 사람들이 일부러 그런 고통을 찾는 이유를 밝히고자 했다. 그래서 터프 머더 도전자들을 면담한 결과, 육체적 고통이 통상적인 뇌 활동을 중단시키는 효과가 있는 것으로 나타났다. "고통이 의식에 밀려들면 도전자들은 복잡한 생각을 하는 것이 불가능해지는 것으로 보인다. 고통으로 인해 일시적으로 자아의 반사적 활동이 중단되는 것이다."

그래서 달리기를 통해 온몸으로 고통을 느낌으로써 나는 나를 포위한 사별의 슬픔을 잊을 수 있었다. 물론 어디까지나 일시적일 뿐이었지만 그래도 희망의 빛줄기를 보기엔 충분했다. 카디프대의 논문에는 "고통은 일시적으로 자아를 삭제한다. 불쾌함이 밀려들면 순간적으로 정체성의 짐이 사라지고 특별한 탈출구가 생긴다"라고 되어 있다.

정체성의 짐이 사라진다는 말이 딱이다. 인생은 고달파서 때때로 우리 앞에 상대하기 버거운 감정이 들이닥친다. 인간이라서 겪어야만 하는 고난을 단 몇 분 만이라도 떨쳐버리고 싶어진다. 달리기는 인생이 고달프다는 사실을 부정하는 행위가 아니다. 달리기는 그 고달픈 인생에서 잠시 누리는 휴식이다. 카디프대 연구진은 "탈출이 항상 거창할 필요는 없다. 사소한 행위로 잠시 자신을 잊는 것도 탈출이다"라고 정리했다.

크리스는 부모님이 두 분 다 중병에 걸렸다는 참담한 소식을 접한 후에 달리기를 시작했다. "아버지는 치매, 만성폐쇄성폐질환, 폐암, 어머니는 루게릭병에 실어증이셨어요. 어머니가 아버지를 간병할 수 없는 상황이었죠."

크리스는 인생에서 통제력을 회복하기 위해 달리기를 시도했다. "간병인을 구하고 병원을 찾는 것 말고는 내가 두 분을 위해 할 수 있는 게 별로 없었습니다. 하지만 나 자신은 돌볼 수 있었죠. 나중에 우리 애들이 나 같은 처지가 되지 않게요. 아마도 그게 무서워서 밖으로 나선 것도 같아요. 그리고 끊임없이 풍경이 변하니까 내 안의 걱정과 거리를 두는 데 도움이 됐죠."

애끓는 슬픔을 안고 달리는 것은 쾌감이나 짜릿함을 추구하는 일상적 달리기와 다르다. 크리스는 자신이 무력하게만 느껴지는 상황에서 뭐라도 영향력 있는 일을 하고 싶었다. "처음으로 달렸을 때는 숨이 차서 가슴이 다 아팠어요. 내 체력이 생각보다 부실해서 실망스러웠죠. 그건 차차 좋아졌어요. 내가 달리기에 꽂힌 건 두 번째인가, 세 번째로 달린 후였어요. 그렇다고 흔히 말하는 엔도르핀 때문에 그런 건 아닙니다. 나중에는 그것도 이유가 됐겠지만요. 내가 달리기에 빠진 건 극기랄까요, 나 자신을 다스리고 있다는 느낌이 좋아서였어요. 처음에는 저녁에 달렸어요. 몇 번 달린 후에 아침에 일찍 일어나서 달리는 게 더 낫겠다는 생각이 들더군요. 아침에 달리면 남은 하루가 엉망이어도 오늘 내가 뭔가 이룬 게 있다는 기분이 드니까요."

크리스는 달리기를 통해 슬픔과 스트레스에 시달리던 시기를 버틸 수 있었다. "몸을 쓰면 마음도 숨통이 트여요. 정신 작용이 느슨해지거든요. 허파가 터질 것 같고 다리가 미치도록 아프면 잡생각이 들어올 틈이 없어요. 정말로 중요한 것만 생각하게 되죠. 생각이 여과된다고나 할까요. 생각이 중요한 순서로 정리됩니다. 그리고 내가 인간임을 새삼 깨닫게 되죠. 새벽에 나가면 특히 더 그래요. 머릿속에서 원시적인 이미지가 그려지면서 이 우주에서 나의 위치를 새삼 깨달아요. 어떨 때는 아무 생각도 안 듭니다. 정신을 차리고 보면 벌써 다 달렸어요. 그럴 때는 마음이 진정되고 머리가 개운하죠. 상황을 균형감 있게 보게 되는 것, 그게 제일 큰 장점입니다."

그는 달리기에서 얻은 에너지로 날마다 병든 부모님을 챙겨야 하는 고된 일상에도 쉽게 지치지 않고 스트레스를 극복했다. "몸이 튼튼해지면 스트레스에 더 잘 대처할 수 있어요. 스트레스가 기운을 쭉쭉 빨아먹잖아요. 그러니까 체력을 기르면 당연히 좋죠."

크리스의 말대로다. 슬픔과 스트레스는 기력을 고갈시킨다. 간신히 모아놓은 기운을 순식간에 날려버린다. 더욱이 타인을 돌보느라 바쁠 때는 미처 자신을 돌보지 못하는 경우도 많다. 이럴 때 달리기는 기력을 보충하는 좋은 수단이 된다. 달리기도 마사지나 네일아트처럼 자신을 돌보는 행위다. 많은 사람이 자신을 위해 시간을 쓰는 것을 낭비나 사치라고 생각하지만 실제로는 그렇지 않다. 나를 위한 시간은 재충전을 위해 꼭 필요하다. 밖에서 20분간 땀을 흘리는 건 자신에게 줄 수 있는 큰 선물이다. 지금도 일주일에 서너 번씩 달리는 크리스는 달리기를 '좋은 친구'라고 부른다. 마음에 쏙 드는 표현이다. 달리기는 삶이 힘들 때나 좋을 때나 항상 우리 곁에 있다. "달리기는 분명히 도움이 돼요. 아마 나보다 더 힘든 상황에 있는 사람들도 있을 거예요. 나야 처리해야 할 문제가 그리 많았던 것도 아니니까요."

실제로 많은 사람이 문제를 해결하고 상실감과 슬픔을 떨쳐내기 위해 달린다. 모르는 사람이 보면 그냥 취미 삼아 5킬로미터씩 달리는 것 같아도 그 안에는 굳이 인상을 쓰며 오르막을 달리는 나름의 사연이 있을 수 있다. 달리기는 수많은 사람이 일상적으로 하는 운동이다. 그리고 그중 많은 사람이 달리기를 작은 탈출구로 이용한다. 저 푸른 초원으로 영영 달아나기 위한 수단은 아니다. 오히려 고요해진 마음으로 당당히 현실에 복귀하기 위한 수단이다. 달리기는 어떤 상황에서도 우리 곁을 지킨다.

달리기가 구할 수 있는 것

✖✖✖

사람마다 잘 맞는 달리기 방법이 있기에 굳이 비교해볼 생각은 없지만, 여기서는 또 다른 이유로 달리는 사람들을 소개하고 싶다. 타인을 돕기 위해 마라톤, 레이스, 파크런에 참가하는 사람들. 시련은 달리기의 계기가 될 뿐만 아니라 선행의 계기도 된다. 자선 목적의 달리기 대회를 보면 좋은 곳에 쓸 성금과 관심을 모으기 위해 달리는 사람이 정말 많다. 2017년 런던 마라톤에서는 역대 최고액인 6,150만 파운드의 성금이 모이면서 1981년에 첫 대회가 열린 후 지금까지 걷힌 성금은 총 8억 9,000만 파운드를 돌파했다. 오늘날의 현실을 보여주듯 2017년 대회에서 가장 많은 선택을 받은 자선단체는 영국 왕실이 국민의 정신 건강을 증진하기 위해 설립한 헤즈 투게더 Heads Together였다.

런던 마라톤같이 초대형급은 아니어도 비슷한 성격의 행사가 세계 곳곳에서 열린다. 수많은 사람이 사랑하는 사람을 기리기 위해, 정신 건강에 대한 관심을 촉구하기 위해, 지역사회의 자선사업 기금을 모으기 위해 아픈 무릎과 무거운 발로 달린다. 그들의 굳세고 따뜻한 마음이 나를 놀라게 한다. 그중에는 본인이 정신 질환, 심적 고통, 비극을 겪은 사람이 많다. 그런데도 두 다리로 타인을 위한 일을 도모한다. 그들을 달리게 하는 것은 사사로운 도전욕이 아니라 다른 사람들은 자신과 같은 일을 겪지 않게 하겠다는 동병상련의 마음이다. 혹시 다음에 그런 행사에 성금을 내달라는 요청을 받는다면 긍정적으로 생각해보시길. 남을 위해 굳이 그렇게 힘든 일에 도전하는 사람은 많지 않다.

2015년 8월에 가까운 친구가 죽었다. 남은 사람들은 이루 말할 수 없는 상실감을 느꼈다. 히스테리가 있긴 했지만 발랄하고 낙천적이었던 그녀는 꽃다운 나이에 다 피어보지도 못하고 세상을 떠났다. 그녀의 언니는 가눌 수 없는 슬픔 속에서도 런던 마라톤에 참가 신청을 했다. 그리고 이른 나이에 동생을 앗아간 바로 그 질병을 앓고 있는 사람들을 위해 2만 6,000파운드를 모금했다. 슬픔의 소용돌이 속에서 그런 기운과 의지력을 발휘하기란 상상조차 어려운 일이다. 그녀는 이후에도 계속 대회에 참가하고 있다. 동생을 기리기 위해, 성금을 모으기 위해, 그 병이 다른 가정을 덮치는 것을 막기 위해. 사랑하는 이를 떠나보낸 사람들에게 달리기는 건전하게

7K _ 달리면서 소리 지르기

에너지를 방출하고 긍정의 씨앗을 뿌리는 길이 된다.

마이클과 레이철은 사산아를 낳았다. 마이클은 말했다. "다들 나한테 레이철은 괜찮냐고 물었어요. 내가 괜찮은지 묻는 사람은 아무도 없었죠. 내가 마음 굳게 먹고 레이철을 지켜줘야 한다더군요. 그래서 정신이 피폐해졌어요. 겉으로는 웃지만 속은 망가졌죠. 간단한 일도 하기 싫어지고 자꾸만 숨어서 울고 싶었어요. 부끄러워서 어디 말도 못 하고요."

유감스럽게도 마이클과 같은 비극을 겪는 사람이 드물지 않다. 사산과 유산의 아픔을 겪은 부부를 지원하는 단체인 샌즈Sands는 대부분의 관심과 도움이 어머니에게 쏠리는 상황에서 아버지에 대한 지원이 강화돼야 한다고 생각한다.[6] 마이클은 자신의 슬픔을 어루만질 방법이 필요했고 마침내 그 방법을 찾았다.

"공군에 복무할 때부터 건강은 자신 있었어요. 카일이 그렇게 되고 3년쯤 됐을 때 릴레이 달리기 대회에 참가해달라는 요청을 받았어요. 뭔가 새롭더라고요. 음악을 들으면서 두 발로 좌절감을 분출했어요. 그전에는 그런 분출구가 없었죠. 이후에 마라톤에도 참가했어요. 내 한계에 도전하면서 좋은 일을 위해 후원금과 관심을 모을 수 있었어요. 이거다 싶었죠. 슬픔을 치료할 방법이 절실했는데 마침내 찾은 거였어요. 6킬로미터로 시작해서 훈련을 통해 30킬로미터까지 달릴 수 있었어요. 달릴 때면 잠깐 현실에서 벗어날 틈이 생겼습니다."

대부분의 사람에게는 그 정도면 충분했을 것이다. 마이클도 "세상을 잊을" 수 있었다. 하지만 그는 거기서 멈추지 않았다. "내가 달리는 건 카일을 기리기 위해서입니다. 그 아이가 그걸 원할 것 같아요. 내 목표는 아이를 잃는 슬픔에 대한 관심을 키우고 우리와 같은 아픔을 겪는 부모가 더는 생기지 않도록 기금을 모으는 거예요. 단 한 사람이라도 우리 단체의 이름을 보거나 태아의 발차기 횟수를 센다면 그만큼 어린 생명을 구할 수 있어요. 우리 아들의 죽음을 헛되이 만들 수는 없어요. 달리기는 나를 위한 치료 수단일 뿐만 아니라 우리 식구 모두에게 큰 위안을 주는 행위예요."

마이클은 샌즈의 후원금을 모으기 위해, 자신과 같은 사별의 아픔을 겪은 사람들을 돕기 위해, 그의 가족에게 일어난 불상사를 예방하기 위한 연구에 보탬이 되기 위해 달린다. 지금까지 총 여섯 번 마라톤 대회에 참가해서 8,000파운드 이상을 모금했다. 그의 블로그(https://kylesdaddy.wordpress.com)에 들어가서 어떤 훌륭한 일을 하고 있는지 읽어봤으면 좋겠다.

물론 타인을 돕기 위해 달리면 자신도 얻는 게 있다. 그렇게 달리면서도 정작 본인은 위안을 얻거나 정신력을 기를 수 없다면 그 도전은 훨씬 어렵고 비효율적인 행위가 될 것이다. 마이클은 인생이 뜻대로 풀리지 않고 시련과 슬픔이 닥쳤을 때 달리기가 극복의 수단이 됐다고 한다.

"달리기는 나한테 꼭 맞는 처방입니다. 카일을 잃었을 때 나 자신이 참 무력하게 느껴졌어요. 아내가 스물여섯에 암에 걸렸을 때도, 딸아이가 다섯 살에 건선 진단을 받았을 때도 그랬죠. 달리기는 내가 지배력을 발휘할 수 있는 행위예요. 달리기를 할 때는 나를 이전에는 몰랐던 한계까지 몰아붙일 수 있죠. 고지대의 공기를 마시면서 스트레스와 긴장을 풀고 마음의 평화를 찾을 수 있어요. 달리기를 통해 나는 자신감을 회복했습니다. 지금은 블로그를 운영하면서 공개적으로 내 생각을 말할 수 있어요. 예전에는 못 했죠. 달리기가 나를 구원했다고 해도 틀린 말이 아니에요."

사람들이 개인적으로만 타인을 위해 달리는 것은 아니다. 이 책을 쓰던 중에 남편과 함께 자선단체를 운영한다는 여성의 메일을 받았다. 나는 아무데나 상품이나 캠페인을 홍보하는 사람들을 싫어하기 때문에 처음에는 그 단체가 정말 내 책과 관련이 있을지 미심쩍었다. 하지만 그들의 활동에 대해 읽고는 호기심이 발동해서 급기야는 설립자 앨릭스 이글을 가까운 카페에서 만났다. 앨릭스는 10년 동안 노숙인 주간보호소에서 일하다가 새로운 일을 하고 싶어서 러닝 채러티를 시작했다.

러닝 채러티는 달리기가 정신력과 자존감을 높인다고 보고 이미 노숙자가 됐거나 노숙자가 될 위기에 처한 16~25세 젊은이들에게 운동과 달리기 프로그램을 제공한다. "우리는 주간보호소, 쉼터와 협약을 맺어서 숙식을 제공하고 일주일에 세 번씩 운동 수업을 합니다. 일단은 실내 운동 위주로 하면서 각자에게 맞는 목표를 세워요. 거창한 목표는 아니에요. 제 시간에 출석하기, 일자리 찾기처럼 간단한 게 될 수도 있어요. 그런 친구들에게 일자리를 알선하거나 숙식을 제공하는 자선단체는 많아요. 우리의 임무는 정신 건강을 증진하는 거죠."

처음에 앨릭스는 이 단체를 설립하기 위해 닥치는 대로 자금을 끌어모으고 운영비를 절감하기 위해 창고에서도 일했다. 달리기가 취약계층에게 도움이 된다는 믿음이 그의 버팀목이었다. 그리고 그런 믿음을 뒷받침하는 사연들을 접했다. 헤로인에 중독됐던 청년이 처음으로 머드 런Mud Run을 완주한 후 앨릭스에게 말했다. "메달을 목에 거니까 이젠 뭐든 할 수 있겠다는 자신감이 생겼어요."

"바로 그겁니다. 그게 중요한 거예요. 자기 삶의 주도권을 되찾는 거요." 앨릭스는 자부심에 가득했다. 그는 자신이 돕는 젊은이들이 인생에 대한 지배력을 상실한 경우가 너무 많다고 했다. "젊은 친구들이, 아니, 누구든 간에 노숙자가 되거나 어려운 상황에 처하면 자기 힘으로 해결해보려고 노력해요. 하지만 안 되는 경우가 있어요. 왜냐하면 노숙인 쉼터에는 빈자리가 없거든요. 일자리지원센터에서는 예약한 상담 시간에 1분 늦었다고 지원금을 삭감해버리고요. 뜻대로 되는 게 하나도 없는 거죠. 달리기든 뭐든 운동의 장점이 뭔지 아세요? 한 시간을 하고 나면 다음번에는 더 잘하게 된다는 거예요. 그리고 변화가 생겨요. 내가 뭔가를 제대로 하고 있다는 느낌이 들죠. 인생에서 뭔가 내가 주도하는 게 생겨요. 그게 젊은 친구들에게 중요합니다. 그게 더 큰 발전의 시발점이 되는 거예요."

러닝 채러티는 전문적인 멘토링 프로그램으로 많은 젊은이에게 달리기의 매력을 가르치고 그들이 사회에 복귀하도록 돕는다. 앨릭스는 사회적 고립의 위험성을 말하면서 사회적으로 고립되어 있다가 러닝 채러티로 오는 사람이 점점 늘고 있다고 말했다.

잠잠은 난민 지위를 인정받은 후 청년 노숙인 쉼터에 살면서 직원들의 소개로 러닝 채러티를 알게 됐다. 잠잠은 2012년 런던 올림픽에 출전했었다. 여자 400미터 달리기에 소말리아 대표로 출전한 두 명의 선수 중 한 명이었다. 현재 그녀는 쉼터를 나와 일반 주택에 살면서 꾸준히 러닝 채러티의 멘토링을 받고 있다.

이렇게 뜻 깊은 일을 하는 사람들이 달리기에 품은 열정은 나와 차원이 다르다. 멘토링을 받던 클로드라는 청년이 러닝 채러티를 위해 마라톤에 참가한 것을 보고 맨체스터에 사는 조지라는 남성이 힘을 보태고 싶다고 연락해왔다. 조지는 말했다. "내게 돈은 없어도 그 친구가 함정에 빠지지 않도록 도울 수는 있었죠." 조지는 30년간 해온 일에서 은퇴한 후 자택을 담보로 대출을 받고 현재 러닝 채러티에서 일하고 있다. 이들이 자신의 시간과 에너지를 굳이 이 일에 바치는 이유는 뭘까. 달리기가 사람들의 삶에 생각보다 훨씬 크고 오래가는 변화를 일으킨다는 사실을 알기 때문이다.

앨릭스는 말했다. "우리는 마라톤 선수를 키우려는 게 아닙니다(실제로 마라톤 선수를 여럿 배출하긴 했다). 달리기는 사람을 변화시키는 강력한 수단입니다. 일주일에 한 번씩 파크런만 해도 자기 자신을 더 긍정적으로 보게 되죠."

8K

달리기에 정석은 없다

✖

　오늘은 옥스퍼드를 달렸다. 달리기 좋은 동네다. 곳곳에 아름다운 구조물이 넘쳐나서 자꾸만 위를 올려다보게 되고 고색창연한 첨탑, 스테인드글라스, 오래된 술집, 걱정에 찬 학생들의 얼굴이 눈길을 잡아끌어 발걸음을 멈추게 된다. 나는 대학을 마치지 못했다. 불안증 때문이었다. 그래서인지 온전히 학업에 매진할 수 있는 사람들을 보면 지금도 샘이 좀 난다.
　자갈길이 좀 불편한 데다 번번이 길을 잃고 헤매긴 했어도 8킬로미터를 신나게 달렸다. 속도를 늦추고 좀 더 둘러보기로 한다. 중심 상가로 들어서자 카메라, 셀카봉, 백팩으로 무장한 여행객이 바글거린다. 길을 헤매던 누군가의 발이 내 발과 만나는 순간, 꽈

당 넘어질 것 같은 불길한 예감이 든다. 나는 달리다가 넘어질 때가 정말 많다. 내가 남들보다 둔해서인지, 내 발이 이상해서인지는 모르겠다. 이유가 뭐든 간에 나는 밖에서 많이 넘어진다. 넘어지는 순간의 느낌이 제일 싫다. 소름이 쫙 끼치면서 허공에서 허우적대봐야 소용없다. 단념하고 그냥 지면과 조우해야 한다. 오늘도 그렇다.

왼쪽 허벅지가 땅에 쓸리면서 레깅스가 찢어지고 눈물이 찔끔 나면서 딸꾹질이 난다. 여행객들이 걱정스러운 눈으로 나를 내려다본다. 누군가의 손을 잡고 일어나 박살 난 휴대전화를 주워든다(벌써 이런 식으로 여덟 번이나 박살 난 휴대전화다). 이 대목에서 원래 넘어졌다가 일어나는 법을 배우는 게 인생이라는 뻔뻔스러운 말은 하지 않겠다. 어라, 이미 해버렸나? 사람들 앞에서 속수무책으로 넘어지는 것도 생각해보면 엄청 웃긴다. 그럴 때 아무렇지도 않게 다시 일어나 달리면 왠지 내 안에서 멋짐이 폭발하는 느낌도 든다. 나는 아무렇지 않게 절뚝이며 가게로 들어가서 초콜릿으로 기분을 달랜다. 이날 생긴 흉터가 아직도 엉덩이에 조그맣게 남아 있다.

꼭 마라톤을 해야 할까? 말했다시피 나는 달리기 하수다. 좀 허접한 러너라고 해야 할지도 모르겠다. 겸손을 떠는 게 아니라 거의 매일 달릴 만큼 달리기를 많이 하는데도 그렇다. 소설가 무라카미 하루키의 『달리기를 말할 때 내가 하고 싶은 이야기』를 읽었다.[1] 읽기 전에 마음을 다잡아야 했다. 우리 시대의 대작가가 달리기에 대해 훌륭한 책을 썼는데 내가 감히 달리기에 대한 책을 써도 될까. 살짝 주눅이 들었다. 그런데 읽어보니 반갑게도 내가 매주 달리는 거리가 하루키와 비슷했다.

다만 나는 처음 골목길에서 달리기를 시작했을 때나 지금이나 속도가 크게 다르지 않고 길게 달린다고 해봐야 15킬로미터 정도가 고작이다. 내 최고 기록은 굳이 따져보지 않았고 풀 마라톤은커녕 하프 마라톤도 참가해본 적이 없다. 마라톤이라고 하면 활력 넘치는 사람들이 멀쩡한 옷이든 웃기는 옷이든 입고 꼬박 몇 시간을 달린 후에 온몸에 은박지를 두르고 있는 광경이 떠오른다. 간이 철렁한다. 그리고 몇 주, 몇 달 동안 술은 입에도 안 대고 좋은 음식만 먹으면서 훈련을 하고 밤마다 일찍 잠자리에 들어본 적도 없다. 그런 건 딱 질색이거든!

그러다 보니 달리기에 대한 책을 쓴다고 했을 때 사람들이 나를 장거리 달리기에 단련된 사람으로 착각하곤 했다. 그들이 가장 힘들었을 때가 언제냐고 물으면 왠지 내가 사기꾼이 된 듯한 기분이었다. 사람들에게 말은 잘 안 하지만 제일 힘들었던 건 총 15킬로미터쯤 달린 날이었다. 왜 힘들었냐고? 중간에 배가 너무 고팠기 때문이다. 결국 멈춰서 샌드위치를 사 먹었다. 그러니 멋진 마라토너들을 생각하면 기가 죽어서 마라톤에 도전할 엄두가 안 났다. 마라톤은 힘들고 재미없고 프로 선수에게나 어울리는 종목으로 느껴졌다. 그래서 내 달리기 실력이 좀 허접하다고 말하는 것이다. 그러니 당신에게도 나만큼 도움이 될 거란 말을 믿어줬으면 좋겠다. 브라이어니 고든도 자기는 달리기 하수라고 말한다. 그녀는 런던 마라톤을 완주했다. 그러니까 나만 이런 말을 하는 게 아니다.

물론 마라톤에 도전하면 안 된다는 말은 아니다. 알렉산드라 헤민슬리가 『러닝 라이크 어 걸』에서 마라톤에 참가한 경험(한두 번이 아니었다)에 대해 진솔하고 낙천적으로 쓴 것을 읽고 나도 하마터면 참가 신청을 할 뻔했다. 그녀는 이렇게 썼다. "내 다리가 사람들을 한 명, 두 명 추월할 힘을 얻자 별안간 달리기 훈련이 의미 있는 것이 됐다. (…) 나는 실패자도, 한심한 인간도, 약골도 아니었다. 내가 목표를 세우고 달성할 수 있다는 게 증명됐다. 나의 정체성과 가능성을 새롭게 규정할 수 있다는 게 입증됐다."[2]

목표를 기억하는 것은 분명히 매력적인 일이다. 우울증이나 불안증이 있을 때는 더욱 그렇다. 목표가 있으면 체계가 생기고, 누구도 실망시키지 않겠다는 다짐이 생기고, 내가 점점 나아지는 것을 확인하는 재미가 생긴다. 나도 다 안다. 그럼에도 기존의 방식을 맹렬히 고수하고 있다. 나는 이별의 슬픔을 극복하고 불안의 파도를 막으려고 달리기를 시작했다. 그때만 해도 내가 이렇게 달리기에서 기쁨과 자신감을 얻고 운동을 좋아하게 될 줄은 몰랐다. 그래서 지금 딱히 잘못된 게 없는데 굳이 바꾸고 싶지는 않다.

달리기에 정석은 없다. 우리 동네의 어떤 할아버지는 매일 마트까지 달려간다. 낯 뜨거울 만큼 짧은 반바지를 입고 이마에는 1980년대 삼류 영화에 나왔을 법한 땀 흘림 방지 헤어밴드를 두른 채로. 할아버지가 놀라울 만큼 빠르게 달리는 것을 보면 그게 할아버지에게 맞는 방식인 것 같다. 집 근처 광장만 빙빙 도는 아가씨를 보고는 왜 더 멀리 안 나갈까 궁금해하다가 나도 처음 몇 주 동안은 근처 골목길을 벗어나지 못한 게 떠올랐다. 또 어떤 사람은 꽉 막힌 헬스장에서 성난 듯 오만상을 쓰고 러닝머신 위를 달린다. 그들은 쌩쌩 바람이 불고 질척질척한 골목길에서 헤매는 일 없이 사시사철 어떤 악천후에도 달릴 수 있다.

반대로 밖에서 수십 킬로미터씩 달리는 사람도 있다. 그들은 마라톤은 기본이고 울트라마라톤에도 참가한다. 울트라마라톤은 42.195킬로미터 이상을 달리는 마라톤이다. 잭 밀러$^{Zach\ Miller}$ 같은 사람은 보통 150킬로미터 이상을 달린다. 《가디언》 인터뷰에서 그 기분을 이렇게 표현했다. "달리기는 비행에 가장 근접한 행위입니다. 다른 사람이 한 말인데 저도 그렇게 생각해요. 짧은 순간이지만 공중에 붕 뜨잖아요. 저처럼 장거리를 달리면 그런 순간을 아주 많이 경험할 수 있어요."[3]

경우에 따라서는 그처럼 무자비한 목표를 달성하는 과정에서 느끼는 고통이 지금 잘하고 있다는 증거가 되기도 한다. 하루키는 『달리기를 말할 때 내가 하고 싶은 이야기』에서 이렇게 말했다. "바로 그 고통으로 인해, 바로 그 고통을 극복하려는 의지로 인해 우리는 (…) 살아 있다는 느낌을 (…) 맛이라도 본다."[4]

2장에 소개한 니콜라는 PTSD 때문에 달리기를 시작했다. "2013년 공군에서 나온 후 2015년에 런던 마라톤을 보다가 나도 한번 해봐야겠다는 생각이 들었어요. 대회에 참가 신청을 하고 당첨되기를 기다리며 훈련을 시작했죠. 달려보니까 마음이 안정되고 기분이 좋아지더라고요. 달리면 달릴수록 더 그랬어요. 그 덕분에 집으로 돌아와서 괜찮은 일자리를 구할 수 있었죠. 모든 게 제자리로 돌아가는 것 같았어요. 2018년 4월에는 인빅터스대회재단 Invictus Games Foundation을 위해 뛰었어요. 2015년부터 지금까지 달리기 대회에 95번쯤 참가했어요. 가볍게 몇 킬로미터 뛴 적도 있고 런던에서 브라이튼까지 100킬로미터를 간 적도 있지요. PTSD 때문에 시작하긴 했지만 지금은 메달을 모으는 재미에 빠졌죠."

그녀는 각종 대회에 도전하는 게 정신 건강에 도움이 된다고 했다. "예전에 비하면 정신적으로 훨씬 좋아졌어요. 물론 온 세상이 나를 거부하는 것처럼 느껴지는 이상한 날도 있지만 좋은 날이 더 많아요. 지금은 런던의 아파트에 살면서 내가 하고 싶은 걸 내가 하고 싶을 때 하고 있어요. 연기도 시작해서 영화와 드라마에 엑스트라로 출연하고 있고요."

그들에게는 공통점이 있다. 모두 달린다는 것이다. 나는 굳이 이를 악물고 150킬로미터를 달리고 싶은 마음은 없다. 괜히 그런 짓을 했다가는 죽어라 고생만 하고 달리기가 싫어질 것 같다. 하지만 '비행'을 하는 것 같은 묘한 느낌은 잘 안다. 아마 달리기를 하는 사람이라면 누구나 알 것이다. 달리기를 시작할 때만 해도 그게 어떻게 발전할지 모른다는 것도 달리기의 묘미다. 나는 중거리 달리기에 정착해 거의 매일 중거리를 달리고 있다. 어떤 사람은 5킬로미터씩 일주일에 두 번 달리는 것에 만족할 것이고, 또 어떤 사람은 경쟁심이 생겨서 대회란 대회는 다 참가할 것이다. 나처럼 마음의 건강을 위해 달리는 사람이 있는가 하면 신체를 단련하기 위해 달리는 사람도 있다. 어느 쪽이든 결국에는 동일한 결실을 얻게 된다.

사람마다 최고의 달리기라고 생각하는 게 다르다. 내가 달리기에서 최고의 만족감을 느끼는 때는 주로 아침이다. 아침 중에서도 특히 정신이 완전히 깨어 있고 마감, 요금 납부, 누군가의 불평 등 그날 내가 처리해야 할 일들 때문에 마음이 살짝 불편할 때다. 처음 10분은 어김없이 힘들다. 어떻게든 그 10분을 버텨내야 한다. 그때는 내가 뻣뻣하고 굼뜨게 달리는 로봇이 된 느낌이다. 10분이 지나면 몸이 풀리면서 더는 애쓰지 않아도 달려진다.

이때부터 좋은 일이 생긴다. 내 뇌가 몸에서 '분리'되는 듯한 느낌. 두 발이 지면에 닿고 두 팔이 힘차게 흔들리는 게 느껴진다. 그럴 때 나는 그곳에 존재하는 동시에 존재하지 않는다. 내 마음이 살짝 샛길로 빠진다. 어떨 때는 주변의 건물을, 시골이라면 경치를 감상한다. 어떨 때는 갑자기 떠오르는 과거의 순간을 응시한다. 하지만 주로 생각하는 것은 큰 그림이다. 이를테면 직업과 진로를, 사랑하는 사람들을 생각하고, 아이를 낳을지 말지를 고민한다(임신과 출산에 대해서는 아직 달리기 중에 고민이 해결된 적이 없다). 그래도 공황 발작이 오거나 심란해지지 않는다.

이런저런 생각이 흘러갈 뿐 어떤 생각이 끈질기게 달라붙지도 않고 위협적이거나 터무니없는 생각으로 변하지도 않는다. 보통 나는 이전에 보지 못했던 것을 보거나 어떤 것에 대해 예전과 다른 생각을 할 수 있으면 잘 달렸다고 생각하지만 그렇게 안 돼도 신경 쓰지 않는다. 가끔은 생각을 거의 안 하고 그냥 편하게 달릴 때도 있는데 이때도 역시 잘 달렸다고 생각한다. 우리가 일상에서 멍한 상태를 허용할 때가 얼마나 될까? 그럴 때는 쓸데없이 시간을 낭비한다고 자책하거나 다시 세상과 연결되려고 휴대전화나 노트북을 찾기 일쑤다. 세상과 잠시라도 단절되는 게 현실 도피로 느껴질 때가 많다. 가뜩이나 쉴 새 없이 뉴스가 쏟아지는 시대에는 말이다.

항상 짜릿할 필요는 없다
※※※

나는 2016년부터 2017년까지 언론사에서 편집기자로 일했다. 논설과 칼럼을 담당할 때도 정신없이 바빴지만 기사를 편집하는 일은 그보다 더 심했다. 기자들끼리 모이면 세계적인 사건의 발생 건수로는 2016년을 따라올 해가 없다고 농담처럼 말했고, 연말쯤에는 내가 아는 기자들은 전부 탈진 상태였다. 우리는 모두 2016년이 이례적인 해였다고 생각했다. 하지만 이는 크나큰 착각이었다. 2017년은 더 난장판이었다. 입을 떡 벌어지게 만드는 사건이 동시다발적으로 터졌다. 예전 같았으면 며칠은 기본이고 길면 몇 주 동안이나 신문과 방송을 떠들썩하게 만들었을 사건이 몇 시간 반짝하고 또 다른 사건에 자리를 내줬다.

충격적이고 비극적이고 당혹스러운 일이 끊임없이 일어나자 사람들은 뉴스에 피로감을 느끼고 둔감해졌다. 나는 혹시라도 중요한 뉴스를 놓칠까 봐 화장실에도 못 갈 때가 종종 있었다(나도 동료들도 2016년에 그런 일을 몇 번 겪다 보니 거의 노이로제에 걸려 있었다). 한번은 술집에서 사람들을 만난 자리에서 테러 기사를 써야 했다. 어느 날은 아침에 아버지가 DIY용품을 사러 간다기에 따라 나섰다가 매장 한편에 쌓인 바닥재 위에 걸터앉아 피델 카스트로의 사망 기사를 쓸 기자를 부리나케 찾아 다녔다.

숨 돌릴 틈도 없이 새로운 뉴스거리가 생겨났고 우리는 모두 SNS, 휴대전화 알림, 생중계 블로그 등으로 실시간 소식을 들을 수 있었다. 적정한 뉴스 소비량에 대해서는 아직도 의견이 분분하다. 일각에서는 뉴스를 보면 코르티솔 분비가 촉진되어 불안이 커진다고 하고, 또 뉴스 때문에 사람이 우울해지고 무신경해질 수 있다고도 한다. 그럴 만도 하다. 뉴스는 대체로 부정적인 이야기 일색이기 때문이다.

하지만 나는 직업이 기자인 만큼 모든 뉴스를 소화해야 했다. 일어나서 잠들 때까지 온종일. 심할 때는 한밤중에도 뉴스에 매달려야 했다. 예를 들어 브렉시트 찬반 국민투표가 있었던 날, 많은 사람이 반대파의 승리를 예상하며 잠이 들었는데 밤새 진행된 개표에서 예측을 뒤엎는 충격적인 결과가 나왔다. 그래서 이후 미국 대선 때는 결과를 예단하지 않고 개표 상황을 예의 주시했다. 그게 내게 큰 도움이 됐다. 혹은 모든 세상 사람들에게.

그런 생활이 지속되자 스트레스 호르몬이 용솟음쳤다. 배 속에서 발레리나들이 빙글빙글 돌며 위벽을 차는 느낌이었고 긴장성 두통이 찾아왔다. 긴장성 두통은 20대 초반에 내가 뇌종양에 걸렸다고 생각했을 때 이후로는 잊고 살던 것이었다. 매일 아침 일어나기가 무서웠다. 간밤에 내가 놓친 사건이 있어서 허둥지둥 취재해야 할 게 분명했으니까. 스물두 살 때는 아침에 눈을 뜨면 불안이 온몸을 타고 흘렀다. 그런데 이제 서른두 살이 되어서도 그때와 똑같은 아침을 맞고 있었다. 그때와 다른 게 있다면 막연히 불안한 게 아니라 직업 때문에 불안하다는 것이었다. 어쨌든 불안하긴 마찬가지였다.

잠깐! 그런데 나는 스물두 살이 아니잖아? 하하, 괜히 겁먹었네. 나는 열 살 더 먹으면서 좀 더 현명해져 있었고 몇 가지 쓸 만한 대처법도 익혔다. 그중에서도 제일은 불안을 날려버리는 달리기였다. 그 무렵 내게 최적인 달리기를 발견했다. 그전까지는 그날그날 기분 내키는 대로 운하를 달리기도 하고 시내 곳곳을 누비기도 하는 등 코스가 일정하지 않았다. 그냥 경치를 구경하는 날도 있고, 사람 많은 곳에 익숙해지려고 달리는 날도 있고, 순전히 숙취를 해소하기 위해 달리는 날도 있었다.

그런데 이제는 컴퓨터 앞에서 나와서 누구의 연락도 받지 않고 아드레날린을 날릴 시간이 필요했다. 그래서 날마다 회사에서 집까지 달려서 퇴근하기로 했다. 달릴 때는 모든 메시지를 무시하고 음악이나 팟캐스트만 들었다. 팟캐스트는 속보를 언급하지 않는 것만 골라 들었다. 뉴스는 사절이었다. 일과가 끝나고 남들은 다 한잔하러 갈 때 나는 피로와 허기를 느끼며 운동복으로 갈아입었다. 빵빵한 백팩을 메고 사서 고생한다는 말을 흘려들으면서 출발했다. 코스는 항상 똑같았다.

솔직히 힘들었다. 평소에 나는 새로운 것을 찾으면서 달리는 것을 좋아하는데 그 길은 오르막이 많은 38분 코스였다. 내가 워낙 천천히 달려서 그렇지, 거리로는 겨우 6킬로미터 남짓이었다. 그런데도 매순간이 고생스러웠다. 그래도 나는 편집기자로 일하는 동안 날마다 꿋꿋이 그 길을 달렸다. 뉴스의 공습에서 느끼는 압박감을 해소하는 최선의 방법이었다. 집에 도착하면 몸무게가 줄어 있고 마음에도 어느 정도 여유가 생겼다. 나는 근무복을 넣은 백팩을 메고 힘든 얼굴로 군중을 헤치며 소파가 주는 평안을 향해 돌진하는 사람들에게 언제나 무한한 애정을 느낀다. 그들이 의식하든 못 하든 간에 그 달리기는 일상에 꼭 필요한 탈출구다.

이렇듯 정신적인 문제가 있으면 그것을 완화할 수단을 찾아야 한다. 나는 가슴이 미어질 때만 달려서는 안 된다는 것을 알게 됐다. 공황 발작을 제압하기 위해서만 달리면 안 됐다. 행복할 때도 달려야 했다. 그럭저럭 기분이 괜찮을 때도, 약간 스트레스를 받았을 때도, 피곤할 때도 달려야 했다. 달리기는 화창한 날, 혹은 내가 '치유된' 것 같은 날에만 사용할 수 있는 도구가 아니었다. 달리기는 힘들지만 아직 버틸 만할 때도 사용해야 했다. 지금도 마찬가지다. 왜냐하면 나도 모르게 상황이 악화될 수 있기 때문이다. 익숙한 불안장애 증상이 생각보다 빨리 돌아올 수 있기 때문이다. 그러니 정신을 똑바로 차려야 한다. 그렇다고 항상 고도의 경계 상태를 유지해야 한다는 말은 아니다. 다만 정신적인 문제가 깨끗이 사라져서 다시는 쳐들어오지 못할 거라고 방심하지 말고 간간이 자신의 감정을 살펴야 한다는 말이다.

나는 업무에 막대한 부담을 느꼈다. 경악스러운 뉴스가 쏟아지는 현실에 약간의 절망감마저 들었다. 그때 내가 했던 일이 사람들이 보편적으로 하는 일은 아니었다. 하지만 누구나 일을 하다 보면 힘에 부친다 싶은 시기가 있기 마련이다. 그리고 알고 보니 이미 많은 사람이 날마다 퇴근길을 달리고 있었다. 남녀를 가리지 않고 무거운 백팩을 메고 결의에 찬 얼굴로 달리는 사람이 런던 전역에 쫙 깔려 있었다. 그들은 열차에 몸을 맡기고 하루를 곱씹는 대신 세차게 퇴근길을 밟으며 업무에서 오는 불안감을 떨쳐버렸다.

그렇게 나는 내게 딱 맞는 최적의 주법을 찾았다. 그전까지는 항상 더 빨리, 더 오래 달리려고 기를 썼고, 대회에 나가거나 규칙적으로 훈련하거나 달리기 동호회에 가입해야만 '진정한' 러너라고 생각했다. 그런 것을 행동으로 옮기지는 않으면서 내가 고작 10킬로미터밖에 못 달린다고, 천천히 달린다고, 혼자 달린다고 자책했다.

그러다가 업무 스트레스 때문에 1년간 퇴근길에 달리기를 했다. 사실 내가 생각하는 이상적인 달리기는 아니었다. 그것은 수레를 끄느라 지친 일말의 달리기였지, 늠름한 종마의 달리기가 아니었다.

하지만 이 실용적인 달리기는 복잡한 머리를 달래주었다. 최대한 빨리 집에 도착하는 것을 목표로 비가 오나 눈이 오나 어두운 거리를 달렸다. 러너스 하이 같은 것은 없었다. 내리막을 내달리며 속이 뻥 뚫리는 쾌감도 없었다. 하지만 집에 도착하면 아드레날린을 시원하게 날려버린 기분이었다. 그리고 나면 다시 메일에 답장을 보내고 뉴스를 확인할 수 있었다. 그 38분이 답답한 일상에서 벗어나 뇌의 전원을 내리고 몸을 움직이는 시간이었다. 다음 날 아침에 일어나면 또다시 아드레날린이 발동을 걸기 때문에 저녁에 날려줘야 했다. 스물두 살 때는 날마다 아드레날린이 내 멱살을 쥐고 흔들었다. 하지만 이제는 녀석을 완전히 물리칠 수는 없어도 내 손아귀에 쥐고 저지할 수는 있었다.

하루 38분. 마라톤은 아니었다. 하프 마라톤은커녕 10킬로미터도 안 됐다. 하지만 오랫동안 나를 포로로 잡고 있던 정신적 문제에 어깃장을 놓을 수 있었다. 그러면 됐다. 조금만 더 달렸으면 내가 나가떨어졌을 것이고 조금만 덜 달렸으면 뇌의 전원이 꺼지지 않았을 것이다. 편집자 일을 그만둔 후에는 다시 더 길고 즐겁게 달릴 수 있었다. 시험 삼아 아침 달리기도 해봤다. 하지만 그때 그런 시절을 겪으면서 깨달았다. 달리기는 내가 장기적으로 해야 할 활동이라는 것을. 달리기가 항상 재미있어야 하는 것은 아니라는 것을. 그리고 꼭 오래 달릴 필요도 없다는 것을. 매일 똑같은 코스를 똑같이 달리는 것의 효용을.

그런 식으로 달리려면 달리기를 일상이라는 더 큰 틀에 맞춰야 했다. 사실 대부분의 사람이 그렇게 한다. 그 시절의 내게 달리기는 마음껏 누릴 수 있는 호사가 아니었다. 그것은 나머지 활동을 잘하기 위해 날마다 꼬박꼬박 해야 하는 것이었다. 말했듯이 최적의 달리기는 사람마다 다르다. 그리고 달리기의 장점은 그때그때 방법을 바꿀 수 있다는 것이다. 세상에는 뭔가에 의존하지 않고도 일을 똑 부러지게 처리하는 사람이 있을 것이다. 어떤 사람은 일주일에 한 번 달리거나 요가를 하거나 저녁을 맛있게 먹는 것만으로 자기 할 일을 잘할 수 있을 것이다. 하지만 내게는 그렇게 일상에서 탈출하는 시간이 필요했고 달리기가 유일한 탈출구였다. 참, 와인도 있었지! 와인은 언제나 내게 큰 기쁨을 선사한다. 하지만 달리기와 다르게 의사들이 권하지 않는다. 안타깝게도.

손해 볼 거 없잖아

✖✖✖

달리는 사람들은 열렬한 달리기 전도사가 되기도 하는데 나도 그런지는 모르겠다. 달리기를 하는 사람은 하나같이(물론 아닌 사람도 있겠지만 아직 그런 사람은 못 봤다) 다른 사람도 달리기를 한다고 하면 얼굴에 화색이 돈다. 비밀 결사와는 정반대다. 그런데 달리는 기쁨을 공유하고 싶은 마음은 어김없이 이래라저래라 하는 조언 내지는 훈수로 이어진다. "아니, 벤네비스산(해발 1,343미터로 영국에서 가장 높은 산—옮긴이) 꼭대기까지 달려본 적이 없다고요? 꼭 해봐요. 차원이 달라요. 난 아침마다 벤네비스산 정상을 찍고 브라이튼으로 출근해요." 잘난 체하기는! 물론 내가 지어낸 이야기이긴 하지만. 나도 그렇게 조언하고 싶은 마음을 어느 정도 이해한다. 나만 해도 지금 책을 쓰면서 달리기에 대한 조언 비슷한 것을 하고 있으니까.

그런데 나라면 저렇게 못하겠다 싶을 만큼 자신을 몰아붙이는 러너들의 조언을 듣고 가슴이 철렁했던 적이 한두 번이 아니다. 모두 선의의 조언이긴 하지만 자칫 달리기에 대한 생각을 흔들 수도 있다. 처음부터 남들이 말하는 뭔가 거창한 것을 시도하기보다는 일단 가볍게 시작해서 서서히 자기에게 맞는 달리기법을 찾아가는 게 훨씬 낫다. 말은 이렇게 하지만 사실 지금 나도 아, 입이 근질근질한데… 에라, 모르겠다. 조언을 좀 더 해보자! 그래도 산을 달리라거나 뒤로 달리라는 말은 안 할 테니 안심하시길(실제로 예전에 누가 나한테 뒤로 달려보라고 거의 강권한 적이 있다).

달리기를 시작해볼까 하는데 생전 처음이라 선뜻 용기가 나지 않을 때는 앞에서 말했다시피 초심자용 5K 달리기 훈련 프로그램을 추천한다. 나도 그렇게 훈련하면서 달리기에 빠졌다. 내가 발전하고 있는 게 확실히 보이니까 신나서 또 달리러 나갔다(여담이지만 자꾸만 훈련 스케줄을 못 지키고 있다고 알림을 보내는 앱의 주둥이를 한 대 쳐버리고 싶었던 건 나 혼자뿐이려나?).

하지만 그 외에도 달리기 여정…이라고 하면 너무 거창하고… 음, 그래, 달리기 실험을 시작할 방법은 얼마든지 있다. 요즘은 달리기 동호회가 인기다. 나는 혼자 달리는 것을 선호한다고 말했지만 같이 달리는 사람이 있으면 시간이 훨씬 잘 가긴 한다. 그리고 다른 사람의 응원을 받으면 꾸준히 달리는 데 도움이 된다. 나도 달리기에 입문했을 때 정신 상태가 안 좋아서 터무니없고 부정적인 생각에 빠져 있지 않았더라면 동호회에 가입했을지 모르겠다.

달리기에 좀 익숙해졌다면 파크런도 좋다. 파크런은 '매주 누구나 자유롭게 참여해 5킬로미터 달리기'를 목표로 한다. 영국에서는 497개 곳에서 파크런이 운영되고 있고 다른 나라로도 확산 중이다. 혹시 외국에 있을 때 달리고 싶은데 어디를 달려야 할지 모르겠다면 파크런 웹사이트에서 지도를 통해 파크런이 운영 중인 장소를 찾아보라. 그러면 누구나 환영하는 화기애애한 분위기에서 편한 속도로 달릴 수 있다.

영국처럼 1년 중 9개월이 추운 나라라면 추위가 싫은 사람도 있을 것이다. 그렇다면 헬스장의 러닝머신을 이용하면 된다. 헬스장에 가면 트레이너가 러닝머신의 각종 기능을 친절하게 설명해준다. 러닝머신은 기본적으로 사용자가 선택할 수 있는 여러 가지 코스가 준비되어 있고, 고급 기종이라면 TV를 보거나 화면에 나오는 세계 어딘가의 멋진 길을 따라 달릴 수 있다(나도 이런 가상 달리기를 좋아한다). 내 친구는 이별 후에 6개월 동안 LA 해변만 달렸다.

러닝머신 화면을 보면 항상 태양 아래에서 부서지는 파도를 배경으로 몸짱 남녀들이 함께 달리고 있었다. 바깥의 우중충한 런던 날씨와 대조적이었다. 나는 러닝머신에는 별로 재미를 못 붙였다. 자연스럽게 속도를 바꿔가며 뛸 수 없어서 답답한 데다 나는 기본적으로 야외에서 달리는 게 좋다. 하지만 러닝머신은 언제든 쉽게 이용할 수 있다는 장점이 있다. 나도 여행 중에 속 편하게 달리고 싶을 때는 러닝머신을 이용한다. 러닝머신이 성향에 잘 맞는다면 좋은 일이다. 하지만 일단 나가서도 달려보기를 권한다. 그것도 잘 맞을 수 있기 때문이다. 개인적으로는 달리기를 통해 정신 건강이 좋아지는 효과를 톡톡히 보려면 비타민D를 흡수하면서 사람 구경도 좀 하고 푸른 자연도(이건 운이 따라야겠지만) 좀 봐줘야 한다고 생각한다.

밖에서 달리든 안에서 달리든 간에 중요한 것은 합리적인 기대치를 세우고 자신이 달리기에서 얻고자 하는 게 무엇인지 정하는 것이다. 뭐든 힘들면 포기했던 내가 달리기를 계속했던 이유는 작게 시작했기 때문이다. 나는 한 번에 1분씩 달렸다. 온몸이 뻐근하고 다음 날 근육통이 생기는 것은 어쩔 수 없다. 그래도 1분은 달릴 수 있다. 슬프거나 불안할 때 무턱대고 30분씩 달리려고 하다가 목표를 달성하지 못하면 지독한 실패감까지 더해진다. 차라리 달리기와 걷기를 병행하는 편이 좋다. 힘들다 싶으면 속도를 줄이고 다시 달려도 되겠다 싶을 때까지 걷자.

혹시 공황 발작이 시작되려 한다면 호흡에 집중하자. 달리다 보면 숨이 찰 수 있는데 이것을 공황으로 오해할 수 있다. 나도 처음에는 몇 번 그랬다. 심장이 쿵쾅대고 손에 땀이 나고 얼굴이 빨개지고 머리가 지끈거리는 것 같은 불안의 신체 증상은 재미있게도 강렬한 유산소 운동을 통해서도 나타날 수 있다. 그럴 때는 일단 속도를 늦추고 활동을 줄이면 그런 증상이 사라지는지 보자. 내 경우 그런 증상의 95퍼센트는 수십 년간 안 하던 힘든 운동에 몸이 정상적으로 반응하는 것이었다.

당장 뭔가 달라진 느낌이 안 들 수도 있다. 나는 처음 달린 날부터 변화를 느끼긴 했지만. 그래봐야 육체적으로 뭔가 대단한 것을 느꼈다기보다는 내 안의 호기심이 발동했던 것 같다. 요즘 나는 달리고 나서 기분이 나빠지는 법은 없다고 되뇌며 침대에서 꾸물꾸물 나온다. 필요하면 당신도 속으로 똑같이 말해보길 바란다. 달리기를 시작했다고 바로 불안감이 사라진 느낌이 들진 않아도 최소한 기분이 더 나빠지진 않을 것이다. 물론 좀 피곤할 수는 있지만.

베서니는 갖가지 문제로 궁지에 몰렸을 때마다 달리기의 힘을 기억했다. 연애가 잘 풀리지 않고, 회사 일은 버겁고, 골치 아픈 송사에 휘말려 있었다. 그녀는 열여덟 살에 불안증과 우울증에 걸리기 전까지 달리기를 좋아했다. 성인이 되고는 일과 가족을 앞세우느라 달리지 않았다. 그러다 2017년 4월에 침대에서 나오지도 못할 지경이 됐을 때 정신적 문제가 사납게 되돌아왔음을 깨달았다.

"어린 아들에게 그런 모습을 보여줄 수는 없었어요. 엄마가 맨날 엎드려서 우는 꼴을 보여줄 수 있나요. 그래서 어떡할지 고민하다가 예전에 달리던 때를 떠올렸어요. 그때 어떤 기분이었는지 생각하니까 밖에서 달려야겠다는 결심이 섰죠. 최대한 오래, 최대한 멀리 달리기로 했어요. 무슨 대회에 나가야겠다는 목적이 있었던 건 아니에요. 그냥 달릴 때 느꼈던 해방감이 그리워서 다시 달린 거예요."

베서니는 달리기와 관련해 어떤 구체적인 목표를 세우지 않았다. 그저 예전처럼 "걱정을 잊고 머리가 맑아지길" 바라며 달렸을 뿐이다. 내가 보기에는 본능적으로 달렸던 것 같다. 베서니는 기분이 좋아질 때까지 달렸다. 아무 목표가 없었으니 실패할 것도 없었다. 가뜩이나 자기가 뭐 하나 제대로 하는 게 없는 것 같던 때였다.

"그때는 내 정신 상태가 '잘못'되어 있었어요. 하지만 달리기는 잘못하려야 잘못할 수가 없었죠. 다른 건 다 내가 잘못하고 있는 것 같았지만 달리기만은 잘하고 못하고가 없었어요. 그냥 나가서 달리면 아무것도 거리낄 게 없었죠."

다시 달리기를 시작한 후 베서니는 우울증과 불안증이 약해지는 것을 느꼈다.

"가끔 또다시 침체될 때가 있긴 하지만 전체적으로는 예전보다 훨씬 나아요. 달리기 덕분이죠. 달릴 때 내 머리에서 탈출할 수 있으니까요."

베서니는 마음을 편하게 먹었기 때문에 달리기에 큰 기대를 걸지 않았고, 며칠 만에 기분이 좋아지지 않아도 자책하지 않았다. 이후 천천히 상태가 호전되면서 달리는 습관이 들었다.

알렉산드라 헤민슬리는 달리기에 대한 책을 쓰면서 런던 마라톤에서 무려 세 번이나 우승한 강철 다리를 가진 여자 마라토너 폴라 래드클리프를 만났다.[5] 달리기를 시작하려는 사람에게 해줄 만한 조언이 있냐는 물음에 래드클리프는 이렇게 답했다. "일단 한번

나가서 달려보세요. 직접 해보면 재미있는지 없는지 알 수 있잖아요." 독창적이지는 않지만 정확한 조언이다. 일단 한번 해보자. 그리고 어떻게 되는지 보자. 혹시 자신이 뇌 속에 갇힌 느낌이 들고 어떻게든 거기서 벗어나고 싶다면 달리기가 탈출구가 될 수 있다. 초반에 내 뇌는 온갖 이유를 대며 달리지 말라고 했다. 그래서 나는 거기에 반박해야 했다. 급기야 그런 생각을 막기 위해 입 밖으로 말을 내뱉기까지 했다.

나는 아무도 없는 방에서 허공에 대고 물었다. "왜 안 돼? 달린다고 손해 볼 거 있어?" 그러고는 달리러 나갔다.

나처럼 뇌가 반항하는 경우에는 똑같이 물어보자. 달린다고 손해 볼 거 있어? 그러면 뇌가 또 뭐라고 주절댈지 몰라도 그 논리는 허술하기 짝이 없을 것이다. 계속하다 보면 그런 허접한 논리쯤은 단박에 격파된다.

9K

완전한 몰입,
그리고 해방

✖

전 남자친구와 오르막을 달리고 있다. 내가 스물한 살 때 헤어진 후로도 우리는 이따금 연락하고 지낸다. 우리는 서로의 가슴에 상처를 내지 않았다. 그저 어려서 어떻게 관계를 유지해야 하는지 몰랐을 뿐이다. 특히 내가 이번에 마리오스는 좋은 일을 하겠다면서 어찌 보면 황당하기까지 한 일을 계획했다. 성금을 모으기 위해 남아메리카의 밀림에서 엿새 동안 여섯 번 마라톤을 하겠다는 것이다. 꼭 밀림을 달려야 한다는 규정도 없건만. 그것도 고지대의 밀림에서 말이다. 그는 달리기를 많이 하진 않았지만 여러 무술을 수련해서 누구보다 몸이 튼튼하다. 하지만 아무리 봐도 달리기를 좋아하는 것 같진 않았고, 그래서 일단 나와 같이 달려보자고 했다. 그 결과, 지금 우리는 서로를 응원하며 오르막을 내달리고 있다.

연애 시절에 나는 툭하면 울고 항상 대용량 감자칩을 달고 사는 우울증 비만녀였다. 그는 매번 음식의 중량을 재고 닭껍질은 쓸데없이 기름지다며 다 벗기고 먹는 건강 집착남이었다. 극과 극이 따로 없었다. 지금은 둘의 신체 능력이 중간 지점에서 만났다. 나는 마리오스와 보조를 맞추는 데 아무 문제가 없다. 아까부터 춥고 옆구리가 뻐근하지만 마리오스가 얼마나 웃긴지 정신을 못 차릴 지경이다. 우리는 햄스테드 히스를 지나 스위스 코티지까지 내려갔다가 다시 핀칠리 로드까지 올라온다. 그러면서 예전에 우리가 자주 다녔던 곳들을 지나며 그때 별것도 아닌 것으로 싸웠던 일을 이야기한다.

그렇게 추억 속을 달리자니 웃기기도 하지만 왠지 내가 과거와 분리된 듯한 기분이 든다. 내가 그렇게 깊은 혼란과 불행 속에서 허우적댔다니 이상하다. 마치 다른 사람에게 일어난 일 같다. 내가 딴사람이 된 것 같다. 운 좋게도 마음의 안정을 찾은 사람. 마리오스는 그 시절에 대해 좋게 이야기하지만 분명히 나는 연애 상대로 빵점이었을 것이다. 자기가 어떤 사람인지도 모르는 사람과 연애하기란 쉬운 일이 아니다.

우리는 리젠트 파크까지 쭉 달려가서 놀이터에서 시소를 타고 조그만 그네 위에 올라가 몸을 이리저리 돌린다. 둘이서 회전목마에서 사진을 찍은 다음 그를 격려하며 남은 코스를 완주하고 내 아파트까지 함께 달려온다. 우리는 어린아이가 된 것 같고 속에서 기운이 용솟음친다. 달리기를 마칠 때마다 반응이 다르고 때로는 예상치 못한 깨달음까지 찾아온다는 것을 다시 체감한다. 내가 참 많이 발전한 것 같다. 달리기를 시작하고도 한동안은 그런 줄 몰랐다. 참고로 마리오스는 대장정을 완수하지 못했다. 부상으로 일찍 하차했다. 그 후 내게 다시는 달리자는 말을 안 한다.

대부분의 영국인은 운동량이 권장량에 못 미친다. 2017년 영국공중보건국Public Health England의 발표에 따르면 40~60세 영국인 중에서 정기적으로 시속 5킬로미터 이상의 속도로 연속 10분 이상을 걷지 않는 사람이 41퍼센트나 됐다.¹ 같은 자료에서 주당 운동 시간이 30분 이하의 '비활동성'으로 분류된 사람은 전체 영국인 중 4분의 1이었다.

이해가 간다. 나도 예전에는 대부분의 시간을 앉아서 보냈으니까. 하지만 달리기를 통해 몸과 마음이 강해졌기 때문에 이제는 내가 일부러 의식하지 않아도 될 만큼 운동이 내 삶에 녹아들어 있다. 내가 단 하루도 운동을 빼먹지 않는 이유는 여러 가지다. 아침에 잘 일어나기 위해서. 내 마음이 소란을 떠는 것을 막기 위해서. 불안과 우울을 예방하기 위해서. 내 뇌의 전원을 내리기 위해서. 직접 운동을 해보니까 우리가 몸과 마음을 서로 분리된 것으로 여길 때가 얼마나 많은지, 우리가 발, 무릎, 등보다 지성, 학습, 사고를 중시하는 경향이 얼마나 강한지 알겠다. 우리는 정신과 육체가 별개라고 생각한다. 큰 착각이다. "열병이나 결핵보다 더 무섭게 육신을 잠식하는 것이 병든 생각이다." 기 드 모파상의 명언이다.

데이먼 영은 『인생학교: 지적으로 운동하는 법』의 도입부에서 정신 활동과 육체 활동을 서로 상충하는 것으로 보고 한쪽만 편애하는 사람이 많다고 지적한다. "우리에게 익숙한 직업 생활은 그 노동 행위만이 아니라 대개는 정체성마저도 육체가 아닌 정신에 편향되어 있고 서로 간의 교류도 가상으로 행해진다. 물론 우리에게는 여전히 육체가 있으나 그것이 각자의 개성에 미치는 영향은 축소됐다."[2]

우리의 생활 방식을 보면 너무 피곤하다, 너무 바쁘다, 헬스장이 싫다, 친구나 만나는 게 좋겠다 등등의 핑계를 대며 몸을 뒷전으로 밀어낼 때가 많다. 무라카미 하루키는 『달리기를 말할 때 내가 하고 싶은 이야기』에서 "바쁘다는 핑계로 달리지 않는다면 앞으로 평생 달리지 못할 것 같다"고 썼다.[3] 동감이다. 공사다망한 인생에서 운동은 너무나 큰일로 느껴지거나 순전히 자기만족을 위한 하찮은 일로 느껴진다. 다시 말해 우선순위가 낮다. 하지만 그런 식으로 생각하면 육체와 정신의 괴리가 더욱 심해진다. 운동을 어렵거나 자아도취적인 행위로 여기면 자연히 기피하게 된다.

혹시 블루존Blue Zone에 대해 들어본 적이 있는지 모르겠다. 세계 각지의 장수마을을 통칭하는 용어다. 2005년에 댄 뷰트너Dan Buettner가 최고령자들이 사는 아홉 개 지역을 선정해 장수의 비결을 파헤쳤다.[4] 그 비결 중 하나는 물론 운동이었다. 그런데 그것은 20분 동안 로잉머신을 하고 종일 책상에 앉아 있는 것과는 차원이 달랐다. 장수인들은 운동이 일상에 배어 있다. 예를 들어 사르데냐의 양치기들은 매일 8킬로미터 이상을 걷는다. 그밖에도 절주와 규칙적인 사교 활동 등 몇 가지 비결이 더 있었지만 가장 기억에 남는 것은 역시 운동이었다.

2015년 인터뷰에서 뷰트너는 이렇게 말했다. "저희가 연구해보니까 장수마을 어르신들은 약 20분마다 자연스럽게 신체 활동을 하십니다. (…) 친구 집에 걸어가고요. 텃밭에도 걸어가죠. 빵 반죽도 직접 손으로 만들어요. 움직이는 게 생활에 자연스럽게 녹아든 거죠. 굳이 의식하거나 억지로 하는 게 아니에요."

장수인들에게 운동은 운동이 아니라 생활이다. 귀찮고 괴로운 일이 아니라 점심을 먹는 것처럼 규칙적으로 하는 일, 시작과 끝이 명확하지 않은 일이다. 바이바 크레건리드는 일주일에 두 번씩 헬스장에 가서 30분 정도 운동하면서 건강하다고 생각하는 것은 착각이라고 했다.[5]

"요즘 사람들은 앉아 있지 않으면 움직이는 거라고 생각하죠. 많은 사람이 규칙적으로 운동하는 것으로 충분하다고 생각하고요. 그런데 운동을 한들 나머지 시간은 계속 앉아 있기만 한다면 당뇨 같은 병을 예방할 수 없어요. 그 정도로는 부족해요."

크레건리드도 사르데냐 양치기들의 생활 방식을 높이 평가했다. "그들은 하루에 8~15킬로미터 정도는 거뜬히 걸어 다녀요. 수렵채집 시절의 조상들처럼요. 앉아서 사는 사람들보다 칼로리 소모량이 많죠."

현대 사회에서 그렇게 많이 움직이는 사람은 드물다. 나만 해도 사르데냐 사람들만큼 운동이 생활화되어 있지 않다. 하지만 달리면 달릴수록 온몸을 쓰고 싶다는 욕구가 커졌다. 그렇다고 멋진 근육을 만들거나 청바지가 잘 어울리는 엉덩이를 만들기 위해서는 아니었다. 내가 몸을 더 쓰려고 한 것은 몸과 마음이 항상 맞물려 움직인다는 사실을 깨달았기 때문이다. 나는 거의 평생을 머릿속에 갇혀서 두려움과 긴장 속에서 살았다. 무시무시한 두통에 시달렸다. 얼마나 아픈지 정신이 혼미하고, 눈이 다 욱신거리고, 구역질이 날까 봐 움직이는 것조차 겁이 났다. 그런 증상을 불안증과 연관지어 생각하는 대신 그저 다량의 진통제로 버티고 익숙해지려 했다. 그런 신체 증상이 만성적이고 무서운 병의 전조일 거라고만 믿었지, 정신적인 부분과 연결되어 있다는 말은 헛소리로 치부했다. 나는 쓰라고 있는 몸을 쓰진 않고 잔뜩 웅크린 채 아드레날린만 대량으로 분출했다.

나는 내 마음의 미친 듯한 집념을 인정하지 않았다. 내 마음은 내가 감기에 걸렸다고 착각하게 하고, 요통으로 허리를 못 펴게 만들고, 두통을 일으키고, 7월에도 추워서 사무실에서 패딩을 입고 지내게 했다. 모두 불안증 때문이었는데 그때는 왜 그렇게 인정하기가 어려웠을까? 몸과 마음이 분리되어 있다고, 마치 서로 다른 지역의 사무실에서 일하며 절대 연락을 안 하는 사이 같다고 생각했기 때문이다. 정말 바보 같은 짓이었다.

내가 마음의 고통만으로는 부족해서 몸의 고통까지 떠안고 그렇게 오랜 세월을 살았다니 참 대단하다. 거의 항상 녹초가 된 기분이었다. 낮에는 피곤해서 머리가 띵하고 밤에는 이불을 네 겹이나 뒤집어써도 온몸이 바들바들 떨릴 만큼 추워서 잠을 못 이뤘다. 마음을 걱정하기에 급급해서 몸의 증상은 어쩔 수 없다며 최대한 무시했다. 그런데 의사가 여러 차례 시도했지만 실패한 것을 달리기가 해냈다. 마침내 몸과 마음이 얼마나 밀접하게 연관되어 있는지 깨달은 것이다. 달리기를 막 시작했을 때 울음과 공황 발작이 줄어들면서 홀가분한 느낌이 드는 것도 좋았지만, 그보다 더 좋은 것은 달릴 때마다 기분이 좋아질 뿐만 아니라 평생 갈 줄 알았던 육체적 고통도 완화되었다는 것이다.

몸은 더 유연해지고 잠은 더 잘 잤다. 하지만 두통은 운동을 해도 단번에 사라지지 않았다. 서서히 약해지더니 어느 날 문득 내가 마지막으로 두통을 느꼈던 게 언제인가 싶었다. 그 무렵에는 배 속에서 아드레날린이 난리를 치던 증상도 가라앉았고 잘 때마다 하던 이갈이도 멈췄다(이갈이 방지용 마우스피스를 끼는 건 너무 굴욕적이어서 차마 할 수가 없었다). 그리고 이 모든 변화가 한 가지 간명한 사실로 귀결된다는 것을 서서히 깨달았다. 내가 더 행복해진 것이었다.

그러고부터는 몸의 소리를 더 열심히 들으려 했다. 아침에 눈을 떴는데 스프링처럼 몸을 말고 긴장해 있으면 뭔가 걱정거리가 있다는 뜻이었다. 그러면 내가 할 수 있는 것은 둘 중 하나였다. 무엇이 문제인지 파악하거나 나가서 달리거나. 그 두 가지를 다 할 때도 있었다. 달리다 보면 무엇이 문제인지 깨닫거나 상황을 똑바로 보게 될 때가 있었다.

피곤할 때는 몽롱함 속에서 반토막 난 속도로 일하느니 신선한 바람을 쐬는 게 낫다고 생각해서(런던 중심가에서 신선하다고 해 봐야 얼마나 신선할까) 산책을 나갔다. 단 10분을 걷더라도 변화가 느껴졌기 때문에 지금도 자주 걷는다. 아침에는 일단 좀 걷고 들어와서 커피를 마신다. 아침에 걸으면 내 뇌가 깊은 잠에서 깨어나서 바쁜 하루를 시작할 수 있도록 예열하는 효과가 있다. 그러지 않고 허겁지겁 지하철을 타러 가거나 바로 일을 시작하려고 하면 뇌가 당황해서 공황이 올 수 있다.

기분이 처졌다 싶으면 기분을 끌어올리기 위해 땀을 빼야겠다는 생각이 본능적으로 든다. 보통은 웨이트 트레이닝이나 스쿼트처럼 조금 고통스러운 운동을 한다. 그러면 아직도 기운이 남은 것 같고 내가 살짝 강해진 기분이 든다. 참고로 숙취 해소에도 좋다.

하지만 딱히 피곤하거나 기분이 처지지 않았을 때도 꾸준히 몸을 움직이려고 한다. 이제는 몸을 쓰는 것이라면 뭐든 좋다. 기지개로 잠든 근육을 깨우면 짜릿하다. 웨이트 트레이닝을 한 다음 날 다리가 아프면 그동안 안 쓰던 부위를 깨웠다는 생각에 기쁘다. 자리에 앉아 있으면 예전과 달리 괜히 몸이 근질근질해서 한 번씩 일어났다 앉는다. 이제는 소파에 늘어져 있어도 예전만큼 편하지 않다(솔직히 그게 꼭 좋은 것만은 아니지만). 여기서 중요한 것은 동기다. 행복할 때 일어나서 운동하는 것은 슬픔의 구렁텅이에 빠져 있을 때 그러는 것만큼 어려울 수 있다.

슬플 때나 행복할 때나

※※※

다시 연애를 시작하자 나사가 풀렸다. 그렇게 열렬하고 행복한 연애가 내 인생에서 가능할 거라는 생각을 못 했기 때문에 그랬던 면도 있다. 관계가 깊어지면서 나는 늦잠을 자고 늦게까지 저녁을 먹느라 매일 달리던 것도, 아침마다 걷던 것도 중단했다. 다른 좋은 게 있으니까 굳이 그런 것을 하고 싶지 않았다. 한동안 그렇게 지냈다. 아예 몸을 안 움직이는 날도 있었다.

정말 좋았다. 그동안 매일 열심히 운동을 했으니까 잠깐 쉬는 것뿐이라고, 그 정도 게으름은 누릴 자격이 있다고 나를 설득했다. 실수였다. 달리기를 처벌이라 생각하고 달리기의 이점을 조금씩 망각했기 때문이다. 그런다고 점점 불안해지거나 우울해지진 않았다. 오히려 감수성이 풍부해지고 가슴이 뜨거워졌다. 하지만 내가 좋은 관계를 맺을 수 있게 해준 행위를 중단하는 게 실수라는 것쯤은 알았다. 달리기는 어떤 목표를 이루고 나면 버려도 되는 수단이 아니라 내 인생의 동반자였다.

연애하면 살찐다는 말이 있다. 정말이다. 저녁에 길게 식사를 하고 아침에 크루아상을 먹는 날이 한참 이어진 끝에 내가 함정에 빠졌다는 것을 깨달았다. 그래서 다시 매일 달리기 시작했다. 달리기를 다시 시작한 이유치고는 참 멋대가리 없긴 하지만. 두 달쯤 게으름을 피웠지만 꾸준히 달리는 삶으로 복귀하고 싶어 몸이 근질거렸다는 것은 이제 내가 몸과 더욱 가까워졌다는 방증이었다. 그리고 혼자서 조용히 생각을 마주하는 특별한 시간도 그리웠다. 커플이 되면 혼자 있는 시간이 크게 줄어들 수 있다. 물론 같이 있는 것은 좋다. 하지만 나는 혼자 있는 시간을 즐기는 법을 배운 지 얼마 안 됐으므로 그 시간을 포기하고 싶지 않았다.

처음 달리기를 시작했을 무렵에는 몹시도 외로울 때가 많았다. 그때는 다시 혼자 사는 것에 적응하는 중이었고 아무도 없이 혼자서 많은 시간을 보내는 게 무척 어려웠다. 결혼 생활이 무너진 후 나는 사회생활을 등한시했고 두려움에 외출을 별로 안 했다. 사람들이 도움의 손길을 내밀긴 했지만 그들에게도 그들의 삶이 있었고 모든 것을 타인에게 의존할 수는 없는 노릇이었다. 몇 주간 같이 살았던 동생도 다시 자기 아파트로 돌아가야 했다.

고립감이 심해지면서 불안한 느낌이 들면 달리러 나갔다. 외로움에서 오는 스트레스에 대해서는 많은 자료가 나와 있다. 정부 자료를 보면 젊은 세대(16~24세)가 느끼는 외로움이 예전보다 커졌다.[6] 외로움이 사망 가능성을 26퍼센트 높인다는 연구 결과가 나오면서 영국 정부는 특단의 대책으로 외로움부를 만들고 장관을 임명하기에 이르렀다.

나는 혼자 보내는 시간이 너무 길어지면 불안감이 급속도로 증가한다. 터무니없는 생각이 기어들어오고 가슴이 조마조마해진다. 결혼 생활이 파탄난 후 사무치게 외롭던 시기가 있었다. 원래 인생에서 누군가가 영영 떠나버리면 외로워지는 게 당연하지만, 또 한편으로는 나의 미온적인 대응도 외로움을 키웠다. 나는 가뜩이나 사람들한테 폐를 끼치고 있는데 더 그러고 싶지 않았다. 그래서 주말에 아무도 안 만날 때도 있었다. 그렇다고 슬그머니 고개를 쳐드는 불안감이 다시 내 삶을 탈환해 큰소리치게 놔두고 싶지도 않았다.

그래서 달리러 나갔다. 텅 빈 아파트로 돌아와도 괴롭지 않을 만큼만 공원을 달리다 올 때도 있었다. 하지만 그 정도로 부족할 때는 카페나 미술관, 상점 등으로 달려갔다. 내가 한 번도 본 적이 없거나 보고도 몰라봤던 곳을 많이 찾았다. 주변 세상에 눈이 열리면서 특이한 주택, 오래된 술집, 그냥 봐서는 잘 안 보이는 철길을 발견하는 희열을 느꼈다. 비현실적인 상황도 종종 맞닥뜨렸다. 한번은 요란한 산타 행렬을 비집고 지나가야 했고, 공원에서 웬 개가 주인을 두고 나를 따라왔는가 하면, 운하에서 '수영'을 하는 사람을 보기도 했다. 아는 사람은 알겠지만 거긴 똥물이다. 막돼먹은 백조들의 소굴이기도 하다. 나는 공원에서 처음 보는 개도 예쁘다고 쓰다듬을 만큼 동물을 좋아하지만 백조는 싸가지가 없다. 반박 의견은 받지 않는다.

일방적인 백조 혐오 발언이라고 해도 할 말은 없지만… 무슨 얘기를 하다가 이 말이 나왔더라? 아, 달릴 때는 신기하게도 전혀 외롭지 않았다. 공원에 나온 가족, 개를 산책시키는 사람, 여행객, 통근자 등 주변의 풍경과 동화된 느낌이었다. 다른 러너들을 볼 때마다 그들이 할 수 있다면 나도 할 수 있다고 생각해서 더 멀리 달렸다. 몇 년 전쯤에 기네스 팰트로가 '접지接地'라는 개념을 밀다가 비웃음을 샀다. 그게 뭔지는 팰트로가 운영하는 구프Goop라는 배꼽 빠지게 웃기는 사이트에 설명되어 있다(800달러짜리 강아지 이불에 관심이 있다면 들어가 보시길).

뭔가 있어 보이려고 그런 말을 쓴 것 같은데, 그 의미는 '몸이 땅에 닿아야 심신의 건강에 좋다'는 뜻이다. 내가 보기에 팰트로가 말하는 접지란 오냐오냐 키운 풀밭을 맨발로 걷는 등의 황당한 짓을 가리키는 것 같지만, 솔직히 말하자면 나도 외로울 때는 그와 비슷한 기분을 많이 느꼈다. 달리고 있으면 내가 주변 세상과 연결된 기분이 드는 것이었다. 신경증을 가진 내 머리에서 벗어나 더 큰 무언가에 소속된 느낌이었다. 발이 땅에 닿을 때마다 마음이 진정되면서 텅 빈 집에 대한 걱정이 잦아들고 내가 언제든 원하면 연결될 수 있고 또 연결되고 싶은 세상이 있다는 것을 깨달았다.

잠시 밖에 나와서 달리고 집에 들어가면 분리감이랄까, 내가 '타자'가 된 느낌이 들지 않았다. 잠자코 앉아서 심란함만 키우는 대신 조금이라도 생산적인 일을 할 수 있었다. 나는 내 생각이 불편할 때가 많았고 외로움은 그런 불편을 가중할 뿐이었다. 하긴 외로움은 정신 질환의 원인이 될 수 있다. 2014년 시카고대학교의 연구 결과, 외로우면 향후 우울증 증상이 나타날 확률이 높은 것으로 밝혀졌다.[7] 그런데 신기하게도 달릴 때는 혼자인 게 좋았다. 지금도 그렇다.

지면을 박차며 나갈 때는 휑뎅그렁한 아파트에 혼자 있을 때와 달리 혼자 있어도 절대로 내가 나약하고 한심한 인간으로 느껴지지 않는다. 달리면 내가 강하고 의지력 있는 사람으로 느껴진다. 내 몸과 뇌를 분리하지 않고 그 몸을 바람 좀 쐬라고 밖으로 데리고 나오면 분리감 대신 일체감이 든다. 『인생학교: 지적으로 운동하는 법』 도입부에서 데이먼 영은 뇌와 몸을 서로 분리된 존재로 보는 '이원론'을 비판한다. 생각은 "육체와 동떨어져서 발생하지 않기" 때문이다.[8] 우리는 마음으로는 외로움을 느끼면서도 몸으로는 홀로 있기를 선택할 수 있다. 그리고 내가 달려보니 그렇게 외로움 속에서 혼자 있는 것도 괜찮을 때가 있었다.

많은 사람이 자연 속을 달리면 기분 전환 효과가 크다고 말한다. 2015년에 스탠퍼드대학교에서 야외 운동이 우울증 같은 정신 문제와 연관된 반추와 걱정에 영향을 미치는지 알아보기 위해 연구를 실시했다.[9] 한 집단은 자연에서 90분을 걷고 다른 집단은 도시에서 동일한 강도로 동일한 시간 동안 걸었다. 자연을 걸은 사람들은 반추가 줄었다고 말했고 뇌 스캔에서 정신 질환과 관련된 부위(슬하전전두피질)의 활동이 줄어든 것으로 나타났다. 도시를 걸은 사람들은 아니었다.

이 연구는 관찰 대상이 38명으로 소규모였지만 나는 그 결과에 공감한다. 시골길을 걸으면(나이가 드니까 좋아졌다) 도시에서 달릴 때와는 다른 마음가짐으로 하루를 시작하게 된다. 혼자서 아름다운 풍경 속을 걷는 것만큼 잔뜩 곤두선 신경을 달래는 데 좋은 방법도 없다. 특히 시골의 마력적인 고요가 한몫한다. 그렇다고 도시를 달리는 게 아무 소득이 없다는 말은 아니다. 가까이에 들판과 숲이 펼쳐진 곳에 사는 사람은 많지 않다. 최근 통계를 보면 영국인 중 82퍼센트가 도시에 거주한다.[10]

하지만 운 좋게 언덕과 초원과 절벽 가까이 사는 사람이라면 멋진 경험을 할 수 있다. 『구름 속의 발 Feet in the Clouds』을 쓴 언론인 리처드 애스크위드는 런던 남부를 달리는 것으로 달리기에 입문했고 곧 달리기에 푹 빠졌다.[11] 그런데 시간을 측정하면서 더 빨리, 더 멀리, 더 잘 달리려고 하다 보니 어느 순간부터 달리기가 아무런 보람 없이 힘들기만 하고 어떤 면에서는 일처럼 느껴졌다. 그러다 자연을 달리기 시작하면서 달리기에 대한 생각이 확 바뀌었다. 이후 그는 노샘프턴셔 시골 지역을 질주하고 있다.

그곳에서 반려견과 함께 진흙탕을 달리고, 동물들을 만나고, 계절의 변화를 느끼는 게 낙이다. 흥미롭게도 그는 달리기의 상업화에 극렬히 반대한다. 값비싼 용품, 개인 기록에 대한 집착, 기업의 후원을 받는 달리기 행사가 순전히 달리기가 좋아서 달리는 즐거움을 빼앗아간다는 것이다. 바이바 크레건리드도 달리기를 '운동'으로 보지 않는 게 좋다고 생각한다. "운동은 기계적인 느낌이 들어요. 어떤 구체적인 결과를 달성하기 위해 하는 것이죠. 심장 강화라든가 당뇨병 치료 같은 거요. 하지만 달리기는 단순히 체중을 감량하기 위한 수단이 아니에요. 운동이라는 개념에 다 담을 수 없는 다차원적인 행위죠."

내가 자연에서 운동을 하는 게 어느 정도로 중요한지 묻자 크레건리드는 '삼림욕'이라는 새로운 개념을 알려줬다.[12] 처음에 나는 그게 좀 별난 짓이라고 생각했다. 하지만 최근 들어 인간과 주변 환경의 관계를 탐구하는 환경심리학이 부상하는 것을 보면 내가 뭘 몰랐던 것 같다. 참고로 삼림욕은 숲속에 들어가서 발가벗고 목욕하는 게 아니다. 솔직히 나는 그런 것인 줄 알고 좀 솔깃했지만.

일본에서는 숲속에서 시간을 보내는 게 고혈압 같은 질환에 어떤 식으로 도움이 되는지를 활발히 연구하고 있다. 2010년에 지바대학교 환경건강필드과학센터에서 20대 초반 성인 280명을 대상으로 삼림욕의 효과를 알아봤다.[13] 연구진은 낮에 숲에서 30분을 보낸 사람들의 맥박수, 침 속의 코르티솔, 혈압, 심박수를 측정했다. 그 결과를 낮에 도시에 있었던 사람들과 비교하자 눈에 띄는 차이가 드러났다. 이 연구의 결론은 다음과 같았다.

"삼림 환경은 도시 환경에 비해 코르티솔 농도 감소, 맥박수 감소, 혈압 감소, 교감신경활동 감소, 부교감신경활동 증가의 효과가 크다."

2007년에 역시 일본에서 수행된 연구에서는 더 많은 사람을 대상으로 삼림욕의 효과를 측정했다. 건강한 사람 498명이 숲에서 하루를 보내면서 두 차례 설문지에 응답했다. "통제된 날과 비교해 적개심과 우울증 점수는 유의미하게 감소했고 활력 점수는 유의미하게 증가했다."[14]

연구진은 "스트레스 수준에 따라 삼림욕의 효과도 달라지는 것으로 나타났다. 스트레스 수준이 높으면 효과도 컸다"라고 밝혔다. 이 연구로 숲이 괴로운 감정, 특히 만성 스트레스에 이로운 공간이 될 수 있는 것으로 증명됐다. 하지만 숲에서만 기분을 풀고 스트레스를 해소할 수 있는 것은 아니다. 크레건리드는 나처럼 공원에서 달리고 운하를 따라 달려도 도움이 된다고 했다. 어디든 풀과 나무가 있는 곳, 자연이 코빼기라도 비추는 곳이면 다 괜찮다고 한다. 잘 보면 의외의 장소에서도 자연이 불쑥 튀어나온다.

크레건리드는 "환경심리학에서는 자연이 있는 곳이 무조건 더 낫다고 봅니다. 자연을 볼 수 있는 병원에서 환자들이 더 빨리 퇴원하고, 시카고의 임대주택단지도 자연을 생생히 볼 수 있는 곳의 범죄율이 더 낮았어요"라고 말했다.

야외 활동을 극찬하는 것은 크레건리드와 애스크위드만이 아니다. 정신 건강 지원단체인 마인드에서도 예전부터 정신 문제를 완화하는 방법으로 '생태치유'를 내세우며 사람들이 더 많은 시간을 자연에서 보내게 하는 프로그램을 운영 중이다. 이런 관점을 뒷받침하는 에식스대학교의 연구 결과가 있다. 사람들에게 아름다운 자연 경관을 사진으로 보여주며 운동을 하게 하자 자존감이 향상되고 혈압이 내려갔다. 후속 연구에서는 자전거 타기, 낚시, 승마 등 자연에서 하는 운동을 한 후에 분노와 우울증이 유의미하게 감소했다.

다음은 마인드에서 제시하는 생태치유의 4대 원칙이다.[15]

- 자연 및 타인과 교감
- 감각 자극
- 활동
- 해방

지금 생각해보면 외로웠던 시절의 나는 무의식중에 이런 것들을 원하며 달렸다. 그리고 당시에는 몰랐지만 그게 최악의 불안감을 떨쳐내는 데 도움이 됐다. 정신에 문제가 있으면 위와 같이 인간이 기본적으로 욕망하는 것을 다 박탈당할 수 있다. 내 경우에는 주변 세상, 사랑하는 사람들과 진정으로 교감하지 못했고 당연히 새로 만나는 사람들과도 교감하지 못했다. 혹시 또 공황이 올까 봐 감각 자극을 피했고, 나를 껍데기 밖으로 내보낼 만한 활동은 절대 시도하지 않았다. 소심하게 내 안에 갇혀 살았다. 다시 말해 전혀 해방되지 못한 삶을 살고 있었다.

해방은 이 책에도 많이 나오는 단어다. 슬픔, 불안, 뇌로부터 해방. 영원하진 않아도 잠시나마 거기서 '멀어지는' 것. 해방으로 얻게 되는 것을 말로 설명하긴 어렵지만, 자연에 있을 때 해방의 효과가 증폭된다는 것은 안다. 안전지대에서 과감히 빠져나온 그 순간이 자연에 있을 때 더욱 의미 있고 가치 있게 느껴진다는 것도 안다. 카를 융은 "우리는 자연과 접촉할 때마다 정화된다"고 했다.[16]

내 몸에 몰입하기
※※※

도시보다 자연을 달리는 게 내 마음에 좋다는 것을 알게 된 후로 나는 여행을 할 때마다 어떻게든 자연을 달리려고 한다. 아일랜드에 갔을 때는 예전에 한 번도 달려본 적이 없는 벽지에서 해안을 달렸다. 그날 번듯한 모습으로 결혼식 들러리를 서고 축사를 하려면 숙취를 날리고 맑은 정신을 되찾아야 했다. 안 그래도 지난 일주일 사이에 친구가 죽고 또 다른 친구가 아이를 낳았기 때문에 마음속에서 만감이 교차하고 있었다. 그래서 혼자 바람을 쐴 시간이 필요했다.

마을에서 멀어져 바다에 가까워지자 이제껏 이렇게 아름다운 풍경을 본 적이 있나 싶었다. 매서운 바람이 뺨을 때리고 주위에는 갈매기뿐이었다. 그리고 하늘의 빛깔이 수시로 바뀌었다! 차갑게 식은 파란색인가 싶으면 금세 불타는 붉은색이 됐다. 이윽고 눈부신 태양이 머리 위로 솟았다. 등 뒤의 산이 드리우는 그림자 속에서 해변에 방치된 채 퇴색해가는 낡고 큰 배들을 지나갔다. 나는 거기 있는 모든 것을 받아들였다. 나를 흔드는 바람조차도 만질 수 있을 것만 같았다.

10분 전에 출발할 때만 해도 머릿속을 맴돌던 삶과 죽음과 탄생에 대한 생각이 어느새 깨끗이 사라졌다. 오로지 나를 둘러싼 풍경만 보이고 그게 마치 피부에 닿는 것처럼 생생하게 느껴질 뿐이었다. 오롯이 지금 이 순간 이곳에 존재할 수 있다니 신기했다. 전에는 도시 생활에 익숙한 데다 쉼 없이 돌아가는 뇌 때문에 항상 과거, 미래, '만약에'를 생각했던 나였다. 사콩 미팜은 이처럼 주변 세상과 하나 된 느낌을 "펼쳐진 의식"이라 부른다.[17] 그때 나는 마치 명상을 하는 기분이었다. 설마 내가 명상을 할 수 있으리라고는 생각조차 못 했는데 말이다. 나는 경쾌하게 발을 디디며 마음 편히 달렸고 생각은 거의 하지 않았다. 슬프지도 행복하지도 않고 그저 '지금 여기 있다는 것'만 느꼈다.

그때처럼 내가 작게 느껴진 적이 없었다. 그렇다고 나를 한낱 미물로 여긴 것은 아니다. 다만 갑자기 명징한 깨달음 속에서 세계와 나의 연결성을 느끼고 그 속에서 내가 차지하고 있는 조그만 자리를 보았을 뿐이다. 이런 감각은 여러 명칭으로 불린다. 예를 들어 1975년에 미하이 칙센트미하이Mihaly Csikszentmihalyi는 이를 '몰입flow'이라 명명했다. 그가 말하는 몰입의 조건은 다음과 같다.[18]

- 작업에 대한 완전한 집중
- 명확한 목표와 즉각적 피드백
- 경험에 끝이 있고 보상이 따를 것
- 수고할 필요가 없을 만큼 쉬울 것
- 도전과 실력 발휘 사이의 균형
- 행동과 의식의 통합
- 작업에 대한 지배력을 느낄 것

왠지 노력을 많이 해야 이를 수 있는 경지처럼 느껴지지 않는가? 칙센트미하이도 분명히 노력이 필요하다고 했다. 몰입 능력은 의도적으로 길러야 한다. 그렇다고 무슨 숙제를 하거나 정신을 분석해야 하는 것은 아니다. 내 경우에는 규칙적으로 달리는 것으로 충분했다. 물론 달리기가 유일한 해법은 아니지만 이 책은 달리기에 관한 책이므로 달리기 이야기를 할 뿐이다.

그날 아일랜드를 달리면서 나는 몰입에 근접한 것을 느꼈다. 러너스 하이와 비슷하면서도 달랐다. 그저 행복감만 느껴지는 게 아니라 내가 그때 거기서 뛰는 게 마치 운명처럼 느껴졌다. 평소의 심리 상태와 정반대였다. 불안은 공황, 의심, 무력감이 합쳐진 느낌이지만 그날 몰입하며 달릴 때는 마음이 차분했다. 내가 하는 행위에 대한 확신이 있었고 지배력을 느꼈다. 불안장애 때문에 그런 것을 흔히 느끼지 못하다 보니, 그날이 평소와 완전히 다르게 느껴졌는지도 모르겠다.

범불안장애를 앓고 있는 데이비드도 달릴 때는 어느 정도 몰입을 경험한다고 했다. "달리기란 리듬감 있게 반복적으로 몸을 움직이는 거잖아요. 그러고 있으면 집중력이 생겨요. 그리고 몇 킬로미터를 뛰었다, 몇 분을 돌파했다 하는 구체적이고 측정 가능한 수치로 성취감을 느낄 수 있죠. 그런 게 불가능한 일도 많잖아요. 그동안 침투적 사고에서 관심을 돌리기 위해 이것저것 해봤지만 달리기

달리기의 기쁨

만 한 게 없었습니다. 그러니까 더 달릴 수밖에 없죠!"

나는 그날의 달리기를 평생 잊지 못할 것이다. 그 이유 중 하나는 도중에 파도를 보며 바닷소리를 들으려고 멈췄을 때 가슴이 벅차서 와락 눈물을 쏟았기 때문이다. 그렇게 다른 모든 것은 잊고 오로지 지금 이 순간에만 존재할 수 있었던(네, 진부한 표현인 거 알아요) 경험에 감사하다.

하지만 매번 달릴 때마다 그런 것을 추구하진 않는다. 그랬다가는 그때그때 나름의 보상이 있는 달리기의 의미가 퇴색해서 역효과만 생길 테니까. 이 이야기를 하는 까닭은 어디까지나 달리기가 유일하게 내게 '몰입'이라는 보상을, 그 같은 평온을 선사한 활동이기 때문이다. 그런 게 가능할 거라고는 상상도 못 했는데. 이것이 바로 내가 그렇게 단순한 활동을 열렬히 사랑하는 이유다(혹시나 내가 여태 그 이유를 정확히 전달하지 못했을까 봐 하는 말이다).

달리기와 공중그네

✕✕✕

지금까지 달리기를 통해 불안이 부쩍 완화되고 복잡한 생각이 풀린 것에 초점을 맞췄다. 그런데 그 외에도 내가 달리는 중요한 이유가 하나 더 있다. 엔도르핀, 세로토닌, 자연, 몰입을 이야기하면서 그만큼 중요한 것을 깜빡했다. 바로 자존감이다. 서점에 가보면 자존감을 찾아라, 키워라, 지켜라 하는 책은 수두룩하다. 하지만 예전의 나는 그게 나와 조금도 상관없는 소리라고 생각했다. 나는 나 자신에 대해 부정적이었고, 남들 앞에서 농담처럼 나를 깎아내리곤 했다. 그러면서도 내게 자신감이 없다는 생각은 한 번도 못 했다.

원래 나는 뭐든 힘들면 포기했고 겁나면 외면했다(그러니까 거의 모든 것을 포기하고 외면했다). 그러다 보니 서서히 내가 뭐 하나 제대로 할 수 없는 인간이라는 결론에 이르렀다. 웃긴 건 그래도 괜찮다고 생각한 것이다. 그것을 농담거리로 삼으면 그만이라고, 아무한테도 내가 나 자신을 좋아하지 않는다는 것을 진심으로 털어놓지만 않으면 된다고 생각했다. 아마 많은 사람이, 특히 여자들이 그때의 나와 같은 생각을 하고 있을 것이다. 자존감이 부족해서 진가를 다 발휘하지 못하는 사람이 어디 나 혼자뿐이겠는가. 어쨌든 그래서 나는 어디 취직하려고 지원서를 내지도 않고 새로운 것에 도전하지도 않았다. 남자들이 나를 함부로 대하게 내버려뒀다. 작은 칭찬이라도 받으면 감개무량해하면서 비행기 태우지 말라고 손사래를 쳤다.

이혼은 간신히 쌓아올린 자신감 혹은 자존감에 심각한 타격을 입힌다. 그것으로 모자라 불안이 그나마 남은 것마저도 보란 듯이 무너뜨린다. 하지만 한 번 무너졌다고 다시 못 쌓으란 법은 없다. 새로운 취미 활동을 시작하거나 새로운 기술을 습득하는 것도 자존감을 빠르게 세우는 방법이다. 이때는 모든 일이 그렇듯이 몸과 마음의 균형이 중요하다. 어떤 사람은 자신이 정신적인 능력은 우수하지만 신체적으로는 약해빠졌다고 생각한다. 또 어떤 사람은 팔굽혀펴기는 연속 50개쯤 할 수 있지만 자신이 직장에서는 쓸모없는 사람이라고 여긴다.

이를 극복하는 비법은 몸과 마음을 같이 단련하는 것이다. 물론 말처럼 쉬운 일은 아니다. 나는 달리는 거리가 조금씩 늘어날 때마다, 비가 쏟아지는 날씨에 억지로라도 밖으로 나갈 때마다 소소한 성취감을 느끼며 자신감이 커졌다. 달리기를 시작한 지 일주일이 지났을 때 아직 포기하지 않았다고 자존감이 쑥 자라고, 한 번에 5킬로미터를 달릴 수 있게 됐을 때 또 자존감이 치솟았다. 집에 있고 싶은 마음을 꾹 누르고 신발끈을 묶을 때마다 내가 대견스러웠다.

혼자서 하는 취미 생활을 새로 시작할 때는 다른 사람을 실망시키면 어쩌나 하는 걱정 따윈 하지 않아도 된다. 물론 다른 사람과 함께하면 좀 더 책임감이 생기겠지만 경우에 따라서는 그것만으로도 심한 압박감을 느낄 수 있다. 나는 아직 그럴 준비가 안 되어 있었다. 어떤 기대나 의무도 없이 그냥 새로운 것을 시도해보고 싶었을 뿐이다. 그래서 어두운 골목을 달리는 것으로 시작했다. 그

곳에는 나를 보는 사람도, 나를 비웃는 사람도, 내가 멈춘다고 질책하는 사람도 없었다.

자존감을 구체적으로 측정할 수는 없지만 자존감이 건강한 수준이라는 것을 짐작할 만한 요소들이 있다. 예를 들면 실수에서 교훈을 얻는 것, 낙천주의, 확신에 찬 말과 행동, 타인에 대한 신뢰, 자신을 잘 돌보는 것 등이다. 자신감이 없으면 우울증과 실패에 대한 두려움에 빠지고 뭐든 위험하다 싶으면 피하려고만 들기 쉽다. 나는 그런 단점을 모두 갖고 있었다!

마인드 같은 단체에서도 자신감을 향상시키고 싶으면 새로운 취미를 시작하거나 새로운 기술을 습득하라고 권한다. 그러니까 나는 부지불식간에 내게 필요한 행동을 하고 있었던 셈이다. 처음으로 1킬로미터를 쉬지 않고 달린 날 나는 집까지 폴짝폴짝 뛰어갔다. 정말로 폴짝폴짝 뛰었다. 1킬로미터를 내 것으로 만들었다고 생각하니까 온몸에서 솟구치는 기운을 주체할 수가 없었다. 남들이 나를 어떻게 보든 말든 신경 쓸 겨를도 없었다. 굳이 남에게 자랑하고 싶지도 않았다. 나 혼자만 알아도 충분했다.

자신감은 자신감을 낳고 실패에 대한 두려움을 줄인다. 불안감 완화가 달리기에서 얻는 가장 큰 기쁨이긴 했지만 어느 순간부터 나라는 사람을 예전보다 훨씬 긍정적으로 평가하게 되었다. 전에는 내가 하루 동안 한 말이나 행동 때문에 몇 시간씩 전전긍긍했지만 이제는 그런 걱정이 몇 분 만에 사라졌다. 회의 때 당당하게 의견을 내고 회사에 연봉 인상을 요청할 수 있을 것 같았다. 자신감이 커지지 않았다면 어림없는 이야기였다. 이제는 배짱이 좀 생겼기 때문에 그동안 내가 의식 중에든 무의식중에든 무서워 피하기만 했던 것들에 맞설 수 있을 것 같다.

어느 화창한 날 오후 3시, 리젠트 파크를 느긋이 걷고 있었다. 아이들이 뛰어다니고 원반이 날아다녔다. 주변에서는 다들 아이스크림을 먹고 있었다. 그런데 왜 나는 내 몸이 내 말을 듣지 않을 것 같은 느낌을 받았을까? 그 답은 내 눈앞에 거대하게 버티고 서 있었다. 나무 사이로 놀이터 바로 뒤에 떡하니 버티고 있는 거대한 고문 장치가 보였다. 강철과 밧줄과 도르래로 만들어진. 나는 정확히 그곳을 향하고 있었다.

새로운 것을 시도하며 내 안의 두려움에 맞서기 위해 나는 일부러 안전지대 밖으로 나갔다. 달리기 실력이 좋아지자 내가 더 많은 것을 피하지 않고 시도할 수 있을 것 같았다. 그래서 집에 숨어 있지 않고 밖으로 나가서 더 많은 위험을 무릅썼다. 하지만 여전히 내 마음속에는 그저 손에 땀이 나는 정도가 아니라 간이 오그라들 만큼 무서운 것에도 도전해봐야 한다는 생각이 있었다. 그래서 공중그네 수업을 신청했다. 이 정도는 요즘 누구나 하는 거잖아?

번지 점프를 선택할 수도 있었다. 아니면 스카이다이빙이나 불위를 걷는 것도 괜찮았다. 그런데 아쉽게도 런던 한복판에서 그런 걸 가르쳐주는 곳은 찾기가 어렵다. 기왕이면 '두려움을 감수하고 저질러보기'를 집에서 가까운 곳에서 하고 싶었다. 무서운 건 괜찮지만 멀리 가는 건 안 괜찮았다.

그래서 나는 이제 밧줄과 안전망이 달린 기둥을 올려다보고 있었다. 꼭 중세 시대의 고문 장치 같아서 속이 울렁거렸다. 같이 강습을 받는 여자들은 "눈 딱 감고 한 번만 해보면" 헤어 나오지 못할 거라고 했다. 남자는 어른 한 명과 아홉 살 아이 한 명이었다. 그중 어른은 전에 '눈탱이가 밤탱이가 된 적이 있다'고 했고("순전히 내 실수였어요") 아이는 빨리 시작하고 싶어서 몸이 근질거리는 얼굴이었다. 나처럼 다리가 후들거리는 사람은 아무도 없는 것 같았다. 그래서 심호흡을 한 번 하고 나 역시 어서 저 높은 기둥에서 몸을 날리고 싶어 안달이 난 척했다.

기초 교육이 끝난 후 안전 장구를 착용하고 사다리 앞에 줄을 섰다. 경험자들이 앞에 섰다. 그들은 작은 발판 위에서 주저 없이 몸을 날리더니 날렵한 원숭이처럼 선뜻 손잡이를 놓고 다음 손잡이로 번쩍 날아갔다. 그렇게 두 번째 그네를 잡자 이번에는 두 다리를 손잡이에 걸고 거꾸로 매달려서는 공중에서 앞뒤로 왔다 갔다 했다. 무척 자유로워 보였다. 나는 속이 울렁거릴 것 같았지만.

아이는 아직 마음의 준비가 되지 않아 주저하고 있었다. 그래서 내가 다음 차례가 됐다. 사다리를 올라가는데 끝이 없었다. 마침내 꼭대기에 오르자 친절한 남자 직원이 나를 안전선에 연결하고 나무 발판 위로 안내했다. 나는 별안간 자신감이 쏙 들어갔다. 뛰고 싶지 않았다. 어리석고 무모한 짓 같았다. 호흡이 가빠지고 시야가 좁아지면서 사방이 어두워지기 시작했다. 전형적인 공황 증상이었다. 발판 위에 서 있는 몇 초 동안 아래에서 강사가 응원의 말을 외쳤다. 그냥 다시 내려가도 될까? 그러면 나 자신이 싫어질까? 답은 둘 다 '그렇다'였다.

나는 생각을 바꿨다. 달리기에 도전했을 때처럼 이번에도 과감하게 몸을 날리면 다 잘될 거라고, 내가 생각하는 최악의 시나리오는 실현되지 않을 거라고 생각했다. 그래서 뛰었다. 무서워서 죽는 줄 알았다. 속이 뒤집히는 것 같고 속도가 너무 빨랐다. 다음 손잡이를 못 잡고 안전망 위로 떨어져서는 멋쩍게 웃었다. 그래도 하긴 했다. 몸과 마음이 하지 말라는데도. 불안에 휩싸였을 때는 그렇게 몸과 마음이 제발 하지 말라고 고래고래 소리 지르는 짓을 해야 할 때도 있다는 것을 나는 잘 알고 있었다.

기운을 회복할 새도 없이 다 같이 줄을 서서 2차 시도를 준비했다. 이번에는 아홉 살 꼬마도 용기를 내서 모두 성공했다. 나만 빼고. 두 번째인데도 무섭기는 똑같았고 또 순식간에 안전망으로 떨어졌다. 아마 강사들은 진작부터 내가 그날 강습의 구멍이라는 걸 알았을 것이다. 지상으로 내려가자 사람들은 또다시 박수로 나를 맞았다. 다들 한마음으로 나를 응원했고 어떻게 하면 두 번째 그네를 잡을 수 있는지 저마다 조언을 해줬다. 나는 한 번 더 도전하기로 했다. 솔직히 말하면 하기 싫었다. 하지만 그 마음씨 좋은 사람들을 실망시킬 수 없었다. 아마 그들도 내가 아이도 하는 것을 못한다는 사실에 적잖이 당황했을 것이다.

올라갔더니 어지러운 것 같아서 이따 집에 가면 현기증에 대해 검색해보자고 생각했다. 허공으로 뛴 다음 아래에서 강사가 타이밍에 맞춰 외치는 지시를 놓치지 않으려고 귀를 쫑긋 세웠다. 두 번째 그네를 잡고 두 다리를 올려 그네를 꽉 조였다. "이제 손 놔요!" 강사가 소리쳤다. 그러다 거꾸로 떨어지면 어쩌라고? 그래서 나는 〈섹스 앤 더 시티〉에서 캐리 브래드쇼가 기사를 쓰기 위해 공중그네를 했을 때 그랬던 것처럼 가만히 매달려 있었다. 그러다 별안간 성공했다. 몸을 아래로 떨어뜨리고 그네에 몸을 맡긴 채 날아다녔다. 기분이 정말 죽여줬다. 너무 좋아서 그네가 멈출 때까지 그러고 있다가 안전망으로 다이빙했다. 그러고서 다시는 안 올라갔다. 이튿날은 종일 삭신이 쑤셨다. 하지만 이제는 공중그네가 무섭지 않다.

내가 불안감을 완화하기 위해 도전했던 일이 다 그렇듯이 이 또한 기네스북에 오를 만큼 용감한 행위는 아니었다. 우아하거나 엄청 재미있지도 않았다. 실력도 형편없었다. 아홉 살짜리조차 연민의 눈빛을 보낼 정도였다. 하지만 그날 나는 자존감이 부쩍 자랐다. 의기양양하게 집으로 걸어오는데 모든 나무와 새와 사람이 아름다워 보였다. 어디 비할 데 없는 성취감을 느꼈다. 달리기가 준 선물이었다.

    달리기를 할 때 나는 순간순간 공중에 붕 뜬다. 내가 왜 달리는지 생각하면 주로 그게 떠오른다. 그건 내가 왜 아침 일찍 일어나 달리러 나가는지 생각할 때나 오늘은 웬지 러너스 하이가 느껴지지 않는다 싶을 때 떠올리는 것이기도 하다. 그게 비가 내리는 월요일에 꿋꿋이 30분을 달리거나 어쩌다 한 번씩 빠른 속도를 내는 것보다 더 중요하다. 그게 내 인생의 다른 모든 영역에도 파고들어 내 삶을 확장하고 개방한다. 거기서 생기는 자존감으로 나는 다른 곳에 가고 다른 일을 벌인다. 지금쯤이면 잘 알겠지만 나는 달리기 덕후다. 그렇게 된 것은 순전히 달리기를 통해 온전한 삶을 살 수 있는 가능성이 열렸기 때문이다.

    달리기를 좀 했다고 공중그네를 할 용기를 얻었다고 말하면 비약인 것처럼 들릴 수 있다. 하지만 내가 보기에 그 둘은 서로 꽉 맞물려 있다. 10킬로미터를 달릴 수 있으니까 그네에 거꾸로 매달리는 것도 가능하다고 믿을 수 있었다. 채용 면접을 보기 위해 뉴욕행 비행기에 오를 수 있었고, 혼자 집 밖으로 나가도 과호흡이 생기지 않았다. 공황 없이 하루를 보낼 수 있었다. 탈출구를 찾지 않고 하루를 보낼 수 있었다. 캐리 피셔가 말했다. "무서워도 괜찮다. 일단 저질러라. 중요한 건 행동이다. 자신감이 생길 때까지 기다릴 필요는 없다. 일단 저지르고 나면 자신감은 따라온다."[19]

고작 그 정도 일에 무슨 용기냐고 비웃을 사람도 있을지 모르겠다. 이해한다. 남들은 거리낌 없이 혼자서 비행기를 타고 세계를 누비고 재미 삼아 외줄타기를 하니까. 하지만 사람마다 두려움의 강도와 용기의 척도가 다른 법이고 나는 내 기준을 넘어섰다. 다른 사람들의 한계선으로 나를 재단해서는 안 된다. 그러느라고 나 자신을 부족한 인간으로 취급했던 세월이 얼마나 길었던가. 『예스 플리즈 Yes Please』에서 에이미 폴러는 타인의 선택에 휘둘리지 말라며 이렇게 말한다. "개한텐 좋아도 나한텐 아니잖아."[20]

만약에 어떤 사람이 산을 등반할 수 있다거나 혼자 말레이시아에 가서 반년 동안 살 수 있다면(나의 멋진 동생이 작년에 그랬다) 좋은 일이다. 나는 그 사람을 응원한다. 하지만 내가 불안감에 맞서겠다고 꼭 남들과 똑같은 목표를 가질 필요는 없다. 내가 더는 불안해하지 않는다는 것을 증명하기 위해 도보로 대륙을 횡단할 필요는 없다. 그저 더는 불안해하지 않으면 그만이다. 폴러의 말처럼 개한텐 좋아도 나한텐 아니다. 자기도 모르게 남을 판단하려 할 때나 남과 자신을 너무 많이 비교한다 싶을 때는 이 말을 명심하시길.

10 K

우리는 끝까지 비틀거릴 거다

✖

공원을 달리고 있다. 10킬로미터쯤 달렸다. 푹푹 찌는 날이다. 잔인한 여름은 여태 비 한 방울 내리지 않았다. 덕분에 시커멓게 탄 내 등에는 스포츠브라 자국이 어지럽게 나 있고 머리칼은 한 걸음씩 내디딜 때마다 점점 더 색이 바랜다. 그래도 지금 나는 바짝 마른 땅이 좋고 눈을 찌르는 태양이 좋다. 매순간이 도전으로 느껴진다. 거의 발가벗다시피 하고 달리니까 얼마나 홀가분한지 모른다. 최근에는 덜 멈추고 더 빨리, 더 멀리 달리려고 나를 밀어붙인다. 백수가 되면 이렇게 된다. 달리기에서 목적의식을 찾는 것이다. 달리기가 내 인생의 일부가 됐다고, 달리기가 체질이 됐다고 생각하자 우쭐해진다.

쿵! 구덩이를 뛰어넘자 무릎이 비명을 지른다. 마치 용암을 피하기라도 하는 것처럼 한 발로 콩콩 뛰면서 무릎을 부여잡고는 마구 문지른다. 그러면 통증이 가시기라도 할 것처럼. 하지만 효과는 없다. 하는 수 없이 절뚝이며 집으로 돌아온다.

'러너스 니'란다. 나는 그것을 발전을 가로막는 참사가 아니라 영광의 상처로 보고 싶다. 재활 운동, 스트레칭, 저충격 운동을 하라는 처방을 받았다. 러닝화를 쓸쓸히 내려다보다가 개헤엄을 치기 위해 아픈 무릎을 끌고 수영장으로 향한다. 하지만 조만간 다시 길 위에 설 것이다. 달리기에 대한 애착이 더욱 깊어진다. 다시 달릴 수 있게 된다면 예전보다 더욱더 감사한 마음으로 달릴 것이다. 연애가 권태기에 빠져 초심으로 돌아가야 할 때처럼 지금부터는 좀 더 노력하기로 결심한다. 혹시 아나, 단거리 레이스라도 도전하게 될지….

나는 해피 엔딩인 영화가 좋다. 모든 사건과 인물이 설명되는 책이 좋다. 제인 오스틴을 부활시켜서 『오만과 편견』의 베넷 자매들이 이후에 어떻게 됐는지 들을 수만 있다면, 최소한 메리 베넷에 대해서만이라도 들을 수 있다면 큰돈을 바쳐도 아깝지 않을 텐데. 나는 불확실한 게 싫다. 변화가 싫다. 이게 바로 불안증이다. 어쩌면 나는 원래 이런 사람인지도 모른다. 하지만 인생에서 항상 그렇게 아귀가 딱딱 맞는 해피 엔딩을 누릴 수 없다는 것은 잘 안다. 그리고 이제는 인간이 복잡다단한 존재임을 인정한다. 우리의 이야기에는 엔딩이 없고 절정과 저점과 그 사이의 길고 지루한 전개 과정만 있을 뿐이다. 만약에 내가 정신 질환으로 폐인이 되어 꿈도 희망도 없이 살다가 달리기를 통해 어떤 문제도 겪지 않는 초인이 된 것처럼 책을 쓴다면 나 자신이 미워질 것이다. 그것은 내가 지금껏 마라톤 같은 큰일에 도전하지 않은 이유이기도 하다. 나는 내가 우승 테이프를 끊고 커다란 금메달을 받는 장엄한 엔딩이 없으리란 것을 잘 안다.

여기까지 쓰면서 내가 달리기 외에도 불안증과 우울증 완화에 도움이 된 것들에 대해 솔직하게 이야기했길 바란다. 나는 운이 좋은 사람이다. 나를 물심양면으로 지원해주는 가족이 있다. 좋은 상담사를 만나 웃을 수 있었고 내 정신 나간 생각들에 대처하는 법도 배웠다. 그리고 처방약을 먹고 있다. 약을 복용하는 게 약점이 된다고 해도 사람들에게 감추지 않을 것이다. 누가 말하지 말라고 하면 싸울 것이다. 약이 필요한 사람들도 있다고 확신하기 때문이다. 나는 다시 사랑에 빠지기까지 했다. 아니, 제대로 된 사랑은 난생처음이라고 해야 할 것 같다. 상대방은 가끔 내가 지독한 사기극에 휘말린 건 아닐까 싶을 만큼 다정하고 재미있는 남자다. 게다가 달리기도 좋아한다! 천하의 리지 베넷도 나에 비하면 아무것도 아니다. 나는 여러모로 운이 억세게 좋은 사람이다.

그래도 내 이야기의 주인공은 어디까지나 달리기다. 다른 건 모두 내가 달리기라는, 내게 가장 큰 도움이 된 수단을 찾는 길이 됐을 뿐이다. 혹은 달리기 덕분에 다른 좋은 것들을 찾게 됐다고 해야 할지도 모르겠다. 좀 진부한 말이지만 닭이 먼저냐 달걀이 먼저냐 하는 문제다. 나도 한때는 달리기가 마법의 묘약처럼 모든 걱정과 터무니없는 생각과 음울한 중얼거림을 싹 잠재워버릴 줄 알았다. 하지만 그런 일은 일어나지 않았고 그런 현실을 인정하기까지 시간이 좀 걸렸다. 기적의 명약을 찾은 줄로만 알았는데 그것에도 한계가 있다는 사실을 알면 당혹스러울 만하다. 달리는 것만으로 모든 슬픔과 걱정에 면역이 되리라 생각한다면 어림없는 소리다. 달리기가 내게 이토록 많은 것을 해줬는데 그런 것까지 바란다면 배은망덕한 철부지가 아닐까.

그래서 내게 달리기가 도움이 되지 않았던 순간들이나, 내가 달리기에 너무 집착했던 때에 대해 솔직하게 말하는 편이 나을 듯하다. 정신 문제를 완화할 수단을 찾는 것과는 별개로 문제가 완전히 사라지진 않는다는 것을 아는 것도 중요하다. 뭐 하나로 모든 증상이 단숨에 날아가서 한쪽 구석에 얌전히 처박혀 있을 거라고 생각하면 안 된다. 나는 달리기 덕분에 힘든 시기를 수차례 헤쳐 나왔다. 이혼을 했을 때도, 하는 일이 바뀌었을 때도, 반년 사이에 이사를 두 번이나 했을 때도 나는 달리기 덕분에 잘 버텼다. 달리기는 내 정신 문제의 천적이다. 하지만 지금도 가끔은 초조해서 속이 울렁거리는 날이 있다. 지금도 가끔은 걱정이 심해서 해리가 생긴다. 가끔 밤공포증 때문에 땀에 흠뻑 젖은 채로 깨어나면 남자친구가 내 쪽으로 돌아누워 나를 달래고 시트를 갈아준다. 앞으로도 살다 보면 불안증을 감당할 수 없을 것 같은 날, 내 거죽을 벗고 뛰쳐나오고만 싶은 날이 분명히 있을 것이다. 그런데 그것을 알기 때문에 그런 시기에 대처하는 수단을 계속 갈고닦을 수 있다.

그러면 이제부터 내가 달리면서 맞닥뜨렸던 실패 또는 함정에 대해 얘기해보겠다. 웃긴 순서로 나열해볼까? 아니면 가벼운 순서로? 그리고 부정적인 이야기로 끝내자면 영 찜찜하니까 마지막에는 내가 성취한 것에 대해 이야기하더라도 너그러이 이해해주시기 바란다. 그게 아니면 딱 실패를 이야기하는 부분까지만 읽어도 좋겠다.

멋진 모습은 포기한다

근사한 운동복을 입고 활짝 웃으며 기운차게 달리는 러너? 난 아니다. 그래도 괜찮다. 괜찮다고 생각할 것이다. 누가 신경 쓴다고? 달린 지 1분쯤 지나서 심장이 빠르게 뛰기 시작하면 남들에게 어떻게 보일지는 신경도 안 쓰인다. 가끔 가게 유리창에 비친 내 모습을 흘긋 보면 무슨 초등학생도 아니고 머리는 산발이고 빨간 얼굴에 땀범벅인 여자가 보인다. 내가 목이 말라서 입을 헤 벌리고 터덜터덜 달리면 가게에 있던 사람들이 뒷걸음친다. 하지만 달리다 보면 사실 아무도 나를 보지 않는다는 것을 알게 된다. 다들 휴대전화를 보느라 바쁘다. 그들을 피해서 달리는 게 일이다. 누가 자기에게 돌진해 오는 것쯤으로는 고개도 들지 않으니까. 내가 고양이 동영상보다도 못한 셈이다. 이거 좋아해야 하는 거야, 말아야 하는 거야?

처음 5분은 앞으로도 쭉 싫을 것이다

러닝화를 신을 때마다 되새기는 말이다. 나는 매번 처음 달리는 사람처럼 헉헉댄다. 휴대전화로 타이머를 보면 시간은 초 단위로 미적미적 흘러간다. 내 몸은 언제나 다 때려치우고 집으로 돌아가고 싶어 한다. 하지만 이겨내야 한다. 8분쯤 지나면 마법처럼 몸이 풀리고 정신이 맑아지면서 기분이 좋아진다는 것을 기억해야 한다. 계속 달려야 한다. 안 그러면 초반의 고통스러운 구간을 통과할 수 없다. 혹시 그렇게 포기하고 싶은 기분이 들 때는 딱 1분만 더 달리고 생각해보라. 어쩌면 그 1분 사이에 마법이 펼쳐질지도 모른다. 물론 1분이 아니라 5분이 걸릴 수도 있고 15분이 걸릴 수도 있다. 그 점은 유감이다.

80분 이상은 무리다

　오래 달리면 너무 배가 고프고 질린다. 가끔은 달리기가 지겹다. 달리기를 사랑한다면서 이런 말을 하기는 뭣하지만 사실이다. 달리는 게 매번 신나고 재미있진 않고 매번 빠르게 달릴 수도 없다. 내가 왜 사서 고생을 하고 있나 싶을 때도 있다. 뱃가죽이 등에 달라붙을 것 같아서 도넛 하나가 절실한 기분 따위는 모르고 장거리를 달릴 수 있는 사람들이 부럽다. 나는 그들과 다르다는 사실을 인정할 수밖에 없다.

　그렇다고 내가 달리기에 부적합한 것은 아니다. 다만 장거리 달리기가 안 맞을 뿐이다. 장거리를 달리지 않아도 나는 달리기의 기쁨을 충분히 누리고 있다. 억지로 5분, 10분, 15분 더 달리면 몸이 떨리고 속도가 줄면서 다리가 휘청휘청 꺾인다. 직접 부딪히면서 내 한계를 깨달았다. 혹시 당신이 고요 속에서 달릴 수 있는 사람이라면 찬사를 보내는 바다. 그렇지 않다면 팟캐스트를 들어도 좋고, 적절한 속도를 유지할 수 있게 해주는 음악을 들어도 아주 좋을 것이다(나는 퍼들 오브 머드의 노래를 들으면 발동이 걸렸다).

많이 넘어질 것이다

　달린다고 우아함이 생기진 않았다. 나는 원래 이렇게 생겨먹은 것 같다. 남들보다 잘 덜렁거린다. 내가 커피잔을 들고 있으면 남자

친구는 언제 흘리나 하는 눈으로 유심히 본다. 내가 당연히 흘릴 거라고 생각하는 게 분하지만 결국에는 흘린다. 달릴 때도 마찬가지다. 매번 출발할 때마다 오늘도 거하게 엉덩방아를 찧을지 모른다고 생각한다. 실제로 넘어져서 주르륵 미끄러질 때가 많다. 멍이 든 엉덩이와 까진 손을 확인하면 순간적으로 달리기가 싫어진다. 혹시 나 같은 사람이 있다면 두 팔을 몸에 딱 붙이고 옆으로 굴러서 충격을 줄이는 게 좋다는 걸 기억하시길. 손목으로 낙하의 충격을 받아내면 절대 안 된다(치아는 더더욱 안 된다). 영광의 상처는 결투를 벌이다 난 것이라고 둘러대자.

달리기가 사회생활을 장악해서는 안 된다

이게 얼마나 중요한지 내가 다 겪어봐서 잘 안다. 나는 '중독성 성격'이다(이게 과학적 용어인지는 모르겠지만 나한테는 꼭 맞는 표현이다). 나는 달리기에 집어삼켜진 적이 있다. 달리기 위해서 사람들과 같이 밥 먹는 것을 마다했다. 다음 날 아침에 좋은 컨디션으로 달리려고 파티를 일찍 빠져나왔다. 진짜 한심하기 짝이 없는 짓이었다. 외로움은 정신 질환의 훌륭한 땔감이다. 그런데도 소중한 사람들을 뒷전으로 하고 빗속에서 10킬로미터를 달리는 것은 미친 짓이다. 하지만 처음으로 달리기에 맛을 들이고 달리기가 모든 문제를 해결해줄 거라고 생각했을 때 나는 달리기의 노예에 가까웠다. 요즘도 달릴 시간을 빼기가 어려울 것 같으면 약속을 선뜻 승낙하지 못한다.

그래도 무조건 거절하면 안 된다는 것도 잘 안다. 최근에 콘월에서 휴가를 보냈는데 하루도 안 거르고 비가 왔다. 하필이면 숙소가 무시무시한 비탈 위에 있었기 때문에 달리기가 불가능하다는 사실을 받아들여야 했다. 처음 이틀은 불편했지만 그렇게 쉬는 게 거센 바람을 뚫고 어둠 속을 달리는 것보다 훨씬 유익했다. 영화를 보고 치즈를 먹고 잠을 푹 잤다. 일종의 균형을 잡은 것이다. 그렇게 다른 일을 할 여유도 있어야 한다. 달리기가 인생의 유일한 낙이 되면 곤란하다. 크리스마스에까지 고집스레 달릴 필요는 없다. 혹시 가족들에게서 좀 벗어나야겠다면 모르겠지만.

달리기를 몸매를 만들기 위한 수단으로 이용하지 않을 것이다

이 또한 경험으로 배운 것이다. 운동을 시작하고 얼마 안 됐을 때 몸무게가 눈에 띄게 줄어 있었다. 사람들이 내 광대뼈와 복부에 대해 칭찬을 하고 내게 '좋아 보인다'고 했다. 실제로는 가슴을 도려내는 아픔을 겪으며 자기혐오의 늪에 빠져 있었지만 달리기 덕분에 예상치도 못하게 체중이 줄어든 것은 사실이었다. 하긴 생전 운동이라고는 모르고 살았으니, 살이 안 빠졌다면 그게 더 이상했겠지. 안 그래도 1년 동안 칭찬이라고는 거의 못 받고 살았던 터라

칭찬을 들으니까 기분이 좋았다.

그러자 달리기의 정신적 효과만이 아니라 달리기로 얼마나 살을 뺄 수 있을지도 생각하게 됐다. 달리기의 칼로리 소모량을 확인하고 달리는 시간을 늘리면서 청바지가 헐렁해지거나 전에는 안 보이던 근육이 나오는 것을 은근히 기뻐했다. 달리기의 자연스러운 부수적 효과였다. 많은 사람이 달리기를 시작하고 살이 빠진다. 군살을 빼고 멋진 몸매를 만들고 싶어 하는 것은 잘못이 아니다. 하지만 나는 자의식이 글러먹었는지 다이어트에만 열을 올리느라 몸이 시키는 만큼 뛰어다닐 때 자연스럽게 느껴지는 즐거움을 등한시했다.

너무 많이 먹은 것 같으면 하루에 두 번도 달렸다. 기분이 좋아지는 것을 넘어 기진맥진해질 때까지 달렸던 것이다. 그러다 보니 달리기가 너무 빡빡한 습관이 됐다. 더욱이 처음처럼 내 안의 어둠에서 벗어나기 위해 달리는 게 아니라 잘못된 이유로 달리기에 중독되다시피 했다. 무리하게 달리고 음식을 제대로 챙겨먹지 않아서 어디 나가지도 못할 만큼 피로를 느끼는 것은 바람직하지 않다.

그런데도 나는 내가 건강해지고 있다고만 생각했다. 오랫동안 아무것도 안 하려고 애쓰던 내가 비로소 운동을 하고 스트레칭을 하고 몸을 쓰고 있었다. 그게 건강에 해로울 리가 있겠어? 응, 해로워. 뭐든 적당한 게 좋다고들 한다. 나는 원래 그런 말을 싫어했다.

좋아하는 게 있으면 실컷 해야지 무슨 소리냐고 생각했다. 하지만 그 말이 아주 틀린 것은 아니다. 운동을 하루에 두 번씩 해도 재미있다면 괜찮다. 그런데 고작 머핀 한두 개를 먹었다고 억지로 운동화를 신고 무거운 걸음으로 집을 나서면 안 된다.

강박적 운동은 의학계에서 인정하는 용어는 아니지만 심각하게 따져볼 필요가 있을 만큼 많은 사람이 그런 경향을 보인다. 미국섭식장애협회 National Eating Disorder Association에서는 다음과 같은 징후가 보이면 주의하라고 한다.[1]

- 운동을 할 수 없으면 극도의 불안감이나 우울감, 불쾌감을 느낀다.
- 쉬고 있을 때나 운동을 안 하고 있을 때 마음이 불편하다.
- 감정을 다스리기 위해 운동을 한다.
- 칼로리를 태우기 위해 운동을 한다.
- 먹는 것을 허락하기 위해 운동을 한다.
- 남몰래 운동을 한다.

나는 해당하는 항목이 많았다. 최악은 먹는 것에 대한 죄책감을 없애기 위해 운동을 하는 것이었다. 예전에는 조만간 전 세계에서 크루아상이 사라질 거라는 뉴스라도 본 것처럼 크루아상을 먹어대면서도 죄책감을 느끼지 않던 나였건만.

10K_우리는 끝까지 비틀거릴 거다

하루라도 달리지 않으면 조바심이 났다. 단순히 크루아상을 더 먹을 수 없어서가 아니라 달리기 외에는 불안감을 배출할 방법이 없다는 생각이 들었기 때문이다. 달리기를 쉬었다간 그날 당장 불안증이 기세등등하게 덤벼들 것 같아서 멈추지 못했다. 하지만 살다 보면 멈출 수밖에 없는 순간이 온다. 그래도 두려움과 공황이 나를 덮치지 않았다. 그건 일종의 계시였다. 나는 보상을 받기 위해 쳇바퀴를 돌리는 햄스터처럼 맹렬하게 달릴 필요가 없었다(예전에 내가 키우던 햄스터 중에는 쳇바퀴를 넌더리 난다는 듯이 쳐다보고는 다시 잠을 청한 녀석도 있었다. 햄스터가 모두 쳇바퀴를 좋아하는 것은 아니다). 불안증의 노예가 됐던 것처럼 달리기의 노예가 될 필요가 없었다.

물론 운동을 시작했다고 무조건 이 함정에 빠지는 것은 아니다. 대부분의 사람은 안 빠진다. 하지만 나는 좀 집착적인 성격이라서 뭔가 좋은 게 있으면 적당히 즐기지 않고 선을 넘어버리곤 한다. 그러면 더는 즐거움을 못 느낀다. 20대 때 우울증이 심하던 시절에는 매일 대용량 도리토스를 몇 봉지씩 해치웠다. 정말 맛있었다. 지금은 슬픈 맛이 나서 못 먹는다. 내가 자초한 일이다. 과자 이야기라고는 해도 본질은 같다. 달리기가 재미없어져서 그만두는 사태는 없길 바란다. 그러니까 올바른 이유로 달려야 한다. 다들 명심했으면 좋겠다. 내가 오늘 왜 달리려고 하는지 생각해보고, 반드시 쉬는 날과 회복할 시간을 확보하자.

달리기로 내 문제를 완치할 수 없다는 것을 인정하겠다

여기에 대해서는 앞에서도 말했다. 그런데 지금도 나는 내가 불안해지고 의기소침해질 수 있다는 것을 잊곤 한다. 그래서 불안하고 의기소침해지면 놀라고 분개한다. 이 책을 쓰는 동안에도 불안감을 느꼈다. 현재 정신적인 문제로 고생하고 있는 독자를 실망시키면 어쩌나 걱정하면서 내가 그 심정을 잘 안다는 점을 확실히 전달하고 싶었다. 나는 돈, 직업, 교우관계에 대해 걱정하고, 요즘도 가끔 머릿속을 맴도는 터무니없는 생각에 두려움을 느낀다. 기분이 처져서 눈물을 쏟거나 울적해지는 날도 있다. 어떤 날은 다시 몇 년 전처럼 집에만 틀어박혀 있던 시절로 돌아가는 건 아닐까 하는 생각도 든다.

그런데 이런 걱정은 모두 예전에 있던 걱정의 그림자나 메아리 또는 희미한 자취에 불과하다. 갑자기 닥쳐와서 나를 놀라게 하지만 결국에는 슬그머니 사라지는 게 보통이다. 달리기는 내가 그런 순간을 막아내기 위해 사용하는 방패다. 하지만 그런 걱정에 완전히 면역될 수는 없다. 달리기가 인생의 모든 문제를 막아내진 못한다. 그건 달리기의 잘못이 아니고 달리기를 중단해야 할 사유도 안 된다. 나는 이 점을 염두에 두고 만일 그런 사태가 발생하면 다른 것으로 달리기를 뒷받침한다. 예를 들면 잘 자고, 잘 먹고, 소중한 사람들을 만나고, 호흡 훈련을 한다. 혹시 힐러리 클린턴의 『그렇게 됐습니다What Happened』를 읽어봤다면 알겠지만 힐러리는 대선 이후 '나디 쇼다나 프라나야마Nadi Shodhana Pranayama'라고도 하고 '콧구멍 호흡법'이라고도 하는 스트레스 해소법을 썼다.

"한쪽 콧구멍으로 숨을 들이쉰 다음에 잠시 참았다가 다른 쪽으로 내쉬는 걸 반복하는 겁니다. 제 경험으로는 요가 매트 위에 책상다리를 하고 앉아서 그런 식으로 숨을 들이쉬고 참았다가 길게 내쉬면 마음이 아주 편안해져요."[2, 3]

나는 설마 하면서도 바로 따라 해봤다. 그랬더니 정말로 마음이 편안해졌다! 아마 더 잘 알려진 호흡 훈련법들도 있을 것이다. 그게 다른 사람도 아니고 도널드 트럼프에게 패배한 힐러리에게도 효과가 있었다면 당신에게도 효과가 있을 것이다. 하여튼 나는 달리기 말고 다른 것을 시도하면서 우리 엄마가 자주 말하는 "이 또한 지나가리라"를 마음에 새긴다. 어둠 속에 있을 때는 그런 말이 잘 믿기지 않지만 그래도 가끔씩 되새기면 도움이 된다. 아마 당신의 어머니도 비슷한 말씀을 하셨을 것이다. 엄마들은 힘든 상황에서 써먹을 수 있는 진부한 명언을 잘 아니까. 때로는 그런 명언이 우리가 붙들 수 있는 유일한 동아줄이 될 수 있으니 함부로 무시하지 마시기를.

사라도 나처럼 불쑥불쑥 정신 문제가 고개를 들곤 했다. 그녀도 그 몹쓸 병들이 영영 사라지진 않으리란 것을 받아들여야 했다. 그리고 역시 달리기를 통해 그때그때 질환이 도지려는 것을 막고 있다. 달리기의 역할은 딱 거기까지란 것을 인정하면서.

"2004년에 처음으로 산후우울증 진단을 받았어요. 반년 동안 일을 쉬었죠. 그 후로도 우울증이 네 번이나 도졌는데 두 번은 또 일을 쉬어야 했어요. 최근 두 번은 심한 불안증도 동반했죠."

사라는 처음 산후우울증이 생겼을 때 요가와 태극권을 시작했다. 그러면서 운동이 증상을 완화하는 효과가 있고 자신이 운동을 멈추는 것은 다시 침체기가 왔다는 신호라는 것을 알게 됐다. "규칙적인 운동을 중단하는 건 다시 상황이 나빠져서 마음이 곤두박질치기 시작했다는 명확한 신호예요."

그녀는 달리기에 거의 첫눈에 반했다. "한 일주일 만에 중독되다시피 해서 몸 생각은 안 하고 너무 많이 달렸어요." 그러다 곧 무릎 부상을 당했다. 비슷한 일을 겪지 않으려면 뒤에 소개하는 입문자를 위한 조언을 꼭 읽기 바란다. 기껏 달리는 습관이 들었는데 너무 심하게 달렸다가 몇 주간 쉬어야 한다면 얼마나 답답할까. 나도 겪어봐서 잘 안다. 사라는 그 직후에 불안증과 우울증이 도져서 남편 없이는 집 밖에 나갈 엄두를 못 냈고, 당연히 달리기는 중단됐다. 하지만 그 와중에도 계속 달리고 싶은 마음은 있었다. 결국 달리기는 다시 그녀를 밖으로 꾀어낼 방법을 찾았다. 그녀의 정신 문제를 잘 아는 친구가 그녀를 거의 업다시피 하고 밖으로 나간 것이다.

"걔가 정말 큰 힘이 됐어요. 날 어떻게 해야 하는지 잘 아는 것 같더라고요. 집으로 와서 나를 차에 태우고 인적이 드문 언덕이나 숲으로 데려갔어요. 거기서 내가 달릴 수 있는 만큼 같이 달린 다음에 나를 집에 데려다줬죠. 그게 내 생명을 구했다고 해도 과언이 아니에요. 그때는 겨울이라서 눈, 우박, 폭풍을 맞으며 달렸어요. 철조망에 무릎이 까지고 얼음장 같은 개울을 건너다 뼛속까지 얼어붙을 뻔했죠. 하지만 내가 다시 살아난 것 같은 기분이 들었어요. 다시 정신을 차리고 현실로 돌아온 것 같았고요. 다른 운동을 할 때는 못 느끼던 감각이었어요. 그 무렵에 나는 자해를 하는 문제가 있었어요. 그것도 우울증에서 오는 무감각함과 해리의 느낌을 없애주는 효과가 있었거든요. 하지만 달리기가 그것보다 훨씬 건강한 방법이잖아요. 달리기 덕분에 몸에 흉터가 훨씬 덜 생겼을 거예요. 어쩌면 달리기가 많이 힘들어서 그런 것도 같아요. 달리면 아프잖아요. 그러니까 기왕에 나에게 벌을 주려면 달리기로 벌을 주는 게 낫죠."

사라는 앞으로도 우울증과 불안증이 재발할 수 있다는 것을 알기 때문에 달리기의 효과를 맹신하지 않는다. "정서적으로 힘든 시기가 오면 달리기에 애증을 느껴요. 달리기가 도움이 된다는 걸 알면서도 나가고 싶은 마음이 안 생기는 거죠. 그래서 나 자신에게 짜증이 나면서 기분이 더 나빠져요. 신발을 신고 밖에 나가서 몇 발짝만 떼면 나아질 거란 사실을 잘 알아요. 그런데도 마음먹기가 어려워요. 특히 우울증(그리고 신체의 장기적인 건강 문제들) 때문에 극도의 피로감이 가시지 않을 때는요! 그래서 나 자신에게 계속 말해야 해요. 딱 15분만 뛰어도, 한 블록만 돌아도, 아니, 절반은 걷기만 해도 기분이 좋아질 거라고요. 그렇게 억지로라도 나가서 짧게 짧게 달리는 게 쌓여서 지속적인 효과를 만들어내죠."

경험자라면 다들 알겠지만 침체기일 때는 자신에게 도움이 될 만한 것을 하려고 마음을 먹는 것 자체가 무척 어렵다. 달리러 나가야 하는데 일어나는 것조차 싫을 때도 있다. 하지만 사라는 그래도 달리는 게 좋다는 것을 이미 경험으로 확인했기 때문에 다시 일어나서 나간다. 보통은 그게 효과가 있지만 항상 그렇지는 않다. "한번은 2킬로미터쯤 달리고 나서 러닝 트랙 옆에 주저앉아 헤드폰으로 밥 말리의 〈스터 잇 업Stir it up〉만 계속 들으면서 펑펑 울었어요! 간신히 추스르고 다시 집까지 달려오는데 몸도 마음도 만신창이가 된 기분이었죠. 한편으로는 그 반환점에서 커다란 짐을 내려놓은 기분도 들었어요. 달리기의 효과가 즉각적으로 나타날 수도 있지만 그런 건 또 금방 사라지죠. 그러니까 계속 달려야 해요."

나도 하이드 파크에서 로빈의 〈혼자 추는 춤Dancing on My Own〉을 들으면서 외로움을 자극하는 가사 때문에 앞이 안 보일 만큼 눈물을 흘리며 달린 적이 있다. 비련의 여주인공처럼 온갖 청승을 떨었지만 마지막에 짜잔 하고 나타나는 왕자님은 없었다. 달리다 보면 내 안에 있는 줄도 몰랐던 감정의 물꼬가 트일 수 있다. 평소에는 억누르거나 외면했던 감정이 밖에서 머리를 비우고 달리는 중에 벌떡 일어서는 것이다. 나는 유스턴 로드의 모퉁이를 돌면서 이루 말할 수 없는 황홀감에 빠졌고, 폭우 속에서 킹스크로스를 달리다가 뜬금없이 깔깔깔 웃음이 터져서 주저앉았고, 프랑스에서 해 질 녘에 한적한 길을 달리다가 어마어마한 평온을 느꼈다. 모두 평소에는 잘 경험하지 못하는 감정이다. 평소의 나는 살짝 짜증이 나 있거나 졸릴 때가 많다. 사라에게 그랬던 것처럼 그런 감정은 불시에 찾아올 수 있다. 감정들이 밖으로 튀어나올 길을 찾고 있다고나 할까. 우리가 반복되는 삶에서 잠시 벗어나 자기 자신과 더욱 연결된 느낌을 받을 수 있게 말이다. 달리기를 왜 좋아하냐고 묻자 사라는 이렇게 대답했다. "내가 지금 여기 살아 있고 이 세상과 연결되어 있다는 것을 느낄 수 있잖아요."

불안과 우울은 때때로 감정을 무뎌지게 한다. 그러면 별것 아닌 일에도 벌컥 짜증이 나고 만사가 무의미하게 느껴진다. 사라도 나처럼 해리가 생길 때가 있는데, 달리기는 그런 비현실감을 깨부

쉬 주었다.

"우울증 때문에 해리가 심해져서 내가 몸 밖으로 나온 것 같은 느낌이 들 때가 많아요. 신체 감각이 떨어져서 내 위치를 잘못 인지하고 문설주에 부딪히기도 해요. 하지만 달릴 때는 땅을 차는 발의 리듬과 미친 듯이 뛰는 심장과 얼굴을 때리는 바람을 있는 그대로 느껴요. 그래서 진짜로 현실감이 생기는 거죠."

사라는 나처럼 매일 달리진 않는다. 정신적으로 힘들어질 것 같으면 다시 달리면 된다고 생각한다. 내게는 없는 마음가짐이지만 그녀에게는 효과가 좋다.

"그 후로도 힘들 때가 있었죠. 그때마다 다 달린 건 아니에요. 그래도 일단 다시 달리기 시작하면 '지금 여기'와 연결된 기분이 들어요. 그게 중요해요. 왜냐하면 내 기분이 자꾸만 나를 지금 여기가 아닌 다른 곳으로 끌고 가려고 하거든요! 지금도 좀 힘든 시기예요. 1, 2주 정도 안 달렸거든요. 이제 또 달려야 한다는 신호죠."

달리기 싫어도 억지로 달려야 한다고 압박감을 느끼지 마라. 대신 언제든 원할 때는 달릴 수 있다고 생각하자. 하지만 사라의 말처럼 침체기가 왔다는 것은 다시 밖으로 나가야 한다는 신호다. 자신의 정신 건강을 꾸준히 점검하는 습관이 들면 불안증이나 우울증의 신호를 직감적으로 알아차릴 수 있다.

내 경우에는 그런 신호가 주로 밤중의 식은땀, 해리, 몸에 아드레날린이 넘쳐흐르는 느낌으로 찾아온다. 그리고 가슴이 조마조마해서 자꾸 서성이고 다리를 떨게 된다. 그런 증상이 나타나진 않는지 항상 신경 쓴다. 그리고 증상이 나타나면 어떤 이유로 스트레스를 많이 받는지를 인지한다. 그 원인은 실제로 현실에서 일어나는 일일 수 있다. 예를 들면 이사 때문에 그럴 수 있다(나도 몰랐는데 직접 이사를 해보니까 스트레스가 장난이 아니었다!). 하지만 현실과는 상관없이 불안증이 설치면서 스트레스를 만들어내는 것일 수도 있다. 유감스럽게도 무엇이 불안감을 유발하는지를 항상 명확히 알 수는 없다.

아무리 정신 질환을 잘 이해하고 각종 대응법을 갖췄다고 해도 가끔은 아무런 전조도 없이, 합리적이거나 뚜렷한 이유도 없이 병이 도지기도 한다. 나는 불안증과 우울증에 적절하게 대처하기 시작한 지 2년쯤 지났을 때 도저히 침대 밖으로 나올 수 없어서 일주일간 회사를 쉬어야 했다. 기력이 없고 멍한 데다가 뭐가 문제인지 알 수 없었다. 내가 불안하다는 것을 깨닫자 그것을 예방하지 못한 게 원통했다.

내가 예전보다는 나아졌다고 생각하고 있을 때였다. 터무니없는 생각이 떠오르고 속이 울렁거리는 것에는 뭔가 분명한 이유가 있어야만 한다고 생각했다. 몇 시간 동안 그 원인을 고민했다. 하지만 딱히 없었다. 그러다 불안에 어떤 법칙 따위는 없다는 것을 기억해냈다. 인간은 항상 설명, 이유, 유의미한 핑계를 찾는다. 하지만 그런 게 없을 때도 있다. 우리 뇌가 싫어하는 상황이다. 자신이 갑자기 구덩이에 빠져서 다시 캄캄한 어둠 속에 있다고 생각하면 불편하다. 하지만 그게 사실이다. 그것을 인정하면 처음만큼 무섭지는 않다. 그것은 실패도 아니고 앞으로 더 나아질 수 없다는 증거도 아니다.

불안증은 좀 호전되는 것 같다가도 마치 뱀사다리 게임에서처럼 갑자기 출발점으로 미끄러질 때가 많다. 그렇다고 그간 그 질환에 대해 배운 것과 그간 마련한 대응법을 모두 잊어버리면 안 된다. 또다시 비참한 기분이나 공황이 닥쳐왔다는 사실에 절망감이 들 때는 예전에도 이겨낸 적이 있으니 이번에도 벗어날 수 있다는 것을 기억해야 한다. 인터넷에는 불안증을 완전히 치유하고 끝장낼 수 있다고 약속하는 사이트가 널렸지만 미국불안우울증협회 Anxiety and Depression Association of America는 이렇게 경고한다.

"즉각적인 치유, 영구적인 완치, 획기적 약물, '자연 치유'나 독자적 치료법을 말하며 돈을 요구하는 과대 선전에 주의하십시오. (…) '과학적으로 입증되었다'는 말이 항상 진실인 것은 아닙니다."[4]

즉각적인 치료법이라고 하면 귀가 솔깃할 만하다(솔직히 나도 시도해봤다. 내가 치유를 희망하며 얼마나 많은 차를 마시고 얼마나 많은 앱을 사용하고 얼마나 많은 생각 훈련을 했는지 모른다). 그런 사이트를 보면 대부분 감사하다는 사람들의 후기가 올라와 있다. 불안증이나 우울증이 싹 달아났다나. 그 글을 읽으면 저들은 효과를 봤다는데 왜 나는 차를 마셔도, 요가를 해도 손에서 계속 땀이 나고 심장은 두근대는지 자괴감이 들 수 있다. 그래서 나는 절망스럽거나 슬플 때는 인터넷을 멀리할 것을 권한다. 물론 인터넷에도 좋은 정보가 있지만 쓰레기도 많다. 마음이 약해졌을 때는 도움이 안 되거나 오히려 해롭기만 한 조언에 혹하기 쉽다. 그리고 그런 데서 얻는 위안은 일시적이다. 팝콘처럼 금방 속이 꺼진다. 그러면 또 그런 것을 찾아 나서게 된다. 하지만 그게 다 무슨 의미란 말인가?

그래서 바람직한 러너(여기서 바람직하다는 것은 현재 달리기를 즐기고 있고 앞으로도 계속 즐기려고 한다는 뜻이다)는 자신의 한계를 알고 자신이 여전히 달리기에서 재미를 느끼는지, 여전히 바람직한 이유로 달리고 있는지 수시로 점검한다. 만약에 무슨 이유에서든 달리기의 효과가 사라진다면 주저하지 말고 달리는 방법을 바꾸거나 아예 달리기를 중단하자. 많은 러너가 속도와 시간에 집착한다. 혹시 지금 그러고 있다면 딱 몸이 좋아하는 만큼만 달리자. 아니면 다른 것을 해보자. 잠시 달리기를 잊고 목적 없이 걸어보자. 내가 어느 때보다 차분하고 긍정적으로 하루를 보냈던 날들을 생각해보면 아침 일찍 반려견을 데리고 나가서 한참 발길 닿는 대로 걸었던 때도 있었다. 애써 땀을 흘리지 않고 적당한 속도로 걸으며 평소보다 여유 있게 주변을 감상했다.

그런데 때로는 달릴 때 맞닥뜨리는 이런 함정을 인정함으로써 어느 정도 해방감을 느끼게 된다. 달리기로 내 문제들을 싹 다 고칠 수 없다는 것을 깨달았을 때도 달리기를 중단하고 싶다는 생각은 들지 않았다. 그냥 내 뇌에 도움이 되는 다른 것들과 병행해야겠다고 생각했을 뿐이다. 내게 그 다른 것들이란 잘 자기, 잘 먹기, 가족과 만나기, 일하기다. 너무 뻔하다고? 유감스럽게도 나이가 들수록 이런 뻔한 것들이 정말로 중요해진다. 특히 정신 건강의 위태로움을 '즐기는' 사람이라면 더욱 그렇다. 즐긴다니. 나도 왜 그렇게 썼는지 모르겠다.

달리기가 바깥으로 퍼지는 내면의 광채를 만든다거나 비관적인 성격을 긍정적이고 쾌활하게 만들어주진 않는다는 우울한 얘기는 여기까지다. 당신의 함정은 나와 다를 수 있어도(혹시 달릴 때 더럽게 멋진 인간들 중 한 명일지도 모르지!) 분명히 존재한다. 그게 무엇인지 잘 기억해서 굴러떨어지지 말자. 혹시 나처럼 덤벙대는 성격이라면 휴대전화 액정 보호 필름은 꼭 붙이시길.

내가 달리면서 성취한 것에 대해 이야기를 하자면

좋아요, 감사합니다. 지금까지(이 책의 처음부터 지금까지!) 너무 내 얘기만 한 것 같으니까 이번에는 되도록 짧게 말하겠다. 어디까지나 당신도 달리면 무엇을 성취할 수 있는지를 보여주기 위한 것이다. 나처럼 저질 체력으로 어설프게 시작한 사람도 해냈는데 당신이라고 못 할 리가 없다. 아마 나보다 훨씬 많은 것을 성취할 수 있을 것이다. 자신의 승리를 일일이 기록해놓길 바란다. 그동안 어떻게 발전했는지 돌아보면 재미도 있고 왠지 정체기가 온 것 같을 때 기운도 난다. 나는 앱에 내 달리기의 역사를 기록한다. 어느 날은 달리기가 왜 잘되거나 잘 안 됐는지를 메모하고 좋았던 코스를 저장하고 있다. 그중 몇 가지를 소개하자면,

- 불행의 한복판에서 공황 발작이 호시탐탐 덮칠 기회를 노리고 있을 때 5킬로미터를 완주했다. 그게 시작이었고 지금도 가장 뿌듯한 순간으로 남아 있다. 그리고 내가 앞으로도 계속 달리게 되리란 것을 알았다.

- 꼬박 1년 동안 매일 달렸다. 내가 처음부터 그럴 생각이었는지는 모르겠다. 하지만 어느 날 달리기 앱을 봤더니 단 하루도 빠짐없이 달렸기에 그 이후로는 무슨 포레스트 검프처럼 계속 달렸다. 꼭 그럴 필요는 없었고 항상 달리기가 재미있었던 것도 아니다. 하지만 그처럼 내 인생의 신기록을 남겨놓은 덕분에 빗속이나 어둠 속을 달리는 게 지긋지긋해질 때마다 다시 돌아보게 된다.

- 달리기를 시작한 후 방문한 모든 나라와 도시에서 달렸다. 그러면서 세상을 다른 시각으로 보게 됐을 뿐만 아니라 안전지대를 벗어나도 불안감이나 경계심을 심하게 느끼지 않게 됐다.
- 달리기를 망설이거나 아예 불가능하다고 생각하는 사람들을 설득해 같이 달렸다. 그래서 새로운 러너가 탄생했길 바란다. 하다못해 그들이 달리려고 마음만 먹으면 달릴 수 있다는 것만이라도 알게 됐다면 좋겠다.
- 천천히 오랫동안 런던 시내를 달리면서 점점 달리는 거리를 늘렸다. 그러자면 참을성 있게 내 두 발에 몸을 맡겨야 했다. 그래서 빠르게 2킬로미터를 달릴 때와는 다른 마음가짐이 필요했다. 하지만 할 수 있는 한 열심히 했다. 최근에는 오후에 16킬로미터를 뛰고 나서 좀 힘들긴 해도 내가 하려고만 하면 할 수 있다는 것을 알았다. 달리다 보면 멈추고 싶은 충동을 완고하게 억누르는 기술이 필요할 때도 있다. 장거리 달리기는 그런 기술을 연마하기에 좋다.
- 지금도 달리고 있다. 거의 5년째다. 내가 달리기로 이룬 것 중에서 가장 자랑스러운 성과다. 약속대로 내 자랑은 딱 여기까지다.

달리기를 시작한 이들을 위한 약간의 팁

✖

지금까지 확실히 밝혔듯이 나는 아마추어 러너다. 느린 러너고 어쩌면 러너 중에서 초보 중에 초보일지도 모르겠다. 하지만 불안증에 대해서라면 다르다. 불안증은 내가 고수다. 만일 당신도 나와 동급이라면, 혹은 요즘 들어 자꾸만 걱정이 심해진다면 달리기를 권한다. 달리기를 시작한다면 내가 경험자로서 도움을 줄 수 있을 것 같다. 최소한 내가 맞닥뜨린 함정은 피할 수 있도록 말이다.

혹시나 해서 하는 말인데 달리기와 관련된 책, 블로그, 앱이 시중에 굉장히 많다. 그러니까 누구나 찾으려고만 하면 자신에게 필요한 조언을 찾을 수 있다. 만일 내 조언이 안 맞는다면 달리기가 자신과 안 맞는다고 생각하지 말고 다른 데서도 조언을 찾아보기 바란다. 여기서 내가 말하는 것은 이미 당신도 알고 있을 가능성이 크다. 이건 어디까지나 내 의견일 뿐이고 찾아보면 다른 사람들의 의견도 얼마든지 들을 수 있다. 그러고 보니 코미디언 그루초 막스가 이런 말을 했다. "이게 내 원칙입니다. 혹시 마음에 안 드신다면… 저기, 어, 다른 원칙도 준비되어 있어요."

• — 운동을 하려면 오랫동안 움직이지 않던 습관을 극복해야 한다. 하루 중 대부분을 앉아서 지내는 생활 방식을 개선하려면 많은 노력이 필요하다. 달리기는 고된 일이다. 실제로는 자연스러운 행위지만 부자연스럽게 느껴지기도 한다. 그래서 일정을 짜고 지켜야 한다. 안 그러면 5분 더 누워 있자거나 딱 드라마 한 편만 더 보자는 유혹에 굴복하기 쉽다. 그런 습관은 깨기가 어렵다.

• — 아직은 번쩍번쩍 빛나는 러닝용품을 잔뜩 살 필요가 없다. 어차피 나중에 달리기에 빠지면 이것저것 사고 싶어진다. 혹은 필요에 의해서 사는 게 생긴다. 나도 처음에는 허리 지갑이 필요한 줄 몰랐다. 그러다 달리는 거리가 늘어난 뒤에 물을 마시거나 버스를 타고 싶어도 돈이 없어 고생하면서 그 필요성을 느꼈다. 달리기가 입문용으로 좋은 운동인 이유는 특수한 레깅스나 값비싼 장비가 필요 없기 때문이다. 처음에 나는 오래된 운동복에 편안한 운동

화를 신고 달렸다. 어느 시점이 되면 적당한 러닝화가 필요해진다. 그때는 스포츠용품점에 가서 자신에게 맞는 신발을 사면 된다. 나는 영국의 러너스 니드Runner's Need라는 브랜드를 이용하지만 그밖에도 많은 곳에서 발 크기와 달리는 자세를 측정해준다. 아직은 여기 신경 쓸 필요는 없지만.

• ─ 천천히 달리자. 걷는 것보다는 빠른 선에서 최대한 느리게 달리자. 이게 뭐 하는 짓인가 싶고 본능적으로 속도를 높이고 싶겠지만 참아야 한다. 나는 처음부터 너무 빨리 달렸다가 숨이 차고 옆구리가 쑤셔서 고생했고 금방 정강이통과 무릎 통증이 생겼다. 이렇게 일찍부터 부상을 당하면 운동을 하기 싫어진다. 안 하는 것만 못한 것이다.

그렇기에 속도에 유의해야 한다. 달리기 앱을 이용하면 현재 속도로 달릴 때 1킬로미터를 주파하려면 얼마나 걸릴지 알려준다. 그게 몇 분이든 간에 시간을 더 늘려보자. 처음에 나는 10분쯤 달리면 기력이 달렸다. 그래서 속도를 1킬로미터에 7분 30초 수준으로 낮췄다. 그래도 괜찮다. 익숙해졌을 때 속도를 높이면 되니까. 관건은 달리기가 좋아질 때까지 여유 있게 달리는 것이다. 아프거나 몸이 제발 좀 멈추라고 비명을 지르면 달리기가 좋아질 리 없다.

• ― 입문자용 5K 달리기 앱을 이용하자. 물론 모든 사람에게 그런 앱이 맞진 않는다. 쇳소리를 섞어가며 이래라저래라 하는 앱에 구애받지 않고 자유롭게 달리고 싶은 사람도 분명히 있을 것이다. 하지만! 운동 능력에 자신이 없는 초심자라면 앱이 큰 도움이 된다. 게다가 이미 불안이나 슬픔을 느끼고 있다면 더욱더 앱이 필요하다. 달성 가능한 목표를 제시하고 구체적인 기록을 남겨 성취감을 느끼게 하기 때문이다. 나는 앱이 제시하는 기간에 맞춰 5킬로미터 달리기를 완수했다. 처음으로 멈추지 않고 5킬로미터를 달린 순간은 꿈인가 생시인가 싶었다. 무리하게 몸을 쓴 느낌도 없고 숨이 넘어갈 것 같지도 않았다. 내가 천하무적이 된 것 같았다. 당신도 훈련을 마쳤을 때는 달리는 맛을 알게 되어 계속 달리고 싶을 것이다.

• ― 물을 휴대하자. 전문가들은 짧게 달릴 거라면 굳이 물을 안 가지고 다녀도 된다고 하지만, 불안증이 있는 사람들은 혹시라도 공황이 와서 멈춰야 할 때 물이 도움이 된다. 조금씩 마시면서 호흡이 정상으로 돌아올 때까지 기다리자. 나는 공황이 오거나 무리한 것 같으면 무조건 멈춰서 물을 좀 마셨다. 그러면 심장박동이 빨라진 것이 불안 때문이 아니라 운동 때문이란 걸 알 수 있었다. 나는 손에 쏙 들어오는 광선검 손잡이같이 생긴 보냉병을 가지고

다닌다. 물론 평범한 물병도 괜찮다.

•— 팟캐스트와 음악을 들으면 좋다. 이것 역시 모든 사람에게 맞진 않겠지만, 나는 지루하거나 지칠 때 그런 것을 들으면 좀 낫다. 더욱이 초반에는 그 덕분에 걱정거리 말고 다른 것에 집중할 수 있었다. 지금도 마음이 불안해질 때나 주변이 너무 소란스러워서 뇌가 지칠 것 같으면 이어폰을 꽂는다. 주로 애거서 크리스티의 소설을 듣는다. 배우 데이비드 서쳇이 나긋나긋한 목소리로 그 예스럽고 기묘한 살인 사건들을 읽어주는 게 좋다. 물론 데스메탈을 들어도 좋다.

•— 발을 잘 관리하자. 발은 자극에 반응하고 그 데이터를 뇌에 전달하는 피하 수용기다. 우리가 생각하는 것보다 훨씬 많은 일을 한다. 발을 존중하고 충분히 쉬게 하자. 그리고 달리는 자세가 안 좋은 것 같으면 전문가에게 상담을 받자. 발을 다치면 바로 달리기를 그만두어야 하기에 조심해야 한다. 그래서 나는 사랑하는 하이힐들과 작별했다(여담이지만 불편한 신발은 모두 좀 절뚝거리며 걸어도 괜찮다고 생각하는 인간들이 디자인하는 것 같다).

•— 안전한 곳에서 벗어날 때 무방비 상태가 되는 기분이 든다

면 일단은 집 근처를 달리는 정도로 소소하게 시작하자. 좀 더 가도 되겠다는 자신감이 붙을 때까지 가까운 곳만 달리자. 그것만 해도 대단하다. 자신을 너무 몰아붙이면 안 된다. 몸이 하는 말에 귀를 기울이자. 자신감이 생겼을 때 더 멀리 나가면 된다. 나는 집에서 좀 멀리 나가기 전에 좁은 골목길만 100만 년쯤 달린 것 같다. 지금 생각해보면 잘한 짓이었다. 결국에는 그 길이 지겨워졌기 때문이다. 때때로 지겨움은 불안의 천적이 된다. 싫증이 두려움의 자리를 꿰차면 터무니없는 공포의 포로가 될 확률이 낮아진다.

    내가 아는 사람 중에는 러닝머신을 대여해서 집에서 달리기를 시작한 사람들도 있다. 그럴 만한 공간만 있다면 러닝머신도 괜찮다. 만약에 우리 집에 러닝머신을 들이려고 했다면 침대를 빼야 했을 것이다. 그러면 장기적으로는 안락한 삶이 훼손됐을 것이다. 혼자서 나가기가 무섭다면 친구와 같이 나가거나 달리기 동호회를 찾아보자. 달리려니까 좀 겁이 난다거나 이쯤에서 멈춰야 할 것 같다고 말하는 것을 부끄럽게 생각할 필요가 없다. 알렉산드라 헤민슬리는 마라톤 훈련에 관한 책에서 자기가 경험해보니 달리기를 하면 사람이 친절해진다고 했다. 나도 동의한다. 그러니까 공황이 오면 자기를 한심하게 여기지 말고 그냥 그렇다고 말하자. 아무도 그걸 별나다거나 민폐라고 생각하지 않는다.

• ─ 달리기라고 해서 마라톤, 극기, 식스팩만 생각하지 말자. 그냥 일주일에 두 번 공원을 달리는 것에 만족하는 사람들도 있으니까. 말했다시피 내가 그랬다. 그리고 이쪽도 좋다고 자신 있게 말할 수 있다. 얼마를 달리든 간에 예전에 달렸던 것(0킬로미터)보다는 많이 달릴 것이다. 그 정도만 해도 훌륭하지 않은가? 물론 마라톤을 하는 것도 훌륭하다. 하지만 꼭 그것을 최종 목표로 삼을 필요는 없다. 불안을 한 아름 짊어진 사람은 5킬로미터를 달리는 것만 해도 엄청난 성취다. 괜히 다른 사람과 비교하면 달리는 재미만 떨어진다.

• ─ 아무도 당신을 안 본다. 처음에는 안 믿기겠지만 사실이다. 사회불안증이 있다면 이 부분이 많이 신경 쓰일 텐데 나도 그 심정 잘 안다. 남들이 어떻게 볼까 겁이 나서 달릴 엄두조차 내기 어려울 것이다. 나는 어둠 속에서 달리다가 누구라도 내 쪽으로 오는 것 같으면 바로 멈춰 섰다. 몇 달 동안 레깅스를 안 입고 펑퍼짐한 트레이닝복으로 몸을 가렸다.

그때 뭐가 제일 무서웠는지 곰곰이 생각해본 결과, 낯선 장소에서 공황 발작이 오는 것을 제외하면 낯선 사람에게 비웃음을 사는 게 제일 무서웠다. 내가 느릿느릿 달리는 것을 보고 초짜라고 손가락질하고 자동차 경적을 울릴 것 같았다. 앞에서 말했지만 흔한 걱정이다. 특히 여성들은 운동할 때 성차별적인 언사도 감수해야 하는 만큼 걱정이 더 심하다. 그런데 실제로는 아무도 나한테 특별한 눈길을 주지 않았다. 한번은 운하길을 달리다가 웬 남자의 발에 걸려서 넘어진 적이 있다. 그런데 그 남자는 신경도 안 쓰고 먹던 샌드위치를 마저 먹었다. 어찌나 고맙던지! 아, 지금 생각해도 열받네.

• ― 오랫동안 두려움과 슬픔에 빠져 살았다면 달리기가 미친 짓으로 느껴질 수 있다. 하지만 대부분의 사람에게 달리기는 굳이 눈길을 줄 만큼 특별한 일이 아니다. 달려보면 금방 알 수 있다. 다들 휴대전화에 코를 박고 있기 때문에 그들과 안 부딪히려고 요리조리 피해 다녀야 할 정도다. 당해보면 제발 나한테 신경 좀 써라 하고 짜증이 날지도 모른다. 가끔 뭐라고 하는 지질이들이 있긴 하지만 어차피 그 말을 들었을 때는 그들을 지나친 후니까 괜찮다.

• ― 여유 있게 주변의 아름다움을 감상하자. 흔해빠진 자기계발서에서 하는 말처럼 들리겠지만 그게 달리는 재미 중 하나다. 불안증이 있으면 자꾸만 내면으로 파고들어 주변을 보는 대신 부정적이고 무서운 것에만 집착하기 쉽다. 달리면 그런 상태에서 벗어나 새로운 시각으로 주변을 보게 된다. 진로를 막고 있는 사람만

보거나 신호등이 언제 바뀔지만 생각하는 게 아니라 눈앞에 있는 공간 전체가 보인다. 그것은 인파와 차량으로 붐비는 상점가일 수도 있고 양들이 풀을 뜯는 시골길일 수도 있다. 나는 순전히 달리기를 통해 그 속의 아름다움을 감상할 수 있었다. 달릴 때면 거의 항상 걸음을 멈추고 시선을 고정하게 만드는 건물, 포스터, 노을이 나타난다. 내 휴대전화에는 평소에 달리면서 찍은 특이한 거리명, 풍경, 개 사진이 잔뜩 들어 있다. 개 사진을 찍는 건 좀 별난 짓이니까 굳이 따라 하지 않아도 된다.

런던 시내를 달리다 보면 특이한 설계와 아름답고 화려한 장식에 이끌려 건물 꼭대기를 올려다볼 때도 많다. 같은 거리라도 볕이 드는 쪽으로 달리면서 얼굴을 햇빛 쪽으로 향하고 그 따스한 기운을 흡수한다. 달리다 보면 분명히 뭔가에 꽂혀서 멈추게 될 것이고, 달리지 않았으면 절대 보지 못했을 것을 보게 될 것이다. 나는 달리기를 시작한 후 내 고향 런던에 전에 없이 정이 들었다. 내 두 발로 그 거리를 답사하고 비밀을 찾아다녔다. 런던만 그런 게 아니다. 새로 가는 곳이면 어디서든 달리려고 한다. 어떤 지역을 익히고 그곳의 생활 리듬을 느끼고 그 풍경을 감상하고자 한다면 달리기만 한 게 없다.

•— 다른 것도 마찬가지겠지만 달린다고 바로 마음이 안정되

진 않는다. 항우울제가 약효를 발휘하려면 보름쯤 걸리는 것처럼 달리기로 마음의 긍정적인 변화가 감지되려면 시간이 좀 걸릴 수 있다. 물론 나처럼 거의 즉각적으로 마음속의 어둠이 걷히는 느낌을 받는 경우도 있지만 말이다. 시어도어 루스벨트는 "인생이 주는 가장 큰 상은 고생스럽더라도 가치 있는 일에 매진할 수 있는 기회다"라고 말했다.¹ 취미 달리기를 이야기하면서 무슨 미국 대통령까지 거론하냐고? 그렇다고 도널드 트럼프를 인용할 수는 없잖아?

여하튼 처음에는 달리기가 고생스러울 것이다. 일시적으로 싫을 수도 있다. 아니, 일시적이 아니라 제법 오랫동안 그럴 수도 있다. 그렇다고 달리기가 가치 없는 일이 되진 않는다. 나는 간혹 추운 날씨에 달리다가 차라리 집에 있을 걸 싶어지면 애초에 달리기를 시작한 게 후회되기도 한다. 그래도 계속 달린다. 왜냐하면 달리기는 고생스러운 행위지만 거기에 매진함으로써 5년 전에는 꿈도 꾸지 못했던 보상을 누리고 있기 때문이다.

나는 지금껏 달리기만큼 열심히 한 게 없다. 그것만 해도 성취라면 성취다. 우리가 비록 얼굴 한 번 못 본 사이지만 혹시 부탁을 하나만 해도 된다면 일단 달리기를 3개월은 하고 나서 계속할지 말지 생각해봤으면 좋겠다. 경우에 따라서는 그 정도 시간이 지난 후에야 비로소 자신이 얼마나 발전했는지가 보인다. 그쯤 되면 당신은 분명히 발전해 있을 것이다. 그것만큼은 부디 날 믿어주시길.

•— 자신에게 친절을 베풀자. 아무리 사소한 목표라도 달성했으면 잘했다고 칭찬하자. 항상 우호적이지만은 않은 뇌를 갖고도 그랬다는 것은 절대 대수롭게 여길 일이 아니다. 달린 후에 아이스크림도 사 먹고 와인도 마시자. 중간에 공황 발작이 와서 집으로 돌아왔다고 해도 자책하지 말자. 달리기가 항상 뻥 뚫린 직진 차선일 수는 없다(그렇다면 금방 싫증이 날 것이다). 때로는 우회로가 생기기도 하고 정체가 발생하기도 한다. 그럴 때는 그냥 다시 시도하면 그만이다. 실패했다고 생각하지 말자. 달리기에는 실패가 있을 수 없다.

•— 몸이 하는 말에 주의를 기울이는 건 좋지만 너무 집착하진 말자. 달리다 보면 불안감이 덮칠 듯할 때도 있을 것이다. 이때는 운동을 하면 공황과 비슷한 신체 증상이 나타난다는 것을 기억해야 한다. 숨이 가빠지고, 땀이 나고, 심장이 벌렁거리고, 팔다리가 떨린다. 그런데 이런 증상은 모두 좋은 것이다! 긍정적인 상황에서 느껴지는 그런 감각에 곧 적응될 것이다. 호흡이 리듬감을 타며 안정되는 것을 느껴보자. 금방 익숙해질 것이다.

그리고 달리고 나서 어떤 기분이 드는지 잘 기억하거나 기록해서 하루 중에 언제 달리는 게 가장 좋은지, 밖에 나가기 전에 무엇을 먹거나 마시면 좋은지 파악하자. 그러면 규칙적인 달리기 습관을 만들어 불안증과 스트레스를 해소하는 데 도움이 된다.

• ― 즐기자. 뻔한 말이긴 해도 어디서 운동이 정신 건강에 좋다는 말을 듣고는 재미도 없는데 그저 묵묵히 참고 달려서는 안 된다. 바이바 크레건리드는 내게 달리기를 운동이라고 생각하지 '않는' 게 좋다고 했다. 내 마음에 쏙 드는 말이다.

"운동은 기계적인 느낌이 들어요. 어떤 구체적인 결과를 달성하기 위해 하는 것이죠. 심장 강화라든가 당뇨병 치료 같은 거요. 하지만 달리기는 단순히 체중을 감량하기 위한 수단이 아니에요. 운동이라는 개념에 다 담을 수 없는 다차원적인 행위죠."

이 점을 잊지 말았으면 좋겠다. 어떤 방법이든 좋으니 자신에게 잘 맞는 방법으로 달리자. 10분을 달려도 좋고, 오르막이나 내리막을 질주해도 좋고, 러닝머신을 이용해도 좋고, 친구와 심심풀이로 달려도 좋다. 어릴 때 친구들을 쫓아서 달렸던 때가 기억나는가? 그런 자유분방함을 아무리 오랫동안 잊고 살았다 해도 달리기를 통해 되찾을 수 있다.

이 책을 순전히 희망과 기쁨과 달리기가 마법의 묘약이라는 찬사로 끝낼 수는 없다. 하지만 기왕에 달리기로 삶이 바뀌고 공황과 불행에서 해방된 이야기를 책 한 권에 담은 김에 내가 4년 전에 슬

달리기의 기쁨

품 속에서 처음으로 짧게나마 달린 이후 무엇을 이루었는지 몇 가지 언급하는 것도 괜찮을 듯하다.

인생은 본래 만만치가 않아서 끊임없이 예상치 못한 전개로 우리를 비틀거리게 한다. 내 인생도 예외가 아니다. 러너로 산다고 항상 인생에 햇살이 비치고 삶의 의지를 불태우는 명언이 난무하진 않았다(그런 명언 따위는 불쏘시개나 되라지). 시궁창에 빠진 것 같은 때도 있고 하늘을 나는 것 같은 때도 있었다. 그런데 달리기를 시작하기 전과 후의 삶을 비교했을 때 가장 큰 차이는 내게 희망이 생겼고, 걱정, 공황, 불길한 예감, 우울증이 항상 내 삶을 쥐락펴락하진 않게 되었다는 것이다. 그런 것들이 가슴 한복판을 차지하고 앉아서 지그시 압박을 가하지만 않아도 우리는 훨씬 많은 일을 할 수 있다.

이러한 나의 (작은) 성취를 사실은 내가 나이를 먹으면서 자연스럽게 정신 건강에 대한 걱정에서 벗어났다거나 애초에 내가 그런 것에 그리 심하게 시달리진 않았다는 증거로 생각할 사람도 있을 것이다. 하지만 분명히 말하는데 둘 다 사실이 아니다. 나는 해마다 상태가 악화되기만 했고 미래에 대해서는 실낱같은 희망도 없었다. 불안증이 '영영' 떠나는 경우는 드물다. 운 좋게 어느 날 문득 불안증이 싹 사라진 것을 느끼는 사람이 있을지도 모르지만, 대부분의 사람에게 불안증은 평생 같이 사는 법을 배워야 할 인생의 동반자다. 하지만 불안증과 동거한다고 해서 무조건 참거나 항복해야 하는 것은 아니다. 불안증을 무력화하고 희석시키고 물러서게 할 방법을 찾아야 한다.

새로운 가능성의 세계
❊❊❊

나는 혼자 살고 있다. 예전에 내 뇌와 단둘이 오랜 시간을 보내는 게 무서웠을 때는 상상도 못 했을 일이다. 나는 어느 날 고양이들에게 얼굴을 물어뜯기고 있는 변사체로 발견될까 봐, 도둑이 들까 봐, 욕실에서 미끄러질까 봐, 집에 불이 날까 봐 무서웠다(혹시라도 양초에 저절로 불이 붙는 신비한 현상을 예방하기 위해 외출할 때마다 양초를 들고 나갔다). 나의 걱정이란 대부분 외로움에 대한 것이었다. 내가 나 자신을 미워하는데 어떻게 혼자서 행복하게 살 수 있을까 싶었다.

하지만 그 멈출 줄 모르던 걱정이 사라진 후 그 아래에 깔려 있던 나 자신을 발견했다. 믿기지 않겠지만 예전의 나는 내가 어떤 사람이라고 확실히 말하지 못했다. 내가 내 성격조차 몰랐던 것이다. 언제나 내게는 불안이 가장 두드러지는 특징으로(한 번 부러진 적이 있는 코와 함께) 압도적 존재감을 발휘했기 때문에 그 아래에 무엇이 있는지 몰랐다. 그것을 벗겨내자(물론 코 말고 불안을) 나의 다른 모습을 볼 수 있었다. 그것은 그리 무섭지 않았다. 나는 굳이 다른 사람이 버팀목이 되어주지 않아도 혼자서 내 생각을 감당할 수 있었다. 집 안을 페인트칠했다. 집 안을 꾸몄다. 혼자 보내는 밤이 기다려졌다. 불안한 마음이 들 때 옆에서 누가 손 잡아주지 않아도 혼자서 마음을 진정시킬 수 있었다. 난생처음이었다. 나로서는 어마어마한 발전이었다.

여행도 했다. 혼자서도 하고 다른 사람과도 했다. 여행이 기대됐다. 새로운 경험과 큰 변화 앞에서 항상 최악의 시나리오를 걱정하며 소심하게 굴긴 했어도 지금까지 수차례 집이라는 안전지대에서 점점 더 멀리까지 나가며 재미를 봤다. 작년에는 일 때문에 뉴욕에 다녀왔다. 무섭기도 했지만(초고층 빌딩과 인파와 지하철 때문에!) 엄청 좋았다. 평생 갈 수 없을 줄 알았던 도시를 피부로 느끼다니 감격스러웠다. 내가 어디 있는지 아무한테도 알리지 않고 낯선 곳을 걸을 수 있을 만큼 강해지리라고는 상상도 못 했다. 이제 나는 새로운 경험을 기대한다. 번번이 최악의 시나리오를 쓰지 않는다. 알겠지만 이것저것 걱정만 해서는 여행하는 맛이 떨어진다.

나는 직업을 바꿨고 11년 동안 나의 안전망이 됐던 곳을 떠났다. 불안증이 있는 사람에게 안전망은 꼭 필요하지만 걸리적거릴 때도 있다. 안 하던 것을 시도하는 것은 무섭지만 필요한 일이고,

달리기를 시작한 이들을 위한 약간의 팁

내게는 하면 된다는 믿음이 생겼다.

연애도 새로 시작했다. 내 정신 상태에 대해 솔직히 말했다. 연애를 할 수 있을 만큼 정신적으로 성숙했기 때문에 관계가 자연스럽게 발전하도록 내버려뒀다. 상대방이 다정한 사람이라서 좋았다. 다정한 사람과 함께라면 그의 반응을 걱정하지 않고 나의 건강 문제를 직시할 수 있다. 다정한 사람은 '약한 소리 하지 마라', '뭐든 다 마음먹기 나름이다', '알았으니까 그만 좀 말해라' 같은 말을 하지 않는다. 로맨스와 달리기라는 전혀 접점이 없어 보이는 두 가지를 연관 짓다니 생뚱맞게 느껴질 수 있지만 내게는 그 둘이 서로 꽉 물려 있다. 그동안 내가 달려온 길이 없었다면 다시는 연애를 못 했을 것이다.

결혼이 대참사로 끝난 후 내 자신감은 박살났다. 내 인생에 다시는 로맨스가 없을 것이라고, 시도조차 해서는 안 된다고 생각했다. 애초에 나는 그런 것과 맞지 않는 인간인 것 같았다. 온갖 강박과 걱정과 공포증을 생각하면 더욱 그랬다. 하지만 천천히, 아주 천천히 마음가짐이 바뀌면서 나도 연애를 할 자격이 있다는 생각이 들었다. 아마도 난생처음 그런 생각을 한 것 같다. 이제는 과거의 상처를 놓아버리고 과감히 연애에 뛰어들 수 있을 것 같았다. 그럴 때 연애란 얼마나 완벽하고 멋진 것인지!

나는 지금도 내게 온 행운이 믿기지 않는다. 원래 '새로운 연애'

는 우선순위 목록에서 가장 밑에 있었다. 내가 모든 것을 혼자 할 수 있다는 것을 확인한 후에야 짝을 찾을 수 있을 거라고 생각했다. 예전처럼 다른 사람을 통해 내가 더 강하고 더 나은 사람이 된 듯한 느낌을 받고 싶지는 않았다. 일단 나 스스로 더 강하고 더 나은 사람이 돼야 했다. 내가 '시원하게 말아먹은 결혼'을 얼마나 극복했는지 알 수 있는 일이 생겼다. 작년에 남자친구와 저녁을 먹다가 그에게 청혼을 한 것이다(다행히 승낙을 받았다, 후유).

이렇게 스스로 잘했다고 등을 토닥거리는 짓을 이해해주시기 바란다. 사실 내가 무슨 대단한 것을 성취했다고 볼 수는 없다. 산을 등반한 것도 아니고, 아이를 구한 것도 아니고, 상을 받은 것도 아니니까. 하지만 내게 가능하리라고 생각하지 못했던 일들을 해냈다. 가능성에 대한 시야가 넓어졌다. 달리기를 통해 이룬 성과다. 처음에는 달리기라고 해봤자 고작 3분 동안 내 뇌와 불행으로부터 벗어나는 게 다였다. 지금은 매일 아침 괜찮다 싶으면 한 시간도 달린다.

처음에는 육체적으로도 정신적으로도 힘들었다. 달리는 내내 내가 왜 이 짓을 하고 있나 싶었다. 내가 한심하고 부실하고 쓸모없는 인간으로 느껴졌다. 지금도 힘들긴 하다. 내 두 발은 물웅덩이에 첨벙 빠지는 것도, 러너의 사정 따위는 봐주지 않는 런던의 무자비한 인도를 딛는 것도 좋아하지 않는다. 얼른 달리러 나가야지 하고

달리기를 시작한 이들을 위한 약간의 팁

침대에서 벌떡 일어나지도 않는다. 그래도 달린다. 내키지 않아도 밖으로 나가면 머리가 맑아지고 어느새 주변 세상과 하나가 된다. 내 뇌가 세상에는 내 안의 두려움 말고도 다른 많은 것이 존재한다는 것을 깨닫는다. 사람들이 보이고 아름다운 것과 못난 것이 보인다. 내 발이 지면과 하나가 되고 나는 오롯이 지금 이 순간에 존재한다. 아무리 어설프고 아무리 느릴지언정 몰입이 일어난다. 이런저런 생각이 머릿속으로 쑥 들어왔다가 쑥 나간다. 그 무엇도 달리기를 막지 못한다. 걱정은 끝으로 밀려난다. 달리기는 내가 외로움을 느끼지 않고 홀로 있게 하는 수단이 됐다. 내 의사에 의해 독립적으로 시간을 보내는 수단이다.

달리기에는 믿음이 필요하다. 자신이 달릴 수 있다는 믿음. 두 다리가 알아서 잘 달릴 것이고, 허리가 꼿꼿이 서 있을 것이며, 하다 보면 실력이 늘 것이라는 믿음. 처음에는 그런 생각이랄까 희망을 유지하기가 어려울 수 있다. 뭐든 처음이 제일 어려운 법이다. 하지만 계속 달리다 보면 결국에는 보상을 받는다. 생전 달리지 않던 사람이 달리는 사람이 되는 것이다. 정말 근사한 일 아닌가?

정신 질환에도 믿음이 필요하다. 더 나아질 거라는 믿음. 나락으로 영영 떨어져버리지 않을 거라는 믿음. 이런 희망을 유지하기가 불가능해 보일 수도 있다. 때로는 희망이 보이지도 않는데 희망을 붙잡으라고 하니 답답할 수 있다. 그런데 앞에서 말했듯이 에밀리 디킨슨은 "'희망'은 날개 달린 것"이라고 했다. 말이 나온 김에 그 시의 전문을 읽어보자. 마음에 새겨놓으면 암울한 날에 도움이 될 것이다.

'희망'은 날개 달린 것
영혼에 앉아
말 없는 노래를
쉼 없이 부른다

큰 바람 불 때 더 고운 그 곡조는
뭇 사람 마음에 불을 때는 것
어느 험악한 폭풍이라야
이 작은 새를 흔들까

나는 그 노래를 가장 추운 땅과
가장 낯선 바다에서도 들었으나
어느 모진 날에도 그 새는
부스러기 하나 청하지 않았다

믿음이라고 해도 좋고 희망이라고 해도 좋다. 그게 아무리 작아 보여도 꼭 붙들자. 나는 달리기에 희망을 걸었다. 아니, 달리기가 내게 희망을 줬다고 하는 편이 맞을 것이다. 어쨌든 나는 달리기 덕분에 평생 이어진 불안과 우울의 악순환에서 빠져나왔다. 달리기 덕분에 점점 좁아지던 안전지대에서 현실로 나왔다. 달리기 덕분에 나에 대한 믿음이 생겼다. 달릴 수 있다면, 두려움 없이 달릴 수 있다면 다른 것도 할 수 있을 것 같았다. 달리기는 내가 딛고 서는 기반이 됐다. 그것은 모래로, 아니, 공황으로 만든 부실한 기반이 아니라 탄탄했다. 달리기가 아니었다면 불행했던 시기에 평온을 유지할 수 없었을 것이다. 그리고 달리기는 내 것이다. 내가 노력해서 얻은 것이다.

달리는 게 항상 쉽지는 않다. 굉장히 어려울 때도 있다. 일주일에 한 번씩 5분 뛰는 정도로는 큰 변화를 느끼지 못할 것이다. 달리기는 일처럼 느껴져야 하고 꾸준히 해야 한다. "가치 있는 일은 원래 고생스러운 법이다" 같은 말을 좋아하진 않지만 달리기에 관해서라면 그 말이 옳다. 우리는 정신 문제를 이전보다 훨씬 많이 수용하고 이해하는 수준까지는 왔지만, 소수의 치료법만이 유효하다고 보고 다른 방법은 아예 찾아볼 생각조차 하지 않을 때가 있다. 달리기가 내게는 다른 방법이었다. 하지만 다른 어떤 것과 비교해도 결코 더 쉽진 않다.

나는 그렇게 많이 달렸지만 지금도 매번 달리기의 양상이 달라진다. 어떤 날은 숙취(나이가 들수록 심해진다는 경고가 사실이었다)를 해소하기 위해 짧게 달린다. 또 어떤 날은 그냥 내가 달릴 수 있다는 이유로 발길 닿는 대로 한참 달린다. 어떤 날은 온몸에서 솟구치는 기운을 느끼며 빠르게 달린다. 가끔은 기분이 너무 좋아서 속으로 어린애처럼 '끼야호!'라고 외치며 내리막을 달린다. 달리기는 힘들 때가 많다. 그래도 괜찮다. 달리기는 여전히 내게 중요한 활동이니까. 그리고 달릴 때마다 뭐라도 하나씩 얻는 게 있다. 예를 들면 머리를 식히는 것, 나 자신을 위한 시간을 확보하는 것, 아름다운 경치를 구경하는 것, 고민을 해결하는 것, 쓸데없는 걱정을 날려버리는 것이다. 이 글을 쓰기 직전에도 달리고 왔다. 엄마와 싸우고서 일이 손에 안 잡히고 신경이 날카로웠는데 집에 돌아오니까 화가 가라앉아 있었다. 이따가 엄마한테 전화해야겠다. 달릴 때면 무의식중에라도 내 마음이 이런저런 문제를 해결한다.

달리기는 나의 안정제다. 힘든 순간을 겪고 있을 때나 겪은 후에 달리기를 통해 마음이 안정된다. 당신의 안정제는 또 다른 형태일지 모르지만 어쨌든 이것저것 시도해보며 꼭 찾길 바란다. 안정제를 찾을 때까지 포기하면 안 된다. 또 하루를 불행 속에서 보내서야 되겠는가.

내가 장담하는데 당신에게도 앞으로 더 좋은 날이 많이 올 것이다. 정신 질환에 더 잘 대처하는 방법이 많이 있다. 아직 몰라서 그렇지, 찾아보면 도움의 손길이 존재한다. 나는 바닥에 널브러진 상태에서 불안을 벗어나기 위한 탈주극을 시작했다. 바닥은 내게 최적의 장소였다. 그때만큼 인생이 바닥을 쳤다는 기분이 강하게 든 적이 없었으니까. 이후 나는 공황 발작을 떨쳐내고 나를 죽도록 무섭게 하던 침투적 사고를 따돌리며 점점 성장했다. 그렇다고 정신 문제가 내게 영영 작별을 고했다고 생각하진 않는다. 뇌도 몸과 같아서 종종 탈이 나고 느려지기 마련이다. 하지만 나는 달리기를 통해 이전에 나를 옥죘던 각종 증상을 물리칠 수 있다는 것을 안다. 달리기는 타이어에 바람을 넣거나 가스 검침을 하는 것처럼 일상에서 가끔씩 해줘야 하는 일이다.

하지만 다른 걸 다 떠나서 나는 달리기를 통해 행복해졌다. 그 행복은 단순히 달릴 때 생기는 몰입, 쾌감, 기운을 통해서만 얻는 게 아니다. 내가 나의 내면만 들여다보는 게 아니라 바깥을 내다볼 수 있게 된 것도 행복해진 이유다. 그렇게 바깥으로 시선을 돌리자 이전에는 몰랐던 가능성의 세계가 보였다. 내가 할 수 있는 일, 내가 갈 수 있는 곳, 내가 맺을 수 있는 관계가 보였다. 그래서 나는 그 모든 것을 붙잡으려 했다. 그런 노력을 통해 성격이 달라지고 불안이 배출됐다. 알랭 드 보통은 "우리가 말하는 '성격'이라는 것은 무엇보다도 불안과 슬픔으로부터 자신을 보호하기 위해 내리는 선택에 좌우된다"고 했다.[2]

나는 달리기로 효과를 봤다. 당신도 그럴 것이라 믿는다. 이제 노트북을 닫고 달리러 나가야겠다. 여러분도 행복한 달리기 하시길!

참고하면 좋은 자료

달리기를 하며 내게 도움이 된 것을 정리했다. 여러분에게도 도움이 되길 바란다.

웹사이트

- https://www.mind.org.uk — 정신 문제를 앓고 있는 사람과 그 가족을 지원하는 단체. 다양한 조언, 객관적 자료, 유용한 링크를 제공한다.
- http://www.ocduk.org — 강박장애가 있는 성인과 아동을 위한 웹사이트. 블로그에 강박장애 환자들이 쓴 좋은 글이 올라온다.
- https://www.rcpsych.ac.uk — 왕립정신의학회. 다양한 정보, 교육 자료와 함께 정신 질환이 있을 때 회사일과 집안일을 처리하는 방법 등의 조언을 제공한다.
- http://www.ptsduk.org — PTSD 환자를 지원하고 조언을 제공하는 단체.
- https://www.bacp.co.uk/search/Therapists — 영국상담정신치료협회. 공

인된 상담사를 찾을 수 있다.

- https://www.runnersworld.co.uk — 멋진 사연, 팁, 코스 등 달리기 중독자에게 필요한 모든 것을 갖춘 웹사이트.
- https://www.nhs.uk/LiveWell/c25k/Pages/couch-to-5k.aspx — 내가 입이 마르도록 칭찬한 입문자용 5K 훈련 프로그램.
- http://www.therunningcharity.org — 내게 큰 영향을 미친 달리기 자선 단체. 직접 접속해서 그들의 멋진 활약상을 읽어보시길.
- https://www.thebodypositive.org — 내 몸을 긍정적으로 보고 싶을 때 필요한 사이트.
- https://youngminds.org.uk — 젊은 세대의 정신 건강 문제를 전문적으로 다루는 단체.
- http://www.activityalliance.org.uk/get-active/inclusive-gyms — 장애가 있는 이들이 이용 가능한 인근의 체육 시설 안내 사이트.

앱

- Strava — 내가 달린 코스와 근처에서 다른 사람들이 달린 코스를 보고, 달리기를 좋아하는 친구와 기록을 공유할 수 있다.
- C25K — 초심자가 쉬지 않고 5킬로미터를 뛸 때까지 훈련시킨다.
- Runkeeper — 달린 코스와 시간을 저장하고 달린 후의 기분을 기록할 수 있다.
- Map My Run — 운동할 때 휴대전화를 갖고 다니는 게 싫은 사람을 위해 신발에 장착된 칩으로 기록을 저장한다.

책

- Alexandra Heminsley, *Running Like a Girl*, Windmill, 2014.
- Andrea Peterson, *On Edge: A Journey Through Anxiety*, Crown Publishing Group, 2017. (앤드리아 피터슨, 『불안은 날마다 나를 찾아온다』, 박다솜 옮김(사람의집, 2022))
- Anna Kessel, *Eat, Sweat, Play: How Sport Can Change Our Lives*, Pan Macmillan, 2016..
- Bryony Gordon, *Mad Girl*, Headline, 2016.
- Carrie Fisher, *Wishful Drinking*, Simon and Schuster, 2008.
- Catriona Menzies-Pike, *The Long Run: A Memoir of Loss and Life in Motion*, Crown, 2017.
- Claire Weekes, *Self-Help for Your Nerves*, Harper Thorsons, 1995.
- Damon Young, *How to Think About Exercise*, Pan Macmillan, 2014.
- David Adam, *The Man Who Couldn't Stop*, Picador, 2014.
- Eleanor Morgan, *Anxiety for Beginners*, Pan Macmillan, 2016.
- Emily Dickinson, *The Complete Poems*, Faber & Faber, 1976.
- Fiona Challacombe, *Break Free from OCD*, Vermilion, 2011.
- Hilary Mantel, *Wolf Hall*, Fourth Estate, 2009. (힐러리 맨틀, 『울프홀』, 강아름 옮김(문학동네, 2024))
- James Rhodes, *Instrumental*, Canongate, 2014.
- Jane Austen, *Pride and Prejudice*, Wordsworth Editions, 1992. (제인 오스틴, 『오만과 편견』)

- Mark Rice-Oxley, *Underneath the Lemon Tree: A Memoir of Depression and Recovery*, Little Brown, 2012.
- Michael Otto, Jasper Smits, *Exercise for Mood and Anxiety: Proven Strategies for Overcoming Depression and Enhancing Well-Being*, Oxford University Press, 2011.
- Murakami Haruki, *What I Talk About When I Talk About Running*, Harvill Secker, 2008. (무라카미 하루키, 『달리기를 말할 때 내가 하고 싶은 이야기』, 임홍빈 옮김(문학사상, 2016))
- Richard Askwith, *Running Free: A Runner's Journey Back to Nature*, Yellow Jersey, 2015.
- Robert Burton, *The Anatomy of Melancholy*, NYRB Classics, 2001. (로버트 버턴, 『멜랑콜리의 해부』, 이창국 옮김(푸른사상, 2024))
- Robin Harvie, *Why We Run: A Story of Obsession*, John Murray, 2011.
- Ronnie O'Sullivan, *Running*, Orion, 2013.
- Rose Bretécher, *Pure*, Penguin, 2015.
- Sakyong Mipham, *Running With The Mind Of Meditation*, Three Rivers Press, 2013.
- Scott Stossel, *My Age of Anxiety: Fear, Hope, Dread, and the Search for Peace of Mind*, Windmill, 2014. (스콧 스토셀, 『나는 불안과 함께 살아간다』, 홍한별 옮김(반비, 2015))
- Vybarr Cregan-Reid, *Footnotes: How Running Makes Us Human*, Ebury, 2017.

전혀 다른 것

간혹 운동을 할 엄두가 나지 않을 만큼 침체되거나 중압감이 심할 때도 있다. 이때는 억지로 자신을 몰아붙이지 말고 다른 방법으로라도 암울한 순간에 매몰되지 않도록 관심을 돌리는 편이 좋다. 내가 쓰는 방법을 몇 가지 소개한다.

오디오북. 자꾸만 글씨가 흐려지고 방금 읽은 문장도 기억나지 않아서 책에 집중할 수가 없다면 오디오북을 들어보자. 우선은 이미 읽어본 작품을 선택하자. 나는 애거서 크리스티와 펠럼 그렌빌 우드하우스Pelham Grenville Wodehouse의 작품을 많이 듣는다. 익숙해서 마음이 놓이기 때문이다. 작품에 푹 빠지지 못해도 괜찮다. 잠깐만 들어갔다 나와도 마음이 편해질 것이다.

드라마 정주행. OTT의 시대가 열리면서 드라마 한 시즌을 몰아 보며 불행을 잊는 것이 훨씬 쉬워졌다. 매일 그러라는 말은 아니지만 가끔은 드라마에 몰입함으로써 불안이나 슬픔을 일시적으로 잊을 수 있다. 내가 제일 좋아하는 건 〈웨스트 윙〉(미국 대통령에 대한 이야기인데 흡인력 있고 극적이며 무엇보다 대통령이 도널드 트럼프가 아니다), 〈못 말리는 패밀리Arrested Development〉 초기 시즌, 〈30록30 Rock〉이다. 특히 〈30록〉은 익숙한 유머로 마음을 달래고 싶을 때 본다.

요리. 나는 특히 베이킹을 좋아한다. 잠시나마 마음의 전원을 내리고 싶을 때 손으로 뭔가를 만들면 큰 도움이 된다. 몰입도를 최고로 높이고 싶다면 복잡하고 손이 많이 가는 음식을 만들자. 인터넷에 널린 게 무료 레시피인데 나는 니겔라 로슨의 웹사이트를 애용한다. '허리띠 파괴' 파이에 한번 도전해보면 어떨까? 이름만 들어도 군침이 돌 것이다. 레시피는 다음 웹사이트에서 찾아보자. https://www.nigella.com/recipes/girdlebuster-pie.

원예, 재봉, 그림, DIY. 무슨 할머니도 아니고 이런 걸 추천하냐고? 하지만 손으로 뭔가를 하고 있으면 마음이 걱정에 집중할 틈이 없다. 일단 한번 뭐라도 만들어보자. 결과물을 보고 보람과 성취감을 느낄 수 있다면 좋고, 그렇지 않더라도 잠깐이나마 뇌가 쓸데없는 생각을 못 했을 것이다.

나는 괜히 그림을 그렸다가 망친 화분이 여럿이고, 많은 식물을 죽였고, 만들다가 포기한 옷도 많다. 하지만 작업하는 동안에는 작업에만 열중했다. 특히 원예는 한 줄기 희망의 빛을 보게 한다. 언젠가 내가 식물을 키우는 게 아니라 죽일 것 같아서 걱정이라고 하자 엄마가 그랬다. "개들은 생명력이 강해." 화초가 꿋꿋이 하늘을 향해 고개를 뻗고 기어이 활짝 꽃을 피우는 것을 보면 아무리 힘들어도 살아야겠다는 의지가 생긴다.

산책. 물가나 공원도 좋고 동네도 좋고 어디든 기분이 좋아지는 곳을 한가롭게 걸어보자. 다시 돌아오고 싶은 마음이 들 때까지 속도나 거리는 생각하지 말고 포레스트 검프처럼 두 발의 리듬만 느끼면서 마음껏 걷자. 속이 메스껍거나 아드레날린이 마구 분출되는 기분일 때 5분만 걸어도 마음이 한결 편해질 것이다.

효과가 좋은 방법은 잘 기억해두자. 그래서 또 기분이 처질 것 같으면 케이크를 만들거나 화초를 심자. 효과적인 대처법을 차곡차곡 모으고 혹시 내가 써볼 만한 게 있으면 꼭 알려주시기 바란다. 그렇게 마음을 진정시키는 방법을 알면 필요할 때마다 쓰면서 계속 발전시킬 수 있다. 행운을 빈다!

감사의 말

나는 원래 달리기에 대한 책을 쓸 계획이 없었다. 아니, 무엇에 대한 책이든 쓸 계획이 없었다. 그래서 제일 먼저 조지프 지그몬드에게 감사의 말씀을 전해야 할 것 같다. 그는 내가 정신 건강에 관해 쓴 글을 읽고 책을 낼 수 있을 것이라 판단했다. 그래서 나와 기본적인 이야기를 끝낸 후 톰 킬링벡을 소개해줬다. 톰은 이 책이 나오기까지 탁월한 길잡이 역할을 했다. 마감으로 압박하지 않고 항상 기운을 북돋아줬고 이 책에 알맞은 어조를 본능적으로 간파했다. 톰 덕분에 집필 과정이 그나마 덜 부담스러웠다. 톰 덕분에 웃기도 많이 웃었는데 특히 암울한 이야기를 쓸 때 큰 힘이 됐다.

하퍼콜린스 출판사의 나머지 팀원들에게도 큰 도움을 받았다.

책을 쓴다는 것은 내게 미지의 세계를 밟는 것과 같았으나 그들이 그 길을 친절히 인도해줬다. 책임편집자 로티 파이프는 교정을 보고 텍스트 디자인을 했고, 루크 브라운은 교열을 보고 나의 한심한 문법적 오류를 말끔히 수정했으며, 올리비아 마스든은 마케팅과 홍보를 담당했다. 첫 책을 쓰는 사람에게 이보다 좋은 팀은 없었을 것이다.

처음 출간 제의를 받았을 때는 에이전트가 없었다. 하지만 크리스마스 파티에서 뱅쇼를 마시면서 알게 된 줄리아 킹스포드가 고맙게도 계약서를 무보수로 검토해주고 동업자인 찰리 캠벨을 소개해줬다. 찰리는 내가 무엇이든 물어보면 지체 없이 설명해주고, 마감일을 미리 알려주고, 출판계의 아리송한 용어를 해석해줬다. 무엇보다도 내게 선금을 보내줬다. 두 사람은 내게 후한 친절과 인내를 베풀었다. 그들이 사무실에서 기르는 반려견마저도 좋았다. 에이전트가 필요한 사람은 꼭 한번 상담을 받아보기 바란다.

이 책에 실을 수 있도록 자신의 이야기를 들려준 모든 분에게 감사드린다. 그들의 용기, 진솔함, 강인함을 생각하면 지금도 가슴이 뭉클하다. 어떤 사연은 내 눈물을 쏙 뺐다. 그들은 모두 불굴의 의지로 자신(그리고 타인)의 상황을 개선했고, 나는 그 사연에 감탄할 수밖에 없었다. 그들은 지금 정신 질환으로 고생하고 있는 사람들에게 도움이 되길 바라는 마음으로 자신이 겪은 최악의 시기에 대해 이야기해줬다. 부디 내가 그들의 뜻을 잘 살렸기를 바란다. 다시 한번 감사의 마음을 전한다.

내가 최악의 시기를 보낼 때 무한한 애정으로 내 곁을 지켜준 가족 린지, 앨런, 리지에게 감사드린다. 정신 문제가 있는 모든 사람이 그처럼 한없는 사랑을 경험할 수 있었으면 좋겠다. 네스린, 아치, 마야, 데이비드, 미란다는 내가 힘들 때 나를 비난하지 않고 도움의 손길을 내밀었다. 배리는 내가 두려움을 딛고 다시 일어설 수 있도록 도와줬다. 끝으로 그렉, 당신으로 인해 나는 난생처음 새로운 것들을 설레고 기쁜 마음으로 볼 수 있게 됐어. 사랑해, 여보.

주

1K _ 도망치는 게 아니라 달리는 중입니다

1 https://news.harvard.edu/gazette/story/2008/06/text-of-j-krowling-speech/

2 J. D. Salinger, *The Catcher in the Rye* (1951; Penguin, 2010).

3 https://www.nytimes.com/1999/07/19/arts/to-invigorate-literary-mind-start-moving-literary-feet.html

4 https://www.ncbi.nlm.nih.gov/pubmed/19265317

5 https://press.rsna.org/timssnet/media/pressReleases/14_pr_target.cfm?ID=1921

6 https://qbi.uq.edu.au/blog/2017/11/can-you-grow-new-braincells

7 In Gerda Lerner, ed., *The Female Experience: An American Documentary* (OUP, 1992).

8 https://www.nice.org.uk/guidance/ph17/evidence/review-1-epidemiology-revised-july-2008-371243053

9 https://www.medscape.com/viewarticle/863363
10 http://www.ucl.ac.uk/news/news-articles/0813/22082013Half-of-UK-7-year-olds-sedentary-Dezateux
11 https://www.gov.uk/government/news/number-of-children-getting-enough-physical-activity-drops-by-40
12 https://www.womeninsport.org/wp-content/uploads/2015/04/Changing-the-Game-for-Girls-Policy-Report.pdf
13 https://www.womeninsport.org/wp-content/uploads/2017/11/Girls-Active-statistics-1.pdf?x99836
14 https://www.nimh.nih.gov/health/topics/obsessive-compulsive-disorder-ocd/index.shtml
15 https://www.theguardian.com/education/2015/dec/14/majority-of-students-experience-mental-health-issues-says-nus-survey
16 https://www.theguardian.com/lifeandstyle/2016/aug/30/outdoor-fitness-parkrun-british-military-forces-project-awesome-parks
17 https://www.theguardian.com/lifeandstyle/the-running-blog/2018/apr/25/parkrun-makes-us-fitter-but-can-it-make-ushappier-as-well
18 http://www.manchester.ac.uk/discover/news/exercise-helpsyoung-people-with-psychosis-symptoms-study-shows/
19 https://www.psychologytoday.com/us/blog/the-truth-about-exercise-addiction/201504/how-many-people-are-addicted-exercise

2K_우리는 조금 돌아가고 있을 뿐

1 https://www.theguardian.com/commentisfree/2018/mar/07/mental-healthcare-patients-dying-reform
2 https://www.mind.org.uk/information-support/types-of-mental-health-problems/statistics-and-facts-about-mentalhealth/how-common-are-

mental-health-problems/
3 http://blogs.bmj.com/bmjopen/2016/11/03/worried-well-may-be-boosting-their-risk-of-heart-disease/
4 https://people.com/archive/carrie-fishers-bipolar-crisis-i-wastrying-to-survive-vol-79-no-12/
5 https://www.mind.org.uk/information-support/types-of-mental-health-problems/anxiety-and-panic-attacks/anxiety-disorders/#.Wvxo45PwaRs
6 https://www.ocduk.org/how-common-is-ocd
7 Bryony Gordon, *Mad Girl* (Headline, 2016).
8 Eleanor Morgan, *Anxiety for Beginners* (Pan Macmillan, 2016).
9 http://www.nhsdirect.wales.nhs.uk/encyclopaedia/p/article/phobias/
10 https://www.nopanic.org.uk/agoraphobia-cause-and-treatment/
11 https://www.rcpsych.ac.uk/healthadvice/problemsanddisorders/shynessandsocialphobia.aspx
12 https://www.ptsd.va.gov/public/ptsd-overview/basics/historyof-ptsd-vets.asp
13 https://www.nhs.uk/conditions/post-traumatic-stress-disorder-ptsd/
14 https://www.mind.org.uk/information-support/types-of-mental-health-problems/statistics-and-facts-about-mental-health/how-common-are-mental-health-problems/#.Wv2Wa5PwaRs
15 https://www.ons.gov.uk/employmentandlabourmarket/peopleinwork/labourproductivity/articles/sicknessabsenceinthelabourmarket/2016
16 『영국병』에 대해서 더 알고 싶다면 BBC 라디오4의 프로그램을 추천한다. http://www.bbc.co.uk/radio4/history/longview/longview_20031007_readings.shtml
17 https://www.theguardian.com/books/2001/aug/18/history.philosophy
18 https://www.nature.com/articles/143753d0
19 https://www.sciencefriday.com/articles/the-anxiety-riddle/
20 https://www.ncbi.nlm.nih.gov/pmc/articles/PMC5573555/

21 https://archive.org/stream/worksofthomassyd02sydeuoft/worksofthomassyd02sydeuoft_djvu.txt
22 http://www.appalachianhistory.net/2008/12/125-reasonsyoull-get-sent-to-lunatic.html
23 Lisa Appignanesi, *Mad, Bad and Sad* (Little, Brown, 2007).
24 https://www.nhs.uk/conditions/generalised-anxiety-disorder/treatment/
25 https://www.nice.org.uk/guidance/cg155/update/CG155/documents/psychosis-and-schizophrenia-in-children-andyoung-people-final-scope2
26 http://www.bbc.co.uk/news/uk-wales-19289669
27 https://www.pressreader.com/uk/dailymail/20171229/281479276790129
28 https://www.theguardian.com/commentisfree/2011/jul/10/antidepressants-women
29 https://www.theguardian.com/science/2018/feb/21/the-drugsdo-work-antidepressants-are-effective-study-shows

3K_다시 운동장으로 돌아오다

1 http://www.ucl.ac.uk/news/news-articles/0813/22082013Half-of-UK-7-year-olds-sedentary-Dezateux
2 https://www.sciencedaily.com/releases/2017/01/170131075131.htm
3 https://www.rcpsych.ac.uk/healthadvice/parentsandyoungpeople/youngpeople/worriesandanxieties.aspx
4 *The Diaries of Franz Kafka 1910–1913*, edited by Max Brod (Spargo Press, 2010).
5 Scott Stossel, *My Age of Anxiety* (Windmill, 2014).
6 https://www.sportengland.org/media/12419/spotlight-ongender.pdf
7 Anna Kessel, *Eat, Sweat, Play* (Pan Macmillan, 2016).
8 https://www.womenshealthmag.com/fitness/a19935562/gymtimidation/

9 Alexandra Heminsley, *Running Like a Girl* (Windmill, 2014).
10 http://www.apadivisions.org/division-35/news-events/news/physical-activity.aspx
11 https://www.ocdhistory.net/earlypastoral/moore.html
12 http://www.bbc.co.uk/news/uk-england-merseyside-39702976
13 https://www.theguardian.com/society/2018/apr/26/mentalhealth-patients-seeking-treatment-face-postcode-lottery
14 https://www.theguardian.com/society/2016/feb/15/nhs-vowsto-transform-mental-health-services-with-extra-1bn-a-year
15 https://www.england.nhs.uk/mental-health/adults/iapt/

4K_그래, 갈 데까지 가보자

1 https://www.nhs.uk/conditions/generalised-anxiety-disorder/
2 https://www.centreforsocialjustice.org.uk/library/mental-health-poverty-ethnicity-family-breakdown-interim-policy-briefing
3 https://www.centreforsocialjustice.org.uk/library/mental-health-poverty-ethnicity-family-breakdown-interim-policy-briefing
4 https://www.nhs.uk/conditions/generalised-anxiety-disorder/
5 https://www.theguardian.com/global-development/2016/apr/12/50-million-years-work-lost-anxiety-depression-world-health-organisation-who
6 https://www.refinery29.uk/best-quotes-for-your-20s
7 http://www.ucl.ac.uk/news/news-articles/0908/09080401
8 https://www.theguardian.com/commentisfree/2011/nov/06/charlie-brooker-becomes-a-runner

5K_누구에게나 달릴 자격이 있다

1 https://www.sportengland.org/news-and-features/news/2017/january/26/active-lives-offers-fresh-insight/
2 https://www.theguardian.com/cities/2017/feb/11/uks-cashstarved-parks-at-tipping-point-of-decline-mps-warn
3 https://www.rsph.org.uk/about-us/news/instagram-rankedworst-for-young-people-s-mental-health.html
4 http://www.thisisinsider.com/fitspiration-social-media-negative-effects-body-image-2017-11
5 https://www.nhs.uk/conditions/obesity/
6 https://www2.le.ac.uk/departments/sociology/dice/documents/Sporting%20Equals%20Exec%20Summary.pdf
7 https://www.ncbi.nlm.nih.gov/pubmed/12213941
8 https://www.tandfonline.com/doi/abs/10.1080/00336297.2014.955118
9 http://www.sportingequals.org.uk/about-us/key-stats-and-facts.html
10 https://www.theguardian.com/lifeandstyle/2013/sep/16/exercise-fitness-disability-multiple-sclerosis
11 https://www.scope.org.uk/support/tips/practical/sport-fitness
12 http://healthandfitnesshistory.com/explore-history/history-of-running/
13 https://www.olympic.org/ancient-olympic-games/the-sportsevents
14 Vybarr Cregan-Reid, *Footnotes: How Running Makes Us Human* (Ebury, 2017).
15 https://physicalculturestudy.com/2015/06/15/born-to-run-theorigins-of-americas-jogging-craze/
16 https://www.bmj.com/content/344/bmj.e2758
17 https://ajp.psychiatryonline.org/doi/10.1176/appi.ajp.2017.16111223
18 https://academic.oup.com/occmed/article/63/2/164/1376130
19 http://www.jneurosci.org/content/33/18/7770

20 https://uanews.arizona.edu/story/ua-research-brains-evolvedneed-exercise
21 https://www.psychologytoday.com/us/blog/the-athletes-way/201211/the-neurochemicals-happiness
22 https://www.mind.org.uk/information-support/your-stories/ithink-i-might-be-dying-chapter-from-mad-girl-by-bryonygordon/

6K_공황을 뚫고 달린다

1 https://www.nhs.uk/live-well/exercise/couch-to-5k-week-byweek/
2 Hilary Mantel, *Wolf Hall* (Fourth Estate, 2009), p. 182.
3 Thaddeus Kostrubala, *The Joy of Running* (Lippincott, 1976).
4 https://www.thecut.com/2016/04/why-does-running-helpclear-your-mind.html
5 Ronnie O'Sullivan, *Running: The Autobiography* (Orion, 2014).
6 Eleanor Morgan, *Anxiety for Beginners* (Pan Macmillan, 2016).

7K_달리면서 소리 지르기

1 https://www.bhf.org.uk/news-from-the-bhf/news-archive/2017/april/new-report-assesses-impact-of-physical-inactivityon-uk-heart-health-and-economy
2 Sakyong Mipham, *Running with the Mind of Meditation* (Three Rivers, 2013).
3 Stephen King, *Hearts in Atlantis* (Scribner, 2002).
4 Catriona Menzies-Pike, *The Long Run: A Memoir of Loss and Life in Motion* (Crown, 2017).
5 https://academic.oup.com/jcr/article/44/1/22/2970267
6 https://www.bbc.co.uk/news/uk-wales-40329308

8K_달리기에 정석은 없다

1 Haruki Murakami, *What I Talk About When I Talk About Running* (Harvill Secker, 2008).

2 Alexandra Heminsley, *Running Like a Girl* (Windmill, 2014).

3 https://www.theguardian.com/lifeandstyle/the-running-blog/2017/oct/21/ultrarunning-pain-cave-zach-miller-race

4 Haruki Murakami, *What I Talk About When I Talk About Running* (Harvill Secker, 2008).

5 Alexandra Heminsley, *Running Like a Girl* (Windmill, 2014).

9K_완전한 몰입, 그리고 해방

1 https://www.gov.uk/government/publications/physical-inactivity-levels-in-adults-aged-40-to-60-in-england/physical-inactivity-levels-in-adults-aged-40-to-60-in-england-2015-to-2016

2 Damon Young, *How to Think About Exercise* (Pan Macmillan, 2014).

3 Haruki Murakami, *What I Talk About When I Talk About Running* (Harvill Secker, 2008).

4 https://www.bluezones.com/wp-content/uploads/2015/01/Nat_Geo_LongevityF.pdf

5 Vybarr Cregan-Reid, *Footnotes: How Running Makes Us Human* (Ebury, 2016).

6 https://www.ons.gov.uk/peoplepopulationandcommunity/wellbeing/articles/lonelinesswhatcharacteristicsandcircumstancesareassociatedwithfeelinglonely/2018-04-10

7 https://www.psychologytoday.com/us/blog/the-art-closeness/201507/4-disorders-may-thrive-loneliness

8 Damon Young, *How to Think About Exercise* (Pan Macmillan, 2014).

9 https://news.stanford.edu/2015/06/30/hiking-mental-health-063015/
10 https://data.worldbank.org/indicator/SP.URB.TOTL.IN.ZS
11 Richard Askwith, *Running Free: a Runner's Journey* (Yellow Jersey, 2015).
12 http://time.com/5259602/japanese-forest-bathing/
13 https://medium.com/@ryancareyy/shinrin-yoku-how-the-art-of-forest-bathing-can-benefit-your-health-e7b37546d3af
14 https://www.ncbi.nlm.nih.gov/pubmed/19568835
15 https://www.mind.org.uk/media/273470/ecotherapy.pdf
16 Carl Jung, *Dream Analysis 1: Notes of the Seminar 1928–30* (Routledge, 1994).
17 https://www.huffingtonpost.com/hanne-suorza/how-i-runwith-mindfulness_b_7528280.html
18 https://www.cgu.edu/people/mihaly-csikszentmihalyi/
19 https://www.smh.com.au/entertainment/celebrity/stay-afraidbut-do-it-anyway-carrie-fishers-honesty-about-mental-illnessinspired-a-generation-20161228-gtiovy.html
20 Amy Poehler, *Yes Please* (HarperCollins, 2014).

10K_우리는 끝까지 비틀거릴 거다

1 https://www.nationaleatingdisorders.org/learn/general-information/compulsive-exercise
2 Hillary Clinton, *What Happened* (Simon & Schuster, 2017).
3 https://www.theatlantic.com/health/archive/2017/09/how-alternate-nostril-breathing-works/539955/
4 https://adaa.org/understanding-anxiety/myth-conceptions

달리기를 시작한 이들을 위한 약간의 팁

1 http://www.presidency.ucsb.edu/ws/?pid=24504
2 Penney Peirce, *Transparency: Seeing Through to Our Expanded Human Capacity* (Simon & Schuster, 2017).

옮긴이 **김고명**

원문의 결과 우리말의 멋이 공존하는 문장을 찾는 번역가. 성균관대학교에서 영문학과 경영학을, 동대학원에서 번역학을 전공했다. 글밥아카데미에서 번역 실무 교육을 받은 후 바른번역 소속 번역가로 활동하며 『AI 이후의 세계』, 『배움의 기쁨』, 『노동자 없는 노동』 등 약 50권을 번역하고 에세이 『좋아하는 일을 끝까지 해보고 싶습니다』를 썼다.

달리기의 기쁨

초판 1쇄 발행 2025년 5월 23일

지은이 벨라 매키 **옮긴이** 김고명
발행인 윤승현 **단행본사업본부장** 신동해
편집장 김예원 **파트장** 정다이 **책임편집** 조승현
디자인 데일리루틴 **교정교열** 윤정숙
마케팅 최혜진 이은미 **홍보** 송임선
국제업무 김은정 김지민 **제작** 정석훈

브랜드 갤리온
주소 경기도 파주시 회동길 20
문의전화 031-956-7353(편집) 02-3670-1123(마케팅)
홈페이지 www.wjbooks.co.kr
인스타그램 www.instagram.com/woongjin_readers
페이스북 www.facebook.com/woongjinreaders
블로그 post.naver.com/wj_booking

발행처 (주)웅진씽크빅
출판신고 1980년 3월 29일 제 406-2007-000046호

한국어판 출판권 ⓒ(주)웅진씽크빅, 2025
ISBN 978-89-01-29473-5 03840

갤리온은 (주)웅진씽크빅 단행본사업본부의 브랜드입니다.
저작권법에 의해 한국 내에서 보호를 받는 저작물이므로 무단전재와 무단복제를 금합니다.
이 책 내용의 전부 또는 일부를 이용하려면 반드시 저작권자와 ㈜웅진씽크빅의 서면 동의를 받아야 합니다.

- 책값은 뒤표지에 있습니다.
- 잘못된 책은 구입하신 곳에서 바꾸어 드립니다.